Haag / Streber · Klassenführung

Reihe »BildungsWissen Lehramt«
Herausgegeben von Eiko Jürgens

Band 23

Ludwig Haag / Doris Streber

Klassenführung

Erfolgreich unterrichten mit
Classroom Management

2. Auflage

BELTZ

Prof. Dr. Ludwig Haag und *Dr. Doris Streber* lehren
an der Universität Bayreuth/Lehrstuhl Schulpädagogik.

MIX
Papier | Fördert gute Waldnutzung
FSC® C089473

Dieses Buch ist erhältlich als:
ISBN 978-3-407-25922-6 Print
ISBN 978-3-407-25849-6 E-Book (PDF)

2. Auflage 2020

Lektorat: Heike Chan Hin
Layout/Reihenkonzept: glas ag, Seeheim-Jugenheim
Umschlaggestaltung: Michael Matl
Umschlagabbildung: © jacoblund/getty images

Herstellung und Satz: Michael Matl
Druck und Bindung: Beltz Grafische Betriebe, Bad Langensalza
Beltz Grafische Betriebe ist ein Unternehmen mit finanziellem Klimabeitrag (ID 15985-2104-100).
Printed in Germany

Weitere Informationen zu unseren Autoren und Titeln finden Sie unter: www.beltz.de

Inhalt

Vorwort

In der Diskussion über die Frage nach »gutem« Unterricht wird immer wieder auf die Relevanz wirksamer »Führung« einer Klasse hingewiesen. Völlig zu Recht, handelt es sich doch um ein Kriterium, das den Lernerfolg der Schülerinnen und Schüler maßgeblich beeinflusst und sowohl für die unterrichtliche Erziehung im engeren Sinne als auch für die gesamte schulische Sozialisation im weiteren Sinne eine große Rolle spielt.

Klassenführungskompetenz versteht sich somit als ein pädagogisch-didaktisches Aufgabenspektrum, um Kindern und Jugendlichen die Voraussetzungen zu bieten, Lernfreude und Lerninteresse in vielfältigen Lehr- und Lernsituationen zu erfahren. Klassenführung dient der Entfaltung individueller Lernpotenziale und würde vollkommen missverstanden, wenn es sich um ein ausgeklügeltes Instrumentarium handelte, um jede Art potenzieller Unterrichtsstörungen im Keime zu ersticken und somit Disziplinierung zum Indikator durchsetzungsfähigen Lehrerhandelns zu machen.

Weil das Lernen und Arbeiten in der Schule Schülerinnen und Schülern systematisch in den Erwerb von Lernkompetenz einführen soll, bedarf es dazu einer Lernkultur, in der Mitwirkungs- und Mitbestimmungsmöglichkeiten der Lernenden permanent erweitert werden. Vor diesem Ziel ergibt sich die Notwendigkeit, die Unterrichtsarrangements weiterzuentwickeln und Schülerinnen und Schülern mehr Planungs- und Handlungsspielräume für das Selbstmanagement des eigenen Lernens zuzugestehen. Lehrerinnen und Lehrer tragen die pädagogische und didaktische Verantwortung dafür, dass ihre Schülerinnen und Schüler Arbeitsformen nutzen, die einen hohen Anteil selbstgestalteter Lernsituationen und -vorgänge ermöglichen. Doch die Autor/innen machen der Lehrerschaft einsichtig, dass Freiheit und klare Strukturierung, neue Lernkultur und Klassenführung sich nicht ausschließen, sondern aufeinander verwiesen sind.

Klassenführung braucht demnach jeder Unterricht, der erfolgreich und demokratisch, aktivierend und geordnet, fachlich und überfachlich oder individuell und sozial sein soll. Klassenführung gewährleistet den pädagogischen Bezug zu den jungen Menschen auf einem hinreichenden Maß an emotionaler und sozialer Sicherheit und trägt dazu bei, gegenseitiges Vertrauen zu entwickeln.

Eine Klasse professionell führen und »managen« zu können, ist jedoch keine Aufgabe, die sich nebenbei erledigt. Entsprechend dem herausragenden Stellenwert, den die Klassenführung als Merkmal »guten« Unterrichts einnimmt, ist es unverzichtbar, sich in der Lehrerausbildung und -fortbildung schwerpunktmäßig mit dieser Thematik auseinanderzusetzen.

Die vorliegende Publikation von Ludwig Haag und Doris Streber eignet sich dafür hervorragend – und zwar gleichermaßen für Lehramtsstudierende oder Referendare, Novizen oder Routiniers.

Bielefeld *Prof. Eiko Jürgens*

Einleitung

»Ich setze es als bekannt voraus, daß der Grund von den Fehlern der Zöglinge wirklich oft in den Erziehern liege« (Salzmann 1806).

Der omnipräsente Ruf nach »Führung«

Führung, Disziplin haben heute in Erziehungsfragen Hochkonjunktur, so darf man wohl resümieren. Der Ruf nach Erziehung und auch straffer Führung wird heute zum Topos erhoben. Ratgeber und Bücher zum Thema gibt es zur Genüge, sei es der ehemalige Internatsleiter von Schloss Salem Bernhard Bueb (Bueb 2006) oder auch die ZDF-Moderatorin Petra Gerster zusammen mit ihrem Mann Christian Nürnberger, deren Bücher über Fragen der Erziehung und Disziplin eine breite Öffentlichkeit erfahren haben. Auch in der Wissenschaft wird die Bedeutung von Führung heute sehr klar gesehen. Die hohe Bedeutung der Klassenführung für jeglichen Unterricht ist empirisch belegt. Stellvertretend sei die viel zitierte und bekannte Scholastik-Längsschnittstudie von Weinert und Helmke genannt (Weinert/Helmke 1997). Ein weiteres Beispiel ist ein 2006 erschienenes, über 1 300 Seiten umfassendes Handbuch über Classroom Management der prominenten amerikanischen Erziehungswissenschaftlerinnen Carolyn Evertson und Carol Weinstein.

»The work on classroom management can be counted among the major success stories of educational research in the 20th century« (Brophy, 2006, S. 39).

- Was hat es mit dieser »Erfolgsstory« auf sich?
- Was versteht man unter dem Begriff?
- Was sind Vorläuferbegriffe?
- Was ist inhaltlich damit gemeint?
- Was bedeutet der Begriff für die Praxis?

Um die Beantwortung dieser Fragen soll es hier gehen. Dabei soll deutlich werden, dass Klassenführung ein komplexer, facettenreicher Begriff ist.

In einem aktuellen Buch (deutsche Übersetzung einer englischen Originalausgabe) mit dem plakativen Titel »Wie Sie Ihre Pappenheimer im Griff haben. Verhaltensmanagement in der Klasse« heißt es gleich im ersten Kapitel: »Sie werden ein besserer, effektiverer Lehrer, je länger Sie an Ihren Fähigkeiten zur Verhaltenssteuerung arbeiten« (Cowley 2010, S. 29).

Dann folgt in einem Kasten:

- »Arbeiten Sie an sich!
- Halten Sie durch!
- Verlieren Sie den Glauben an sich nicht!
- Akzeptieren Sie Ihre Grenzen!
- Geben Sie Ihre Ansprüche nicht auf!
- Verlieren Sie den Glauben an Ihre Schüler nicht!« (Cowley 2010, S. 30).

Ein Beispiel aus der Ratgeberliteratur ...

An anderer Stelle wird als Tipp zum Einsatz der Stimme gegeben: »Besprechen Sie regelmäßig Ihren Anrufbeantworter neu, und hören Sie Ihre Aufzeichnung ab – so bekommen Sie ein besseres Gefühl für Ihre Stimme!« (S. 82).

Zunächst soll klar werden, dass es hier nicht um eine Kiste voller Tricks geht, die es zu beherrschen gilt. Dies leistet vorliegendes Buch nicht. Unter den Stichwörtern »Classroom Management«, »Verhaltensmanagement« usw. finden sich in jeder Bibliothek viele Ratgeber, die sinnvolle Ratschläge für den Lehrer vor Ort anzubieten haben. Ein solcher Ratgeber soll das hier nicht sein. Nebenbei: Es wäre schon mal eine Studie wert, wie sehr von einer heute akademisch ausgebildeten Lehrerschaft Ratschläge genannter Formate befolgt werden. Nicht, dass in ihnen nicht Wahrheit steckte, sondern es wäre einer Nachfrage wert, inwieweit die als Imperativ formulierten Ratschläge überhaupt ernst genommen werden.

In vorliegendem Band wird Klassenführung als zentrale Lehrerkompetenz gesehen, die zur Professionalität beruflichen Handelns zählt. Hier werden zentrale und aktuelle empirische Forschungsergebnisse dargestellt und in klarer Trennung von diesen Handlungsempfehlungen abgeleitet. Dabei handelt es sich um forschungsbasierte Prinzipien und Erkenntnisse.

Klassenführung als ständige Herausforderung

Seifert (2011) nennt mehrere Gründe, weshalb Klassenführung eine ständige Herausforderung für jeden, auch für einen erfahrenen Lehrer ist:

- Vieles geschieht in einem Klassenzimmer gleichzeitig, auch wenn anscheinend alle Schüler nur an »einer« Arbeit sitzen. Unterschiedliches Arbeitstempo oder Interesse ist nur ein Beweis hierfür. Manche Schüler tun so, als ob sie bei der Sache seien, in Wirklichkeit beschäftigen sie sich mit etwas anderem. Ständig braucht jeder Schüler etwas anderes – andere Informationen, andere Anweisungen, eine andere Art der Förderung. Diese Vielfalt nimmt zu, je individualisierter der Lehrer den Unterricht gestaltet.

- Unterricht ist nur schwer vorhersehbar. Eine gut geplante Unterrichtseinheit wird zu einem Flop oder ist schneller als erwartet zu Ende. Oder ein unerwartetes Ereignis lässt den ursprünglichen Plan zugunsten eines Themenwechsels sprengen. Unterbrechungen lauern ständig.
- Schüler machen sich ein Bild vom Unterricht des Lehrers, das weder mit seinem eigenen noch dem der Mitschüler übereinstimmen muss. Ein Schüler, der ständig dran kommt, mag sich schnell vom Lehrer ungerecht behandelt fühlen, wenn er bei nächster Gelegenheit mal vom Lehrer nicht drangenommen wird. Er fühlt sich schnell übersehen. Störungen können die Folge sein.
- Schule ist nicht freiwillig, und die Anwesenheit von Schüler/innen heißt nicht per se, dass alle von sich aus lernen wollen. Ihre Anwesenheit bietet vielmehr eine günstige Gelegenheit, um sie zum Lernen zu motivieren. Und dies mag für Lehrer eine Knochenarbeit bedeuten. Unterricht für alle interessant, anregend und angenehm zu gestalten bedarf jedoch einer ständigen Kommunikation mit der gesamten Klasse.

Dass Lehrer diese Herausforderungen meistern können, darum soll es in diesem Buch gehen.

Im ersten Kapitel geht es um den Begriff »Klassenführung«. Dieser Begriff wird in all seinen Facetten umfassend beleuchtet. Neben den Fragen, ob Klassenführung notwendig und zeitgemäß ist, geht es vor allem darum, was unter dem Begriff eigentlich zu verstehen ist. Diese Klärung ist wichtig, um nicht einen Begriff von Klassenführung zu gebrauchen, der inflationär den Gegenstand eher verwässert als schärft.

Im zweiten Kapitel wird gefragt, welche Bedeutung der Klassenführung für gelingenden Unterricht zukommt. Hierzu wird eine Auswahl vorliegender Übersichtsartikel bzw. Metaanalysen und Primärstudien zu gutem Unterricht angeführt.

Im dritten Kapitel geht es um Vorläuferideen und notwendige Aspekte von Klassenführung. Historisch werden »erziehender Unterricht« als Topos in der Schulpädagogik sowie reformpädagogische Aspekte betrachtet. Klassenführung wird im Kontext der Erziehungsstilforschung behandelt. Ausgewählte sozialpsychologische Aspekte wie Lehrer- und Schülererwartungen, geschlechtsspezifische Unterschiede und Unterrichtsklimaforschung werden als Voraussetzungen zum Verständnis von Klassenführung gesehen.

Im vierten Kapitel wird nun inhaltlich das Konstrukt der Klassenführung aufgeschlossen. Sowohl anhand empirischer Studien als auch vorhandener Modelle werden Kerne, Elemente von Klassenführung herausgearbeitet.

Kapitel 5 beschreibt Traditionslinien von Classroom Management, dem amerikanischen Pendant zur Klassenführung. Zunächst geht es um die klassischen behavioristischen Ansätze, dann um die Weiterentwicklung durch die ökologischen Ansätze. Hier dürfen der prominente Vertreter Kounin sowie die Forschergruppe um Evertson nicht fehlen. Dabei geht es um Ansätze aus der Klinischen Psychologie, in der neuere Akzente gesehen werden. Vor allem wird auf die reiche Forschungstradition von »Beliefs« und ihren Einfluss auf Klassenführung eingegangen.

Die neueren Ansätze gehen offenbar einher mit einem neuen Verständnis von Lehren und Lernen. Darum geht es im sechsten Kapitel. Klassenführung wird unter dem Aspekt einer neuen Lernkultur betrachtet, wobei auf die zentralen Aspekte von selbstgesteuerten Lernumgebungen und problembasiertem Lernen eingegangen wird. Dabei geht es um eine Neubestimmung der Rolle des Lehrers in der Klasse.

Anschließend werden diese Ausführungen konkretisiert, indem ganz konkret Klassenführung unter den möglichen Varianten offenen Unterrichts, des tutoriellen Lernens, des Gruppenunterrichts und des Projektunterrichts, behandelt wird. Die Bedeutung von instruktionaler Unterstützung, die dabei dem Lehrer zukommt, wird herausgearbeitet.

Das umfangreichste Kapitel ist das siebte. In ihm werden nun die bisher ausgeführten theoretischen Überlegungen zusammengeführt und Konsequenzen für die Praxis gezogen. Das Kapitel könnte auch heißen »Das alles bedeutet ...«. Wenn hier einzelne Autoren oder Trainings hervorgehoben werden, dann ist das leitende Moment für deren Berücksichtigung ihre Primärforschung bzw. empirisch überprüfte Erkenntnisse.

Im letzten Kapitel werden Forschungsdesiderate und offene Fragen behandelt. Das Schlussresümee lautet, dass Klassenführung nicht vom Kontext losgelöst verstanden werden kann. Klassenführung ist auch abhängig von Merkmalen der Schule und ihres Umfeldes.

In allen Kapiteln kann aus der Fülle vorhandener Erkenntnisse und Ergebnisse nur eine Auswahl getroffen werden. Und Auswahl heißt stets, notwendige Akzente setzen, aber auch, nicht alle Facetten eines Gegenstandes beleuchten zu können. Und diese Begrenztheit, ja auch Einseitigkeit müssen Autoren eingehen, wenn sie sich entschieden haben, einen Begriff aus der Fülle benachbarter pädagogischer Begriffe besprechen zu wollen.

1 Der Begriff »Klassenführung«

Wenn man in der einschlägigen schulpädagogischen Literatur nach Basisqualifikationen des Lehrberufs sucht, so fällt auf, dass der Begriff »Klassenführung« nicht genannt wird. So fehlt er beispielsweise im »Strukturplan des deutschen Bildungsrats« von 1970, in dem die Aufgaben des Lehrers beschrieben und seitdem oft zitiert wurden. 2004 wurden von der »Ständigen Konferenz der Kultusminister der Länder (KMK)« Standards für die Lehrerbildung im Bereich der Bildungswissenschaften formuliert (vgl. Kap. 2.1). So wurden folgende vier Kompetenzbereiche definiert, die angehende Lehrer erfüllen sollen:

Klassenführung als Querschnittsthema

1. **Kompetenzbereich:** Unterrichten
2. **Kompetenzbereich:** Erziehen
3. **Kompetenzbereich:** Beurteilen/Beraten
4. **Kompetenzbereich:** Innovieren

Für die Nichtberücksichtigung sehen wir, so unsere These, eine Erklärung im Begriff selbst begründet, der als Querschnittsthema, wie der Name sagt, quer zu den genannten Kompetenzbereichen liegt. Auf diesem Hintergrund machen folgende Aussagen Sinn:

Ophardt und Thiel (2008) stellen fest, dass sich Klassenmanagement keiner wissenschaftlichen Disziplin eindeutig zuordnen lässt (S. 272). Brophy (2006, S. 38) spricht bei dem Begriff vom »orphan status«, einem disziplinären und theoretischen Verortungsproblem.

Zwei zentrale Bücher, von Schulpädagogen herausgegeben, die vorliegendes Thema im Titel beinhalten, zeigen den Weg: »Klassen führen – Konflikte lösen« (Glöckel 2000) und »Herausforderung Schulklasse: Klassen führen – Schüler aktivieren« (Apel 2002).

Kompetenzbereich *Erziehen*

- Klassenführung, um Konflikte zu lösen, ist eine pädagogische Aufgabe und fällt nach beschriebener Einteilung in den Kompetenzbereich Erziehen:

  »Lehrerinnen und Lehrer kennen die sozialen und kulturellen Lebensbedingungen von Schülerinnen und Schülern und nehmen im Rahmen der Schule Einfluss auf deren individuelle Entwicklung.«

»Lehrerinnen und Lehrer vermitteln Werte und Normen und unterstützen selbstbestimmtes Urteilen und Handeln von Schülerinnen und Schülern.«

»Lehrerinnen und Lehrer finden Lösungsansätze für Schwierigkeiten und Konflikte in Schule und Unterricht.«
(Sekretariat der ständigen Konferenz der Kultusminister der Länder 2004).

Kompetenzbereich *Unterrichten*

– Klassenführung, um Schüler zu aktivieren, ist eine didaktische Aufgabe und fällt in den Kompetenzbereich Unterrichten:

»Lehrerinnen und Lehrer planen Unterricht fach- und sachgerecht und führen ihn sachlich und fachlich korrekt durch.«

»Lehrerinnen und Lehrer unterstützen durch die Gestaltung von Lernsituationen das Lernen von Schülerinnen und Schülern. Sie motivieren Schülerinnen und Schüler und befähigen sie, Zusammenhänge herzustellen und Gelerntes zu nutzen.«

»Lehrerinnen und Lehrer fördern die Fähigkeiten von Schülerinnen und Schülern zum selbstbestimmten Lernen und Arbeiten.«
(Sekretariat der Ständigen Konferenz der Kultusminister der Länder 2004)

Kompetenzbereich *Beurteilen/Beraten*

– Da seit den PISA-Ergebnissen der Umgang mit Heterogenität eine zentrale Forderung heutigen Unterrichtens ist, muss ein Lehrer – bei aller Fokussierung auf die ganze Klasse – auch den einzelnen Schüler im Blick haben. Um dieser Aufgabe gerecht werden zu können, ist eine professionelle Diagnose des Einzelfalles eine notwendige Voraussetzung. Somit hat Klassenführung auch eine diagnostische Dimension und fällt in den Kompetenzbereich Beurteilen/Beraten:

»Lehrerinnen und Lehrer diagnostizieren Lernvoraussetzungen und Lernprozesse von Schülerinnen und Schülern; sie fördern Schülerinnen und Schüler gezielt und beraten Lernende und deren Eltern.«

»Lehrerinnen und Lehrer erfassen Leistungen von Schülerinnen und Schülern auf der Grundlage transparenter Beurteilungsmaßstäbe.«
(Sekretariat der Ständigen Konferenz der Kultusminister der Länder 2004)

– Da unter Lehrer/innen unterschiedliche Ansichten vom Führen einer Klasse bestehen und diese Differenzen die Durchsetzung einer Führung erschweren, umgangssprachlich das Ziehen an einem

Strang, verweist der Begriff auf einen Konsens unter Lehrern, zu mindest ein und derselben Schule, und fällt in den Kompetenzbereich »Innovieren«, bei dem es um Schulentwicklung geht:

Kompetenzbereich *Innovieren*

> »Lehrerinnen und Lehrer sind sich der besonderen Anforderungen des Lehrberufs bewusst. Sie verstehen ihren Beruf als ein öffentliches Amt mit besonderer Verantwortung und Verpflichtung.«
>
> »Lehrerinnen und Lehrer verstehen ihren Beruf als ständige Lernaufgabe.«
>
> »Lehrerinnen und Lehrer beteiligen sich an der Planung und Umsetzung schulischer Projekte und Vorhaben.«
> (Sekretariat der Ständigen Konferenz der Kultusminister der Länder 2004)

Meyer hält fest, dass die Führung einer Klasse zu den »in der pädagogischen Literatur vernachlässigten Kernaufgaben« (Meyer 1997, S. 161) von Lehrer/innen gehört. Helmke konstatiert ebenfalls, dass Klassenführung »in Deutschland erstaunlicherweise weder in der Lehreraus- und -fortbildung noch in der aktuellen pädagogischen Diskussion eine nennenswerte Rolle« (Meyer 1997, S. 78; Helmke 2003) spielt.

Dem steht die Auffassung der Praxis entgegen. Unter Lehrer/innen ist die Notwendigkeit unbestritten, Schulklassen zu führen. Um sich dem Begriff der Klassenführung zu nähern, bieten sich folgende Fragen an. Bei deren Beantwortung beziehen wir die Behandlung von Begriffen mit ähnlicher Konnotation wie Classroom Management, Klassenmanagement, Klassenorganisation mit ein.

Ist im Unterricht Klassenführung notwendig?

Die Bejahung dieser Frage ist in der Beantwortung der Frage begründet, was eigentlich Unterricht ist. Hier beziehen wir uns auf Doyle (1986), der Unterricht als äußerst komplexes Geschehen analysiert und dieses mithilfe von sechs Dimensionen beschreibt. Unterricht in der Klasse sei geprägt durch:

Unterricht als komplexes Geschehen

- *Multidimensionality* – große Anzahl an Ereignissen, deren Vernetzung und multiple Konsequenzen
- *Immediacy* – Ereignisse geschehen schnell, folgen schnell aufeinander

- *Unpredictability* – Ereignisse nehmen unerwartete, unvorhersehbare Wendungen, werden gemeinsam produziert und sind daher kaum antizipierbar
- *History* – frühere Erfahrungen in der Klasse formen nachfolgende Ereignisse
- *Simultanity* – verschiedene Ereignisse geschehen zeitgleich
- *Publicness* – Klassenräume sind öffentliche Plätze, und Ereignisse werden häufig von einem Großteil der Schüler/innen miterlebt

Die Intention ist klar: Damit im Klassenzimmer gelernt werden kann, ist es nötig, hierfür einen geordneten Rahmen zu schaffen – dafür ist der Lehrer verantwortlich. Klassenführung geht von einer grundsätzlich schwierigen Lernsituation aus. Sie will Lernen in einer Situation ermöglichen, die komplex ist und durch Unsicherheit bestimmt wird.

Eine zweite positive Beantwortung ergibt sich aus dem heutigen Verständnis einer Schul*klasse*. Eine Schulklasse ist im öffentlichen Schulsystem in der Regel eine organisatorische Einheit einer aufgeteilten Schülerschaft, die gemeinsam im gleichen Lehrpensum im gleichen zeitlichen Takt unterrichtet wird. Dies war nicht immer so; das Mittelalter kannte die Einrichtung der Schulklasse nicht (Metz 2011). Der Unterricht wurde durchweg als Einzelunterricht, allenfalls als kollektiver Einzelunterricht geführt. Schüler mussten unter Aufsicht des Schulmeisters im selben Raum einzeln lernen. Die heutige Aufteilung in Klassen und gleichzeitig Jahrgänge geht auf Comenius zurück. Er schreibt jeder Schulklasse einen eigenen Raum, einen eigenen Lehrer, ein gemeinsames Buch und ein stufengemäßes Pensum zu. Die hier nicht weiter ausgeführte Begründung sieht er in der Ordnung der von Gott geschaffenen Natur, die in der Schule verwirklicht werden soll.

Entstehung der »Schulklasse«

Diese Organisation der Jahrgangsklasse hat sich im Lauf des 19. Jahrhunderts zur dominanten Form der Strukturierung in der Schule entwickelt. Die Schulklasse war geboren und damit eine neue und permanente Herausforderung für den Lehrer.

Ist der Begriff Klassenführung eigentlich notwendig? Kann dieFührungsaufgabe im Unterricht nicht unter den Erziehungsaufgaben subsumiert werden (Haag/Lohrmann 2008)?

Erziehen vs. Führen

Bei einer Bejahung dieser Frage wäre ja auf den Begriff der Führung ver zichtbar. Doch Erziehung und Führung dürfen nicht gleichgesetzt werden. Während Erziehen mehr auf den Einzelnen gerichtet ist, richtet sich der Begriff »Führung« auf eine Gruppe, auf die Schulklasse. Wenngleich sich die Begriffe auch überschneiden, sollten sie voneinander abgegrenzt werden, weil hinter den Begriffen unterschiedliche Anforderungen stehen, die verschieden gemeistert werden. Hier schließen wir uns Glöckel an: »Es gibt Lehrer, die segensreichen erzieherischen Einfluss auf Einzelne ausüben und dennoch größte Schwierigkeiten vor der ganzen Klasse haben. Und es gibt andere, die werden problemlos mit Klassen fertig, aber ihrem erzieherischen Wirken würde man eher mit Misstrauen begegnen« (Glöckel 2000, S. 42). Klassenführung wird also nicht über die Notwendigkeit von Erziehung legitimiert.

Ist das Führen von Gruppen und Klassen zeitgemäß (Haag/Lohrmann 2008)?

Der Begriff scheint aktuellen pädagogischen Intentionen zu widersprechen. Zum einen sollen Lehrerinnen und Lehrer nicht führen, sondern eher Berater oder Partner der Lernenden sein. Helmke wendet demgegenüber ein, dass solche Einwände aus einer »falsch verstandenen ›humanitären‹ Orientierung« stammen; diese »egalitäre Sichtweise« erscheint ihm folglich »verfehlt« (Helmke 2003, S. 78). Zum anderen wird seit vielen Jahren die Forderung nach offeneren, selbstbestimmten Unterrichtsformen laut, was aufgrund der Dominanz eines jahrzehntelangen Frontalunterrichts in den Schulen durchaus sinnvoll und überfällig ist. Zu beobachten ist, dass Partner- und Gruppenarbeit in den letzten beiden Jahrzehnten signifikant zugenommen haben (Götz et al. 2005). Dabei besteht jedoch die Gefahr, dass Altbewährtes allzu leicht über Bord geworfen wird. Insbesondere offenere Handlungsmuster des Unterrichts bedürfen jedoch einer klaren Struktur. Je jünger Schüler sind, umso eher müssen sie *angeleitet* werden, ihr Lernen zu regulieren und selbstbestimmt zu organisieren. Die Führung der Klasse ist daher sinnvoll und notwendig, sie erspart Abstimmungen und Kämpfe (vgl. Kap. 7).

Führung als klare Strukturierung

Wer eine Klasse führt, soll mehr bewirken, als Lernen und Leisten zu ermöglichen. Der Balanceakt besteht zwischen der Aufgabe, die Lehr-Lern-Situation für alle zu sichern, und der Verpflichtung, die Entwicklung von Sozial- und Selbstkompetenz zu fördern. Dadurch gewinnt Klassenführung eine pädagogische Qualität. Eine so verstandene *pädagogische Führung* impliziert Anregung und Anleitung ebenso wie Freiheit, Unterstützung und Verpflichtung. Damit bleibt Klassenführung ein unscharfer Begriff. Offen ist: Wie können selbstständiges Denken und Handeln durch Anregung und Anleitung gefördert werden? Eine viel zitierte Äußerung Kants pointiert diesen Antagonismus: »Wie kultiviere ich die Freiheit bei dem Zwange? Ich soll meinen Zögling gewöhnen, einen Zwang seiner Freiheit zu dulden, und soll ihn zugleich anführen, seine Freiheit gut zu gebrauchen« (Kant 1960, S. 16).

Ist Klassenführung eine zielführende Kompetenz?

Voraussetzung guten Unterrichts

Dieser Frage wird im nächsten Kapitel eigens nachgegangen. Hier schon so viel: Eine gute Klassenführung ist Voraussetzung für guten Unterricht und erzieherisches Wirken. Ein Lehrer, der seine Klasse führt, tut dies in Bezug auf die Sache und die Schüler/innen. Zusammenfassend lässt sich sagen, dass Klassenführung eine anspruchsvolle Aufgabe ist, die im Zuge eines veränderten Lernbegriffs einem starken Wandel unterlegen ist: Neben klarer Regelung des Unterrichts geht es auch darum, Schüler/innen zu selbstständigem Arbeiten anzuleiten.

Was versteht man eigentlich unter »Klassenführung«?

Dies ist keine banale Frage. »In Deutschland wird er [gemeint ist der Begriff »Classroom Management«; die Autoren] unserem Eindruck nach, trotz breiterer Definitionen in der Fachliteratur … häufig eng auf Aspekte der Disziplin und den effizienten Umgang mit Unterrichtsstörungen reduziert« (Bohl 2010, S. 20).

Wir schließen uns dieser Einschätzung von Bohl an mit der Ergänzung, dass diese Auffassung eher die Ratgeber- und Lehrerzeitschriftliteratur betrifft als die fachwissenschaftliche Auseinandersetzung (wobei in Lehrerzeitschriften die fachwissenschaftliche Auseinandersetzung nicht ausgespart bleiben muss).

Seit der Scholastik-Studie (vgl. Kap. 4) wird in Deutschland der Begriff mit der Unterrichtsqualitätsforschung (vgl. Kap. 2) zusammengedacht. Und dabei geht es um viele den Begriff tangierende Facetten (vgl. Kiel/Frey/Weiß 2013):

Facetten des Begriffs »Klassenführung«

- Es geht um das Kerngeschäft von Lehrern, das Unterrichten, d.h. Lerninhalte auswählen, Sachverhalte erklären, Übungsmaterialien bereitstellen, Gruppenarbeiten organisieren, Lernergebnisse kommunizieren, um nur zentrale Aspekte zu nennen.
- Es geht um Aspekte der Lehrerpersönlichkeit.
- Es geht um die Lehrerkompetenz im didaktisch-methodischen Bereich.
- Es geht auch, wenn man den Aspekt der Führung betont, um die Lehrer-Schüler-Beziehung.

»So gesehen kann man die Unterrichtsgestaltung als eine von mehreren Dimensionen der Klassenführung ... betrachten« (Mayr 2009, S. 34). Wenn man unter dieser Perspektive den Begriff so weit fasst, läuft er Gefahr, sein eigenes Profil zu verlieren.

Auffallend ist, dass in der englischsprachigen Fachliteratur der Begriff des Classroom Managements über all die Jahrzehnte eine Begriffserweiterung erfahren hat (vgl. Kap. 5.6).

Definition zwischen Einengung und Beliebigkeit

Hier sollen zunächst einmal drei Definitionen angeboten werden, die einerseits den Begriff klar abgrenzen, andererseits der Komplexität des Begriffes gerecht werden. Mit dieser Art Arbeitsdefinitionen soll der Leser schon im ersten Kapitel ein Gespür für den Begriff erhalten. Näher gehen wir auf den Begriff im Kapitel 4 ein. Schließlich soll am Ende von Kapitel 7 deutlich geworden sein, wie Klassenführung verstanden werden kann.

- Klassenführung befasst sich mit der »Gestaltung der auf Lernarbeit zielenden Interaktion zwischen Schüler/innen und Lehrer/innen in dem institutionalisierten sozialen Rahmen der Schulklasse« (Kiel 2009, S. 337). Sie will aktivieren, anleiten und beraten, Lernarbeit grundsätzlich ermöglichen, das Lernen für Schüler zur Verpflichtung machen und auch die Lehrer auf Vorbereitung und Durchführung von angemessenen Lehrtätigkeiten festlegen.
- Instruktional enger, doch beziehungsmäßig noch reicher formuliert Schönbächler (2008): »Klassenmanagement wird verstanden als Haltung und situativ angepasstes Handeln der Lehrperson, welche auf die Schaffung von gegenseitig anerkennenden Beziehungen aller im Unterricht Beteiligten, auf die Errichtung und Aufrechterhaltung von Ordnungs- und Kommunikationsstrukturen sowie auf die aktive Partizipation der Schülerinnen und Schüler am Unterricht zielt und somit Rahmenbedingungen schafft, welche das Lernen der Schülerinnen und Schüler begünstigt« (Schönbächler 2008, S. 210).
- Bohl (2010) drückt das Gemeinte sehr kurz und ebenso präzise aus: »Es geht schlicht darum, die Basis für wirksame Lernprozesse zu legen« (S. 22).

2 Klassenführung im Kontext der Unterrichtsqualitätsforschung

Dank der großen internationalen Schulleistungsstudien rückte in den letzten Jahren das Kerngeschäft von Schule, das Unterrichten, wieder stärker in den Fokus der Aufmerksamkeit. Bei dieser Diskussion wurde auch die Bedeutung des Lehrers für gelingenden Unterricht hervorgehoben. Heute liegen unzählige Studien vor, die Bedingungen für Schülerleistungen erklären. Einen ausgezeichneten Überblick gibt Helmke (2010).

Primärstudien und Metaanalysen

Hierbei muss man zwei Arten von vorliegenden Ergebnissen unterscheiden. Zum einen geht es um Primärstudien, zum anderen um Übersichtsartikel bzw. Metaanalysen, in denen der Forschungsstand vorliegender Primärstudien zusammengefasst und aufbereitet wiedergegeben wird. Hieraus werden auch Schemata, Modelle abgeleitet, die unterrichtliche Wirkungen erklären können.

Zunächst sollen Übersichten repräsentativ ausgewählt werden, anschließend sollen stellvertretend im deutschsprachigen Raum bekannt gewordene Primärstudien aufgeführt werden.

2.1 Übersichten

Studien von Wahlberg et al. (1993)

International am bekanntesten sind Studien der Forschergruppe um Wahlberg. Viel zitiert ist die Aufstellung auf den Seiten 272 ff. des Artikels von Wang, Haertel und Wahlberg (1993), die aufgrund des Materials von 61 Unterrichtsforschungsexperten, 91 Metaanalysen und 179 Handbuchartikeln und Reviews angefertigt wurde. Noch vor den metakognitiven und kognitiven Schülervoraussetzungen steht als Einzelbedingung an erster Stelle das Klassenmanagement. Auch weitere Lehrervariablen wie die Lehrer-Schüler-Interaktion, die instruktional genutzte Unterrichtszeit, Schul- und Klassenklima sowie Instruktionsmethoden liegen vor unterrichtsferneren Variablen wie Schulpolitik, Schulorganisation oder Curriculumfragen.

Einflussfaktoren auf das Lernen (Rangreihe nach Wang/Haertel/Wahlberg 1993):

Einflussfaktoren auf das Lernen

1. Klassenführung durch den Lehrer
2. Metakognitive Kompetenzen der Schüler
3. Kognitive Kompetenzen der Schüler
4. Häusliche Umwelt und Unterstützung durch die Eltern
5. Lehrer-Schüler-Interaktion
6. Sozialverhalten
7. Motivationale und affektive Faktoren
8. Einbettung der Schüler in die Gruppe der Gleichaltrigen
9. Instruktional genutzte Unterrichtszeit
10. Schulkultur
11. Klassenklima
12. Instruktionsmethoden
13. Organisation des Lehrplans
14. Lehrer-Schüler-Unterrichtsgespräch
15. Unterrichtsbewertung
16. Einfluss der Gemeinde
17. Psychomotorische Kompetenzen der Schüler
18. Schuladministrative Entscheidungen
19. Umsetzung des Lehrplans
20. Elterliches Engagement in Schulfragen
21. Unterstützungssysteme im Klassenzimmer
22. Herkunft der Schüler
23. Freizeitverhalten der Schüler
24. Schuldemographie
25. Politik des Staates und der Bezirke
26. Schulpolitik und Schulorganisation
27. Demographische Situation im Einzugsgebiet der Schüler
28. Erreichbarkeit der Schule

Angebot-Nutzungs-Modell von Helmke (2003)

Klassenführungskompetenz im Angebot-Nutzungs-Modell

Im deutschsprachigen Raum ist das Angebot-Nutzungs-Modell von Helmke (2003) weit verbreitet. Unterricht wird hier verstanden als ein Angebot, garantiert noch keine Wirkungen per se, sondern diese sind davon abhängig, ob überhaupt und wie die Schüler/innen es nutzen. Neben Kontextfaktoren auf unterschiedlichen Ebenen (hier geht es sowohl um weite kulturelle Rahmenbedingungen als auch um das ganz spezifische Klassenklima) und der Familie mit ihren unterschiedlichen strukturellen sowie Prozessmerkmalen ist vor allem die Lehrperson eine zentrale Größe auf der Angebotsseite. Und im Modell von Helmke (2003) wird eigens »Klassenführungskompetenz« als eine Einzelgröße genannt.

Abb. 1: Wirkungsmodell der Klassenführung

Gleichsam ausgekoppelt aus dem komplexen Modell skizziert Helmke (2007, S. 45, Abb. 1) ein Wirkungsgeflecht der Klassenführung.

weitere Metaanalysen

Man könnte hier noch weitere Reviews anführen. Beispielsweise könnten hier auch Übersichten aufgeführt werden, in denen es vom Ansatz her um die Bedeutung des Lehrers und seine Qualifikation für guten Unterricht geht. Bekannt geworden sind die beiden großen Reviews von Darling-Hammond (2000) und der Abell Foundation (2001). Hier geht es um die in der amerikanischen Forschung seit Jahren geführte Auseinandersetzung, ob überhaupt und wenn ja, welche formalen Anforderungen an die Ausbildung von Lehrer/innen zu stellen sind (Blömeke 2004). Freilich macht diese Diskussion nur Sinn vor dem Hintergrund, dass der Einfluss des Lehrers auf guten Unterricht ein unbestrittener ist. Hattie (2003) reanalysierte nach eigener Angabe mehr als 500 000 Studien, in denen Einflüsse auf Schülerleistungen analysiert wurden, und kommt so zu aussagekräftigen Ergebnissen zum Stellenwert der Lehrperson im Gesamtgefüge von Unterrichtsqualität: Rund 30 Prozent der Varianz fallen auf die Lehrer/innen, auf ihre Unterschiede im Wissen, im Handeln und in den Einstellungen.

Merkmale guten Unterrichts

Alle hier vorliegenden Übersichten zeigen, welch große Bedeutung dem Lehrer für gelingenden, d.h. guten Unterricht zukommt. Neben Schüler/innen mit ihrem Vorwissen und ihren Fähigkeiten werden Lehrer/-innen und großenteils damit zusammenhängend Unterrichtsmerkmale als erklärungsmächtigste Faktoren von Schülerleistungen gesehen.

So verwundert es nicht, dass heute Merkmalskataloge guten Unterrichts Hochkonjunktur in der Lehrerbildung haben – und zwar unserer Einschätzung nach in allen Phasen der Lehrerbildung. Hier wird den Praktikern ein Bündel an Merkmalen zur »Befolgung« an die Hand gegeben, das auf einigermaßen empirisch belastbaren Befunden beruht. Und ein Eingehen hierauf darf man als einen Fortschritt werten im Vergleich zu den jahrzehntelang in Deutschland vorliegenden normativen Entwürfen der allgemeinen Didaktik, die für die Lehrerbildung bestimmend waren (vgl. die didaktischen Modelle Klafkis oder der Berliner Schule). Freilich soll nicht verschwiegen werden, dass die Attraktivität solch vorliegender Merkmalskataloge nicht ohne Bedenken ist, auf die Bohl und Kucharz (2010, S. 62 ff.) mit Recht hinweisen. So gelten die hier untersuchten Merkmale meistens für eher lehrerzentrierten Unterricht. Inwieweit sie auf offene Unterrichtsformen übertragbar sind, bleibt in der Forschung eher unklar. Und Kontextbedingungen wie z.B. Klassengröße, unterschiedliche Fächer oder auch unterschiedliche Lernziele sind hierbei weniger erforscht.

Merkmalskataloge guten Unterrichts

Abbildung 2 (nach Bohl/Kucharz 2010, S. 65, Abb. 9) zeigt eine repräsentative Zusammenstellung solcher Merkmalskataloge. Die Begriffe zeigen die große Bedeutung, die Klassenführung im »Konzert« aller anderen Merkmale hat.

In moderner Lesart können diese Merkmale auch als Standards und Kompetenzen in der Lehrerbildung betrachtet werden. Darauf gehen Frey und Jung in einer aktuellen Analyse ein. »Der Kompetenzbegriff wird nicht einheitlich definiert bzw. unterschiedliche Begrifflichkeiten – Kompetenz, Standards, Fertigkeiten, Qualifikation u.v.a. – werden für äquivalente oder sich überlappende Inhalte genutzt« (Frey/Jung 2011, S. 54).

Die bekannteste Klassifikation dürfte von Oser (2001) sein, der 88 Standards für die Lehrerbildung auf der Basis von Expertengesprächen mit Verantwortlichen der Lehrerbildung entwickelte. Nachträglich wurden sie in zwölf Gruppen unterteilt, die jeweils wiederum eine unterschiedliche Anzahl von Standards beinhalten. Klassenführung taucht nicht explizit auf, doch ist sie folgenden Standardgruppen unterlegt: 1. Lehrer-Schüler-Beziehung und 2. fördernde Rückmeldung, 3. Bewältigung von Disziplinproblemen und Schülerrisiken und 4. Aufbau und Förderung von sozialem Verhalten.

Lipowsky 2007	Meyer 2004	Helmke 2006
• allgemeindidaktische Merkmale • effektive Klassenführung • klare Strukturierung • kooperatives Lernen • Übungen und Wiederholungen • Hausaufgaben • Klassenklima • fachdidaktische Merkmale • kognitive Aktivierung • Fokussierung und inhaltliche Kohärenz • Rückmeldungen	• klare Strukturierung • hoher Anteil echter Lernzeit • lernförderliches Klima • inhaltliche Klarheit • sinnstiftendes Kommunizieren • Methodenvielfalt • individuelles Fördern • intelligentes Üben • transparente Leistungserwartungen • vorbereitete Umgebung	• effiziente Klassenführung und Zeitnutzung • lernförderliches Klima • vielfältige Motivierung • Strukturiertheit und Klarheit • Wirkungs- und Kompetenzorientierung • Schülerorientierung und Unterstützung • Förderung aktiven, selbstständigen Lernens • angemessene Variation von Methoden und Sozialformen • Konsolidierung, Sicherung, intelligentes Üben • Passung an Schüler(gruppe)

Abb. 2: Merkmalskataloge »guten« Unterrichts (nach Bohl/Kucharz 2010, S. 65, Abb. 9)

Umgang mit Heterogenität

Schließlich soll das seit PISA geläufige und viel beschworene Schlagwort »Umgang mit Heterogenität« aufgenommen werden, um zu zeigen, dass Klassenführung heute eine neue Bedeutung erhält. In den Merkmalen »Individuelles Fördern« bei Meyer und »Passung an Schüler(gruppe)« bei Helmke ist Heterogenität mit einbezogen.

Die Notwendigkeit, Integration zu fördern und mit Heterogenität umgehen zu lernen, ist heute gesellschaftlich besonders spürbar. Umgang mit Heterogenität ist heute mehr als ein Schlagwort im Bildungskontext. Während ein Strukturmerkmal der Bildungssysteme moderner Gesellschaften eine einheitliche Beschulung im Primarbereich ist, variieren jedoch im Sekundarbereich strukturelle Modelle zwischen den Ländern zum Teil erheblich. Während beispielsweise Finnland oder Schweden das Prinzip der einheitlichen Beschulung auch im Sekundarbereich beibehalten, weisen gerade die deutschsprachigen Länder Deutschland, Österreich und Schweiz eine leistungsbezogene Differenzierung nach Schulformen auf. Seit den Ergebnissen der PISA-Studien sehen sich gerade diese Länder mit gegliederten Systemen verstärkter Kritik ausgesetzt. So ist die sozial selektive Verteilung der Schüler/innen auf die verschiedenen Schulformen in einem gegliederten Bildungssystem ein gut dokumentierter Befund (Maaz/Watermann/Baumert 2007). Auch hat die ethnische Vielfalt der Schüler/innen in den vergangenen Jahrzehnten deutlich zugenommen.

Neben eher strukturellen Gründen, die heute für einen verstärkten Umgang mit Heterogenität sprechen, muss auch der Tatsache Rechnung getragen werden, dass man in hoch selektierten Schulsystemen bei Weitem nicht von homogenen Gruppierungen sprechen kann. Überlappungen der Ergebnisse von Haupt-, Realschüler/innen und Gymnasiast/-innen in der PISA-Studie sind Beleg genug dafür. Durch eine vermeintliche Zusammensetzung homogener Schüler/innen wird einer de facto existierenden Heterogenität ganz konkret im Unterricht zu wenig Aufmerksamkeit geschenkt. Deshalb ist heute die Notwendigkeit, Integration zu fördern und mit Heterogenität umgehen zu lernen, gesellschaftlich besonders spürbar.

Individualisierung

Im Hinblick auf die Bewältigung der besonderen Heterogenitätsproblematik wird deutlich, dass die bisherige Ausbildung/Sozialisation in der traditionellen Didaktik nicht ausreicht und der Ergänzungen bedarf. Gesucht wird nach Möglichkeiten, so weit wie möglich Unterricht unter der Perspektive der Individualisierung des Lernens zu betrachten, bei einem Aufbrechen des Klassenverbandes. Individualisierung ist ein fundierendes Unterrichtsprinzip, das unterschiedliche Interessen, Neigungen, Motivationen, Begabungen, Vorkenntnisse und Vorerfahrungen der Schüler/innen zu berücksichtigen sucht (Haag 2010a). Mit Individualisierung ist also nicht eine Spezialform der Differenzierung gemeint, sondern ein didaktischer Oberbegriff, dem entsprechende Organisations- und Unterrichtsformen untergeordnet werden. Dazu gehören einerseits Maßnahmen der Differenzierung, andererseits Formen offenen Unterrichts (Schorch 2007).

Differenzierung

Differenzierung in der Schule findet nach unterschiedlichen Strukturprinzipien statt. Dabei geht es darum, die natürlich bestehende Heterogenität der Lernenden zu ordnen (Paradies/Linser 2006). Auf einer ersten Ebene kann zwischen der äußeren und inneren Differenzierung unterschieden werden. Im Folgenden soll eine Einteilung der Differenzierung wiedergegeben werden, wie sie Saalfrank (2008) vorschlägt:

Äußere Differenzierung ist überwiegend durch organisatorische Kriterien geprägt, die sich weitgehend dem Entscheidungsrahmen einzelner Lehrkräfte entziehen. Zur äußeren Differenzierung zählt Saalfrank die interschulische Dimension (z.B. unterschiedliche Schularten), die intraschulische Dimension (z.B. Zweige in einer Schule oder Wahlfächer) und die Schulprofildimension (z.B. mathematisch-naturwissenschaftliche Schulen, Europaschulen, Schulen für Hochbegabte).
Für innere Differenzierung oder auch Binnendifferenzierung bilden die Lernvoraussetzungen der Schüler/innen und die regelmäßige Beobachtung ihrer Lernprozesse die entscheidenden Grundlagen. In Anlehnung an Paradies und Linser (2006) gliedert Saalfrank die innere Differenzierung in folgende vier Dimensionen mit entsprechenden Differenzierungsmaßnahmen:

- Unterrichtsorganisatorische Dimension
  Differenzierung nach Zielen, Inhalten, Methoden und Medien, Sozialformen, Lernvoraussetzungen, Organisation und Zufall
- Didaktische Dimension
  Differenzierung nach Lerninteresse, Motivation, Lerntempo, Lernstilen/Lernpräferenzen
- Unterrichtsgestaltungsdimension
  Differenzierung nach individualisiertem Unterricht (z.B. Freiarbeit), kooperativem Unterricht (z.B. Gruppenunterricht), gemeinsamem Unterricht (z.B. Klassenunterricht)
- Kompetenzdimensionen als Differenzierungskonsequenzen
  Fachkompetenzen, Methodenkompetenzen, Sozialkompetenzen, Selbstkompetenzen, Handlungskompetenzen

Individualisierung bedeutet also, jedem Schüler die Chance zu geben, sein motorisches, intellektuelles, emotionales und soziales Potenzial umfassend zu entwickeln und ihn dabei durch geeignete Maßnahmen zu unterstützen, wie durch die Gewährung ausreichender Lernzeit, durch spezifische Fördermethoden, durch angepasste Lernmittel und gegebenenfalls durch Hilfestellungen weiterer Personen mit Spezialkompetenzen (Meyer 2004, S. 97).

Der pädagogische Wert einer solchen Individualisierung liegt nicht darin, möglichst homogene Gruppen zu schaffen, sondern allein oder in Kleingruppen sich selbst erfahren und so weiterentwickeln zu können.

Adaptive Lehrkompetenz

Wenn das Lehren und Lernen für möglichst viele Schüler/innen mit verschiedenem Vorwissen, unterschiedlichen Lernvoraussetzungen und je unterschiedlich verlaufenden Lernprozessen erfolgreich abläuft, spricht man von einem guten Unterricht mit der dafür kennzeichnenden Qualität, dass das Gelernte nicht nur erworben, sondern auch verstanden worden ist. Ein Lehrer, der es schafft, »das Lehr-Lern-Geschehen unter bestmöglicher Berücksichtigung

- der inhaltlichen Anforderungen des Unterrichtsinhaltes (Sachkompetenz),
- der Vielfalt der Wissens- und Lernvoraussetzungen und der Lernverläufe der Schüler sowie der situativen Aspekte des Lernens (diagnostische Kompetenz),
- der Möglichkeiten und Chancen der didaktischen Gestaltung der Lernsituationen (didaktische Kompetenz),
- der pädagogischen Maßnahmen zur Steuerung, Führung und Begleitung einer Schülergruppe oder Klasse (Klassenmanagement)

erfolgreich zu orchestrieren, verfügt über eine gut entwickelte und differenzierte ›adaptive Lehrkompetenz‹« (Beck et al. 2008, S. 37).

Es geht also darum, dass bei einem Lehrer mit adaptiver Lehrkompetenz folgende Kompetenzen vorausgesetzt werden:

Dimensionen adaptiver Lehrkompetenz

- *Sachkompetenz:* reichhaltiges, flexibel nutzbares eigenes Sachwissen, in dem sich der Lehrer leicht und rasch bewegen kann
- *Diagnostische Kompetenz:* die Fähigkeit, bezogen auf den jeweiligen Unterrichtsgegenstand die Lernenden bezüglich ihrer Lernvoraussetzungen und -bedingungen (Vorwissen, Lerntempo, Lernschwächen usw.) sowie ihrer Lernergebnisse zutreffend einschätzen zu können. Die Forschungsergebnisse zeigen, dass hier bei den Lehrer/-innen Defizite vorliegen (vgl. Haag 2008). So wurde beispielsweise in der PISA-Studie festgestellt, dass deutsche Lehrer nur sehr begrenzt in der Lage waren, die Lesekompetenz ihrer Schüler/innen korrekt einzuschätzen (Helmke 2003, S. 84–104).
- *Didaktische Kompetenz:* reichhaltiges methodisch-didaktisches Wissen und Können, wozu auch gehört, dass der Lehrer die Vor- und Nachteile der einsetzbaren didaktischen Möglichkeiten und Bedingungen kennt, unter denen diese Erfolg versprechend eingesetzt werden können

- *Klassenführungskompetenz:* die Fähigkeit, eine Klasse so zu führen, dass sich die Lernenden aktiv, anhaltend und ohne ein Zuviel an störenden Nebenaktivitäten mit dem Unterrichtsgegenstand auseinandersetzen können.

Einem mit hoher adaptiver Lehrkompetenz ausgestatteten Lehrer gelingt es, bei aller Individualität und Heterogenität der Schüler/innen in genauer Kenntnis der Sachverhältnisse des Unterrichtsinhaltes, unter Ausschöpfung eines reichhaltigen didaktischen Repertoires und durch sensible Führung und beratende Begleitung den Unterricht so zu gestalten, dass möglichst viele Schüler/innen ihren Voraussetzungen und Möglichkeiten entsprechend lernen und verstehen können.
Dabei zeigt das Attribut »adaptiv« den Prozesscharakter an. »Adaptiv-sein« bedeutet, Unterschiede während des Lernens sensibel wahrzunehmen und je situationsgerecht darauf zu reagieren. Es gilt, bereit zu sein und zu reagieren, wenn eine Handlungsanpassung an eine neue Situation erwünscht bzw. erforderlich ist. »Adaptive Lehrkompetenz ist die fachübergreifende Voraussetzung für eine subjektorientierte Betrachtungs- und Handlungsweise der Lehrperson beim Unterrichten« (Beck et al. 2008, S. 39).

Gerade in den vorliegenden Kontext passt die Folgerung von Eigenmann (2009), der die Potenziale folgendermaßen zusammenfasst: »Viele Unterrichtsstörungen lassen sich vermeiden durch Individualisierung, Differenzierung und Förderung der Eigenständigkeit« (S. 26).

2.2 Primärstudien

Hier soll anhand ausgewählter Primärstudien gezeigt werden, dass Klassenführungskompetenz sowohl für die Schülerleistungen als auch für das Wohlbefinden der Schüler/innen sowie der Lehrer/innen eine wichtige Rolle spielt. Zentrale Ergebnisse sollen dies belegen.

2.2.1 *Bedeutung für die Schülerleistungen*

Hier sollen zwei prominente deutschsprachige Studien vorgestellt werden.

Scholastik-Studie

Im Rahmen der Scholastik-Studie (Weinert/Helmke 1997) wurden 1 150 Schüler/innen aus 54 Grundschulklassen zwischen den Jahren 1987 und 1991 längsschnittlich untersucht. Bei sogenannten »Optimalklassen«, d.h. Klassen, in denen überdurchschnittlich qualifiziert und zugleich streuungsmindernd unterrichtet wurde, war das Unterrichtsmerkmal »Klassenführung« besonders hoch ausgeprägt, wie folgende Grafik verdeutlicht (Weinert/Helmke 1996, S. 230).

Längsschnitt-untersuchung von 54 Klassen

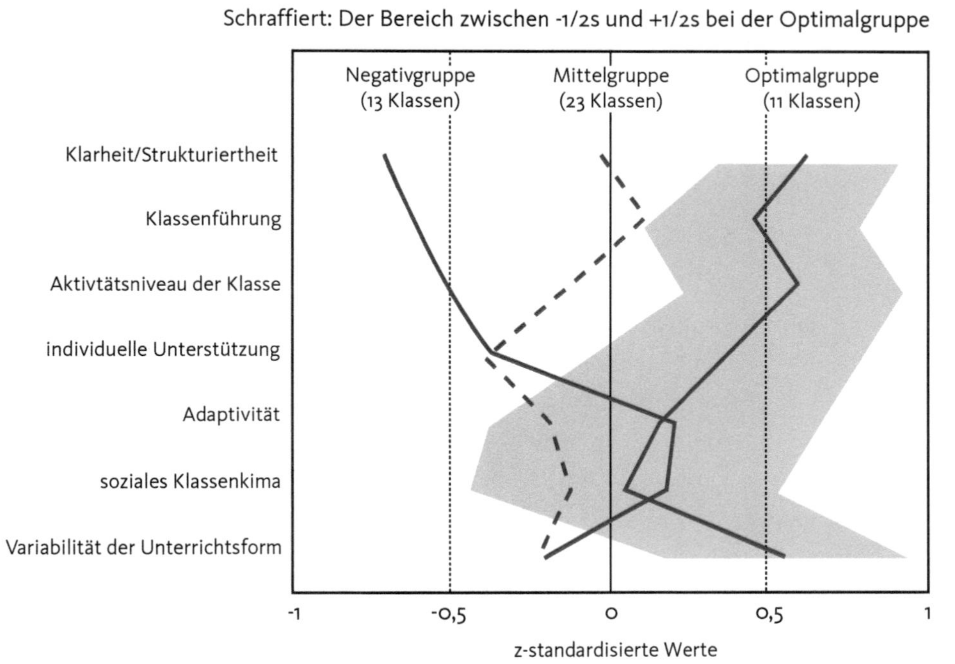

Abb. 3: Ausprägung verschiedener Unterrichtsmerkmale (Quelle: Weinert, F.E./ Helmke, A. (1996): Der gute Lehrer: Person, Funktion oder Fiktion? In: Zeitschrift für Pädagogik, 34. Beiheft, S. 223–233.)

MARKUS-Studie

Im Rahmen der MARKUS-Studie, einer Vollerhebung von ca. 37 000 Schüler/innen der achten Jahrgangsstufe in Rheinland-Pfalz (Helmke/ Jäger 2002), wurde aufgrund der Schülerbefragung über verschiedene Aspekte des Unterrichts ein gemeinsames Profil von jeweils zehn Prozent der leistungsstärksten Klassen/Kurse aller Bildungsgänge erstellt (http://www.ggg-nrw.de/PDF_alt/MARKUS.Erstbericht.pdf, S. 11).

effiziente Klassenführung als zentrales Merkmal von leistungsstarken Klassen

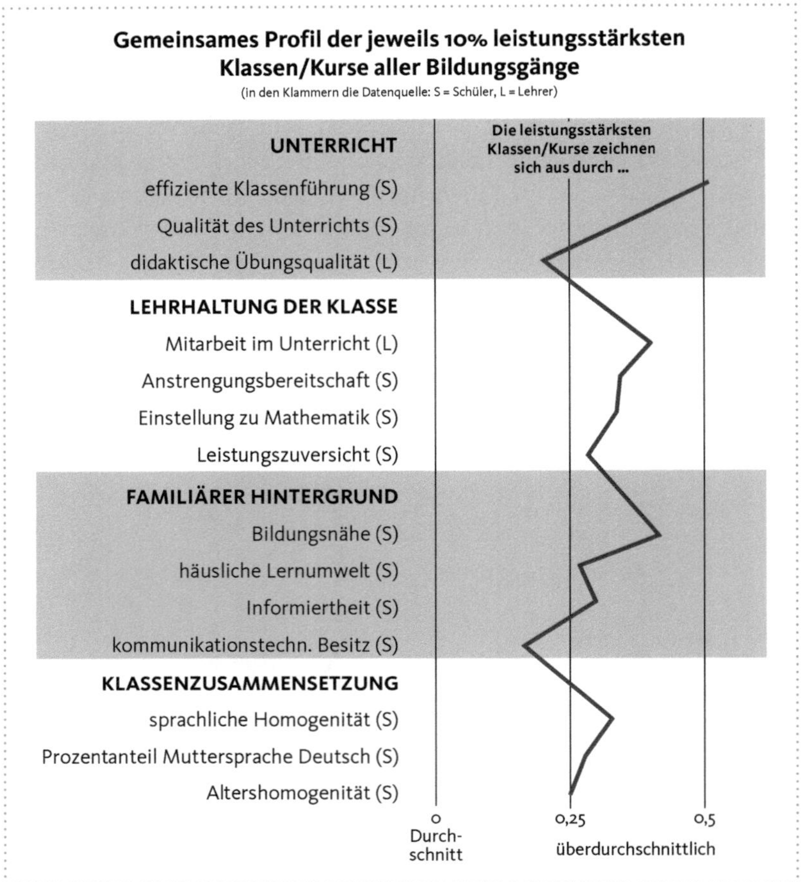

Abb. 4: Gemeinsames Profil der jeweils zehn Prozent leistungsstärksten Klassen / Kurse aller Bildungsjahrgänge

Die leistungsstärksten Klassen sind unter anderem dadurch gekennzeichnet, dass bei ihnen die Klassenführung überdurchschnittlich effizient ist, d.h. es besteht Klarheit über Regeln, die Lehrkraft ist jederzeit über das Geschehen in der Klasse im Bilde, Störungen kommen selten vor, und es herrscht eine konzentrierte Arbeitsweise. Grafisch kann man sich die Zusammenhänge folgendermaßen vorstellen:

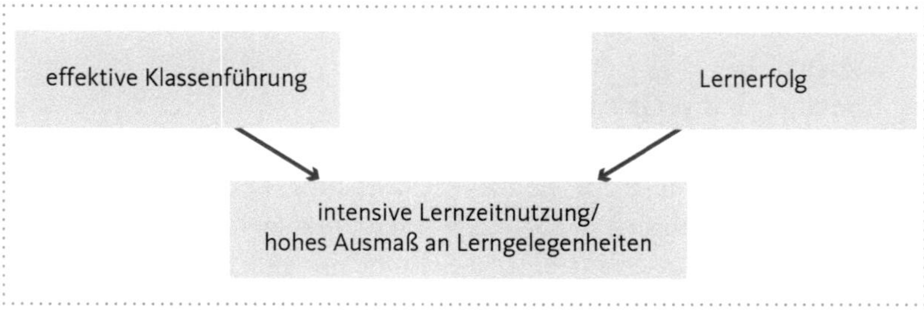

Abb. 5: Effektive Klassenführung

2.2.2 *Bedeutung für das Wohlbefinden von Schüler/innen und Lehrer/innen*

Wohlbefinden von Schüler/innen

Eder (1995; zusammengefasst in Hascher 2004, S. 85) kann empirisch getrennt für jüngere und ältere Schüler folgende Prädiktoren des Wohlbefindens nachweisen:

Tab. 1: Prädiktoren des Wohlbefindens

Klassenstufe 4–7	Klassenstufe 8–12
schülerzentrierter Unterricht	Passung zur Schule
Zufriedenheit mit den Leistungen	Bedeutsamkeit des Unterrichts
Leistungen	Wärme der Schule
soziale Integration bei den Lehrern	Leistungen
fehlende Müdigkeit	Integration bei den Mitschülern

Quellen des Wohlbefindens

Insgesamt kann Hascher (2004, S. 95) folgende Quellen des Wohlbefindens aus der Literatur zusammentragen:

- Leistungsniveau
- Leistungszufriedenheit
- Anstrengungsbereitschaft
- Zeitaufwand für die Schule
- Selbstwirksamkeit
- soziale Vergleichsprozesse
- Gestaltung des Arbeitsplatzes
- Gestaltung des Unterrichts
- Bezugsnormorientierung des Lehrers

- Sozialkontakte mit den Lehrer/innen
- Sozialklima
- Kontakte zu den Gleichaltrigen

Hascher (2004) legte zum Thema eine sehr umfassende Studie vor, in der sie das Wohlbefinden der Schüler/innen untersuchte. In der internationalen Studie wurden über 2 000 Schüler im Alter zwischen 13 und 17 Jahren befragt. Unter Wohlbefinden versteht die Autorin folgende sechs Aspekte (Hascher 2004, S. 151):

Aspekte des Wohlbefindens

1. positive Einstellungen und Emotionen zur Schule (z. B. die Schule als sinnvoll bewerten)
2. Freude und Anerkennung in der Schule (z. B. sich über Erfolge freuen)
3. schulischer Selbstwert (z. B. sich mit den Anforderungen der Schule identifizieren können)
4. keine Sorgen wegen der Schule (z. B. sich über das Erreichen von Lernzielen Sorgen machen)
5. keine körperlichen Beschwerden wegen der Schule (z. B. Herzklopfen bei der mündlichen Mitarbeit verspüren)
6. keine sozialen Probleme in der Schule (z. B. sich in der Klasse ausgegrenzt fühlen)

Eine Kausalanalyse ergab, dass folgende fünf Bereiche für das Wohlbefinden der Schüler/innen relevant sind (Hascher 2004, S. 275):

1. soziale und didaktische Merkmale des Unterrichts bei den Klassenlehrer/innen
2. empfundener Leistungsdruck im Unterricht
3. Schulleistungen der Schüler/innen
4. Diskriminierung von Mitschüler/innen
5. Interaktionen in den Schulpausen

Im folgenden Kontext interessiert der erste Bereich. Unter sozialen und didaktischen Merkmalen des Unterrichts bei den Lehrer/innen werden folgende Aspekte verstanden:

1. Fürsorglichkeit
   Lehrer/innen sollten sich fürsorglich gegenüber ihren Schüler/innen verhalten, an den Problemen ihrer Schüler/innen interessiert sein und sie unterstützen, falls dies notwendig ist. Dies wird in besonderem Maß von den Klassenlehrer/innen erwartet, da Fürsorglichkeit eine Voraussetzung dafür ist, einen persönlichen Kontakt zur Klasse aufzubauen und das Vertrauen der Klasse zu gewinnen.
2. keine Ungerechtigkeit
   Die Klassenlehrer/innen sollten sich bemühen, gerecht zu sein, indem sie z. B. niemanden in der Klasse bevorzugen bzw. benachteiligen, um einen guten Kontakt zur Klasse herstellen zu können.

3. guter Unterricht
   Den Klassenlehrer/innen sollte es wichtig sein, einen fachlich und methodisch guten, klar aufgebauten Unterricht in ihrer Klasse zu gestalten, da sie in erheblichem Maße für die Leistungen ihrer Klassen verantwortlich sind und diese auch nach innen und außen vertreten müssen.

Bei den Detailanalysen ist ein zentrales Ergebnis, dass der erste Bereich (Merkmale des Unterrichts) für die beiden Aspekte des Wohlbefindens »positive Einstellung zur Schule« und »Freude in der Schule« den entscheidendsten Einzelprädiktor darstellt.

Wohlbefinden von Lehrer/innen

Die Forschungen zur Lehrergesundheit, zu Burn-out und zu Belastungen im Berufsalltag zeigen, dass Probleme der Klassenführung auf der Liste der für Burn-out und Frühpensionierung genannten Gründe ganz oben stehen. Aufgrund mehrerer Studien über Jahrzehnte hinweg ist unangemessenes Schülerverhalten ein Hauptgrund für Burn-out. Im Gegensatz zur Wirksamkeit des Unterrichts sind die Lehrer-Schüler-Beziehungen eine statistisch nachweisbare Größe zur Vorhersage von Burn-out bei Lehrer/innen (Friedman 2006).

Hierfür gibt es verschiedene Argumentationslinien:

1. Bei der Klassenführung kann ein regelrechter Aufschaukelungsprozess in Gang gesetzt werden, wie er Lehrer/innen aus dem Alltag bekannt sein dürfte (Ställing 2000):
   - ineffiziente Klassenführung führt zu ...
   - Sinken der Aufmerksamkeitsrate der Klasse führt zu ...
   - Erhöhung des Stresses des Lehrers führt zu ...
   - Sinken bzw. Inkonsequenzen der Handlungsregulation.

2. Es gibt signifikante Beziehungen zwischen Burn-out und der erlebten Diskrepanz, die sich aus idealistischen Erwartungen über die Vorstellungen eines guten Lehrers und dem zum Teil ernüchternden Berufsalltag ergibt.

Friedman (2006) legte eine Studie vor, in der er die Lehrererwartungen in einem bipolaren Modell abbilden kann:

Der »Geben«-Pol besteht aus drei Dimensionen:

1. Freundschaft und Hilfeleistung (z. B.: Der Lehrer gibt den Schülern das Gefühl, ihnen stets zu helfen.)
2. Empathie und Fürsorge (z. B.: Der Lehrer ist aufgeschlossen für persönliche und soziale Probleme der Schüler.)

3. individualisierendes Unterrichten (z. B.: Der Lehrer möchte mit seinem Unterricht jeden einzelnen Schüler erreichen.)

Der »Empfänger«-Pol besteht aus folgenden zwei Dimensionen:

1. Wichtigkeit und Einfluss (z. B.: Der Lehrer wünscht, im Schulalltag eine anerkannte Person zu sein.)
2. Respekt und Anerkennung (z. B.: Der Lehrer möchte von seinen Schülern als guter Lehrer akzeptiert sein.)

Enttäuschungen auf Lehrerseite

Enttäuschungen sind vorprogrammiert:

Der Einfluss des Lehrers auf seine Schüler/innen ist nicht so groß wie erwünscht. Der größte Stress, den Lehrer/innen empfinden, rührt aus der Beziehung zu ihren Schüler/innen, insbesondere wenn das Klassenklima nicht stimmt und unerwünschtes Verhalten, wie verbale Bedrohungen seitens der Schüler/innen, auftreten. Zunächst entwickeln die Lehrer/innen negative Gefühle gegenüber ihren Schüler/innen und dann gegen ihren Beruf, indem sie sich eingestehen, dass sie entgegen ihrer ursprüngliche Absicht, Lehrer zu werden, nun ineffektiv und wenig förderlich für ihre Schüler/innen sind (Byrne 1999). Noch dramatischer nimmt diese Entwicklung ihren Lauf, wenn Lehrer/innen in ihren Klassen keine Ordnung herstellen können, aber gleichzeitig meinen, ihre Kolleg/innen hätten überhaupt kein Problem, mit ihren Klassen zurechtzukommen (Brouwers/Tomic 2000).

Dabei zeigen Studien, dass die tatsächlichen Leistungen der Schüler/-innen bei Burn-out-gefährdeten Lehrer/innen keineswegs schlechter sind.

Fazit

Die hier exemplarisch aufgeführten Ergebnisse zeigen, dass Klassenführung eine Conditio sine qua non für guten Unterricht ist, auch wenn mit ihr allein der Unterrichtserfolg noch keineswegs garantiert wird.

Eine effiziente Klassenführung ist kein Selbstzweck, sondern eine unabdingbare Voraussetzung für die Sicherung anspruchsvollen Unterrichts.

Ein Zweites betrifft den sozialpsychologischen Aspekt von Unterrichten: Lehrer/innen, die Probleme in ihrer Rolle als Führer oder ihrer Autorität sehen, dass sie Klassen nicht mehr führen oder auch motivieren können, sind eher Burn-out-gefährdet.

Damit bildet diese Kompetenz eine Basisqualifikation für gelungenes Lernen, für die bereits genannten Kompetenzen und Aufgaben von Lehrerinnen und Lehrern wie Unterrichten, Erziehen, Beurteilen/Beraten und Innovieren. »Klassenführung bezeichnet einen durch Lehrende in didaktischer Absicht gestalteten Umgang mit Schülerinnen und Schülern, in dessen Zentrum der Unterricht steht. Sie dient dazu, die Lehr-Lern-Situation ›Unterricht‹ herzustellen, zu fachgemäßem Arbeiten anzuleiten und darauf zu verpflichten, die Lernzeit zu Lernfortschritten zu nutzen« (Apel 2002, S. 35).

Klassenführung als Basisqualifikation

Die beiden folgenden Zitate sollen diesen Abschnitt beschließen:

Helmke (2003) konstatiert:

> *»Die internationale Forschung zeigt, dass kein anderes Merkmal so eindeutig und konsistent mit dem Leistungsniveau und dem Leistungsfortschritt von Schulklassen verknüpft ist wie die Klassenführung«* (Helmke 2003, S. 78).

Noch umfassender sieht Schönbächler (2008) die Bedeutung:

> *»Zusammenfassend kann festgehalten werden, dass die Qualität des Klassenmanagements sowohl für Lehrende wie Lernende relevant ist, indem sie zum Wohlbefinden und zu guten Leistungen der Schülerinnen und Schüler sowie zu geringerer Belastung der Lehrpersonen durch Unterrichtsstörungen beiträgt«* (Schönbächler 2008, S. 15).

3 Vorläufer – notwendige Aspekte von Klassenführung

3.1 Erziehender Unterricht

Der Ruf nach Erziehung ist heute zum Topos geworden. Bücher zum Thema haben Hochkonjunktur (Bueb 2006, 2008). Der Begriff hat uns Schulleute in seiner Wucht überrascht, fast überrannt:

Erziehung in der Schule?

Denn in den letzten Jahrzehnten, in einer pluralistischen Gesellschaft mit Vorstellungen einer umfassenden individuellen Freiheit wich man Erziehungsfragen aus, weil man sich nicht darauf einigen konnte, welche Erziehungsziele oder Werte in der schulischen Erziehung angestrebt werden sollten, welche Erziehungsmittel konkret eingesetzt werden sollten: Überbehütung oder Freiräume, viel oder wenig Strenge, wohlwollendes Zureden oder Strafe – oder doch lieber Wegschauen? Die Schule wollte nicht in Konfliktsituationen mit den Eltern oder auch Schulbehörden geraten.

Nahrung erhielt diese Haltung durch wissenschaftliche Befunde, nach denen schulische Erziehung bescheidene Wirkungen zeigte. Warum soll die Schule aber Unterrichtszeit für etwas verwenden, dessen Wirksamkeit bescheiden ist? So war es nicht verwunderlich, dass sich Lehrer/innen am wohlsten fühlten, wenn sie sich auf ihr Kerngeschäft des Unterrichtens zurückzogen.

Damit lagen sie auch gar nicht so falsch, wenn man in die jüngere Geschichte der Schule schaut (Sacher 2008). Mit Einführung der allgemeinen Schulpflicht in Deutschland am Ende des 18. und zu Beginn des 19. Jahrhunderts griff der Staat massiv in die bis dahin den Familien überlassene Erziehung ein. Im 19. Jahrhundert herrschte de facto eine Arbeitsteilung: Die Schule des Staates galt als verantwortlich für Unterricht, das Elternhaus für Erziehung. Das »Allgemeine Preußische Landrecht« von 1794 hatte in § 1 der Schule die Zuständigkeit für »Gesinnung im politischen Raum und für Unterricht in nützlichen Kenntnissen« zugesprochen, während es den Eltern die Verantwortung für die »sittliche« Erziehung übertrug.

Allgemeines Preußisches Landrecht, § 1

Das Grundgesetz der Bundesrepublik Deutschland verfügt in Artikel 6 Absatz 2, Satz 1: »Pflege und Erziehung der Kinder sind das natürliche Recht der Eltern und die zuvörderst ihnen obliegende Pflicht.

Grundgesetz, Artikel 7

Artikel 7, Absatz 1 des Grundgesetzes legt hinsichtlich der Rolle des Schulwesens näher fest: »Das gesamte Schulwesen steht unter der Aufsicht des Staates.«

Was nun? Beide Artikel enthalten ein beträchtliches Konfliktpotenzial insofern, als die Väter der Verfassung den elterlichen und den staatlichen Erziehungsauftrag letztlich als gleichrangig behandeln, was in einem Urteil des Bundesverfassungsgerichts aus dem Jahre 1972 nochmals bestätigt wird: »Diese gemeinsame Erziehungsaufgabe von Eltern und Schule, welche die Bildung der einen Persönlichkeit des Kindes zum Ziel hat, lässt sich nicht in einzelne Komponenten zerlegen. Sie ist in einem sinnvoll aufeinander bezogenen Zusammenwirken zu erfüllen«.

Das Herbartsche Diktum des »erziehenden Unterrichts«

Im Folgenden soll nun der Begriff des erziehenden Unterrichts auf seine Wurzeln hin untersucht werden, um damit aufzeigen zu können, welches Potenzial der Begriff für vorliegendes Thema beinhaltet. Der Pädagoge Johann Friedrich Herbart hat schon früh das Postulat der Erziehungskontinuität zwischen Schule und Elternhaus formuliert. Er sprach bereits 1806 von »erziehendem Unterricht«. Um was ging es eigentlich Herbart dabei? Im Folgenden beziehen wir uns vor allem auf den Artikel von Keck (2004), auch die Zitate sind hieraus entnommen.

Herbart (1806) ging es um das Erziehungsziel, über die Bildung des Gedankenkreises die sittliche Charakterstärke zu erhalten. Der Unterricht soll zunächst den Gedankenkreis bilden. Darunter versteht Herbart die Aneignung von Vorstellungen, wobei er nicht nur an kognitives Aufnehmen, sondern auch an Gemütszustände denkt. Diese Apperzeption ist für Herbart etwas anderes als ein äußerliches Lernen. »Apperzipieren heißt, etwas in die Ganzheit der Person aufnehmen, heißt einverleiben und einverseelen« (Keck 2004, S. 16). Unterricht muss als Hauptfunktion für Planmäßigkeit und System gegenüber Umgang und Erfahrung und für Festigkeit sorgen. Auch hat Unterricht, um nicht bloß Vielwissen zu produzieren, auf das Prozedere von »Vertiefung« und »Besinnung« zu achten. Dies gelingt durch die Artikulation in Stufen – von der anschaulichen Klarheit, Beziehung stiftenden Assoziation über eine systematische Zuordnung zur methodischen Einübung. Ein so gedachter Unterricht ist ein erziehender.

Und nun kommt ein für unser Thema zentraler Aspekt: Der Gedankenkreis, also rational und emotional verankert, schafft »Charakterstärke der Sittlichkeit« jedoch nicht allein. Unterricht muss durch Ordnung und Disziplin (Herbart fasst beide Begriffe mit »Regierung«) und durch »Zucht« in Gang gehalten werden. In dieser Einbettung des Unterrichts in Erziehung ist nun vollständig Herbarts berühmter Satz zu verstehen:

»Ich gestehe gleich hier, keinen Begriff zu haben von Erziehung ohne Unterricht, so wie ich rückwärts, in dieser Schrift wenigstens, keinen Unterricht anerkenne, der nicht erzieht« (Keck 2004, S. 17).

Die Pädagogik des 19. Jahrhunderts hat den weiten herbartschen Begriff des »erziehenden Unterrichts« durch den Begriff der Disziplinierung durch Unterricht ersetzt. Dabei kam es zu zwei Übersteigerungen:

Übersteigerungen im 19. Jahrhundert

1. Übersteigerung als Gesinnungsschule
   Da die Schule nicht nur Unterrichtsanstalt, sondern zugleich Erziehungsanstalt sein soll, wurde gerade das Verhalten der Schüler/innen in sittlicher Beziehung besonders betont. Erziehender Unterricht gerät unter das Diktat der Gesinnungsschule: »Außer dem Fleiß muß [...] die Schule die Kinder auch zur Ordnung erziehen. Und das kann sie auf mehrfache Weise. So muß der Lehrer streng darauf sehen, daß die Schüler zur rechten Zeit in der Schule sich einfinden; er muß darauf halten, daß sie gesäubert und in reinlicher Kleidung zur Schule kommen« (Keck 2004, S. 20).
2. Übersteigerung durch Rituale und Ordnungsmaßnahmen
   Hier wiederum ein schriftliches Zeugnis (zitiert bei Keck 2004, S. 21), das die ritualisierte Schulerziehung hier beim Schreibunterricht dokumentiert:
   »Lehrer: Fertig zum Schönschreiben! Zeigt eure Übungshefte, die zu Hause gezogenen sechs Linien (12–14 auf einer Seite), das Löschblatt, Probierpapier, zwei Federn, den Federputzer! Setzt euch gerad! Stellt die Füße nebeneinander, die Unterschenkel senkrecht [...] Haltet den Oberkörper zwei fingerbreit vom Pult entfernt!«
   Strafen als Ordnungsmaßnahmen, von der Eselskappe über die körperliche Züchtigung bis zum Nachsitzen, stehen im Dienst eines allgemeinen Ethos der Unterwürfigkeit und des Gehorsams.

Klassenführung, in dem hier beschriebenen Sinne verstanden, hat ein schweres Erbe bekommen. Hier sollen Schorchs klärende Gedanken kurz zusammengefasst werden (Keck 2004). Da der heute inflatorische Gebrauch des Erziehungsbegriffs die Kernaufgaben der Schule verwässert und in der Öffentlichkeit Erwartungen weckt, die Schule von ihrer systematischen Funktion her nicht erfüllen kann, kommt er zu folgendem Schluss: »Die Schule bemüht sich auch im Unterricht um Haltungs- und Einstellungsbildung – konkrete Erziehungsverantwortung trägt sie jedoch nur im Zuständigkeitsbereich des eigenen Handlungs- und Bewährungsfelds« (Keck 2004, S. 70). Darunter versteht Schorch, dass es im Unterricht neben der Anbahnung sprachlicher, mathematischer und anderer fachlicher Kompetenzen auch um Auseinandersetzung mit nützlichen Verhaltensweisen in anderen Lebens- und Organisationsformen geht. Ein solch funktionalistischer Ansatz zielt auch auf Haltungs- und Einstellungsänderung bei den Schüler/innen ab.

Überschneidungen mit praktischen Erziehungsmöglichkeiten in der Schule sieht Schorch immer da, wo im Schulleben selbst Verhalten beeinflussbar und Verhaltensänderung direkt erkennbar ist, beispielsweise wenn es um Einhaltung von Gesprächsregeln und Zeitvorgaben geht.

3.2 Reformpädagogische Aspekte

Petersen: innere und äußere Führung des Unterrichts

Petersen (1937) unterscheidet zwischen einer äußeren und inneren Führung des Unterrichts. Unter äußerer Führung versteht er bereits die dem Unterricht vorausgehende Unterrichtsvorbereitung. Lehrer/innen führen ihre Klasse schon durch die Zielvorgabe der Stunde, durch die Wahl des Themas, der Medien und der gewählten Artikulation.

Praktisch wird die äußere dann in der inneren Führung wirksam, wenn Lehrer/innen den Unterricht in der Klasse anleiten und dafür sorgen, dass die Lernzeit weitgehend genutzt wird. Intern führt, wer anregt und Grenzen setzt, wer Probleme vorgibt und Lösungshilfen bereitstellt, wer Organisation anleitet und kontrolliert, wer fragt, anstößt und bestätigt, um diszipliniertes Lernen zu unterstützen.

Dewey: Lehrer als »intellectual leader«

John Dewey spricht vom Lehrer als dem »intellectual leader«. »In reality the teacher is the intellectual leader of a social group« (Dewey 1933, S. 273). Der Lehrer ist der geistige Führer, weil er über professionelles pädagogisches Wissen verfügt. »Gefordert ist geistige Führung, die darauf abzielt, eine unterrichtliche Situation zu schaffen, in der die Schüler eigene Entwürfe, Lösungsvorschläge entwickeln, Stellungnahmen begründen, aber auch Zerstreuungen vermeiden, sich also auf die Aufgaben und deren Lösung konzentrieren. Unterricht ist ohne geistige Führerschaft nicht denkbar« (Apel 2002, S. 19).

3.3 Klassenführung im Kontext der Erziehungsstilforschung

Wenngleich diesen Punkt auch die sozialpsychologischen Aspekte gerade der Lehrer-Schüler-Interaktion tangieren, soll dennoch der Punkt der Erziehungsstilforschung eigens behandelt werden. Freilich ist hier jedoch nicht der Ort, einen vollständig umfassenden Überblick über die Erziehungs- und Führungsstilforschung zu geben.

Lewin, Lippitt und White (1939)

Klassische Studie

Am wohl ältesten und auch bekanntesten dürften die Untersuchungen von Lewin, Lippitt und White (1939) sein. Sie untersuchten in einem experimentellen Setting anhand von Freizeitbastelgruppen die Wirkung des autoritären, demokratischen und Laissez-faire-Führungsstils auf

Gruppenatmosphäre, Produktivität, Zufriedenheit, Gruppenzusammenhalt und Effizienz.

Sowohl hinsichtlich der erbrachten Leistung als auch unter Aspekten des Wohlbefindens war der demokratische Stil den anderen überlegen. Unter autoritärer Leitung wurde zwar gut gearbeitet, jedoch nur, solange der Führer anwesend war. In den Laissez-faire-Gruppen wurde am wenigsten produktiv gearbeitet.

Erziehungsstilforschung nach dem Zweiten Weltkrieg in Deutschland

Der Erziehungsstil im Nationalsozialismus, der geprägt war durch Gehorsam gegenüber der Autorität, Führung, Disziplin, Ordnung und das Prinzip von Belohnung und Bestrafung, spiegelte sich auch nach dem Krieg in den Köpfen vieler Pädagog/innen und Lehrer/innen wider und fand so Einzug in die Unterrichtsführung. Lange Zeit war man gerade im deutschen Schulwesen der Auffassung, dass der Unterricht nur einer strengen Ordnung zu unterliegen hat, damit die Schüler/innen optimal lernen.

Nach Eikenbusch (2009) vermittelten fast alle Bücher die grundlegende Überzeugung, dass sich der Lehrererfolg einstellt, wenn es die Lehrkraft schafft, sich durchzusetzen und die Klasse ruhig und diszipliniert zum Arbeiten zu bringen. Der Begriff Klassenführung begrenzte sich auf den Umgang mit Störungen und die richtigen Lehrerreaktionen auf unerwünschte Verhaltensweisen der Schüler/innen.

Im Mittelpunkt stand der Lehrer. Er war alleine verantwortlich für die Herstellung von Disziplin, Ruhe und Ordnung. Mithilfe von Verstärkern, wie z. B. Belohnungen, Lob, Tadel und Sanktionen, versuchte er den Schüler/innen das erwünschte Verhalten klarzumachen.

Tausch und Tausch (1970)

Unter anderem unter dem Einfluss der 68er-Bewegung fand ein Umdenken in der Erziehungsstilforschung statt. Die Diskussion über eine angemessene Form der Erziehung bildete einen Schwerpunkt in der erziehungswissenschaftlichen und -psychologischen Forschung. Dem Ehepaar Annemarie und Reinhard Tausch kommt das Verdienst zu, die aktuelle Diskussion der Erziehungsstilforschung von Amerika nach Deutschland gebracht zu haben.

Während Lewin und Mitarbeiter konkret Verhalten beobachteten, gingen diese methodisch vom Sprachverhalten der Lehrer/innen aus.

Die Art der Führung lasse sich im Sprachverhalten der Lehrer/innen festmachen, so ihre Annahme. Die aufgezeichneten Sprachäußerungen klassifizierten sie in zwei Dimensionen: eine Lenkungsdimension (hohe vs. keine Lenkung) und eine affektive Dimension (Wertschätzung vs. Geringschätzung). Bekannt geworden ist die Zuordnung beider Dimensionen in einem Koordinatensystem. In diesem stellten die Tauschs drei Interaktionstypen fest, die seitdem als die Führungsstile »autokratischer Führungsstil« (hohe Lenkung und Geringschätzung), »Laissez-faire-Führungsstil« (keine Lenkung und affektiv wertneutral) und »sozial-integrativer Führungsstil« (mittlere Lenkung und positive Wertschätzung) in die Literatur eingegangen sind (Tausch/Tausch 1970, S. 172).

Anstelle des typologischen Konzepts von Lewin und Mitarbeitern entwickelten Tausch und Tausch ein dimensionsorientiertes Konzept mit den beiden erwähnten Dimensionen, das unzählig mehr als die drei erwähnten Interaktionstypen zulässt. »Es muss tatsächlich mit ebenso vielen Führungsstilen gerechnet werden, wie sich unabhängig voneinander variierende Dimensionen von Beziehungen zwischen Führer und Gefolgschaft aufweisen lassen« (Ulich 1977, S. 86).

Nickel (1974)

In unserem Zusammenhang ist wichtig, dass für Horst Nickel im Unterricht eine dritte Dimension pädagogischen Handelns hinzukommen muss, nämlich die des Anregens und Anleitens. In einem Schema (Nikkel 1974, S. 74) stellt er die drei Dimensionen des Lehrerverhaltens zusammen:

1. **Hauptdimension:** sozial-emotionale Zuwendung;
2. **Hauptdimension:** Lenkung;
3. **Hauptdimension:** anregende Aktivität.

Dazu bemerkt Apel (2002, S. 28): »Das Führungsverhalten erweist sich somit im Unterricht als eine Form des Umgangs, in der didaktische und interaktive Elemente zusammenwirken. Diese empirisch belegte Position wird nicht mehr genügend beachtet«.

3.4 Sozialpsychologische Aspekte

Klaus Ulich macht deutlich, dass Schulalltag neben einem Lern- und Leistungsalltag auch immer ein Beziehungsalltag ist. Er betrachtet

Schule unter dem Aspekt der in ihr ablaufenden interpersonalen Prozesse, also auch der Lehrer-Schüler-Interaktion (Ulich 2001, S. 76 ff.), und der darauf einwirkenden institutionellen Gegebenheiten.

Für unseren Zusammenhang ist Folgendes von Bedeutung:

1. Schulfreude oder Schulfrust, Leistungsbemühungen und inhaltliche Interessen sind in den Augen der Schüler/innen wesentlich von der Qualität der Beziehung zu ihren Lehrer/innen beeinflusst. Umgekehrt sind die alltäglichen beruflichen Erfahrungen von Lehrer/innen in erster Linie durch positive oder negative Beziehungen bestimmt.
2. Lehrerverhalten ist immer von administrativen Notwendigkeiten abhängig, die sich dann auf die Freiheit des pädagogischen Handelns auswirken. Wissensvermittlung und die Leistungsbeurteilung beispielsweise führen zu einer prinzipiell sehr ungleichen Beziehung. Lehrer werden per se mit zahlreichen Machtmitteln ausgestattet:
   - Lehrer sollen die nachwachsende Generation qualifizieren; im Qualifikationsvorsprung liegt eine wichtige Quelle ihrer Macht.
   - Schule ist Ausleseinstanz; dem Lehrer obliegt diese Aufgabe.
   - In der Schule geschieht Sozialisation, d. h. Eingliederung in die Gesellschaft. Dabei wachen Lehrer über das Einhalten von Grundregeln und verfügen über Sanktionsmechanismen.

Dieser Punkt bedeutet für Klassenführung, dass Lehrer/innen soziale Situationen schaffen, in denen Verhaltensmuster schon vordefiniert sind. Erinnert sei hier nur an das mittlerweile klassisch zu nennende Zitat von Ulich (1971): »Die Schulklasse ist also paradoxerweise im Lernen ein Miteinander, in der Leistung ein Gegeneinander« (Ulich 1971, S. 63).

3. Schüler/innen sind Rollenträger, die Erwartungen zu erfüllen haben und deren Rollen im Vergleich zum Lehrer klar bestimmt sind.
   Dabei neigen die Lehrer/innen dazu, ihre Schüler/innen nach klaren Kriterien der Wahrnehmung einzuteilen, sie zu typisieren, nämlich nach Leistung und dem konformen bzw. nicht konformen Verhalten gegenüber den schulischen Normen.
   Empirisch hat sich bei aller gebotenen Zurückhaltung vor Simplifizierung folgendes Grundgerüst der Typisierung herausgestellt (Ulich 2001, S. 84, Abb. 20):

Tab. 2: Schülertypen aus der Lehrerperspektive

Leistung	Konformität	
	hoch	niedrig
gut	Idealschüler	selbstständige Schüler
schlecht	Sorgenschüler	abgelehnte Schüler

Es fehlt noch eine fünfte Gruppe, die als mittel eingestuft werden kann: die sogenannte »vergessene Gruppe«.

Lehrererwartungen

An dieser Stelle ist auch auf die reichhaltige und gut belegbare Befundlage der Lehrererwartungen zu verweisen. Sie soll hier nur skizziert, nicht ausgeführt werden. Dieser Punkt bedeutet für Klassenführung zweierlei:

1. Lehrertypisierungen und -erwartungen stellen ein völlig normales und alltägliches Geschehen im Klassenzimmer dar und haben Auswirkungen auf die Schüler/innen, ja sie können sich auch auf die Führung und dann auf das Verhalten ganzer Klassen auswirken.
2. Diese Erwartungen der Lehrer/innen können sich selbst bestätigen.
   Grafisch schaut dies so aus (Ulich 2001, S. 92, Abb. 22):

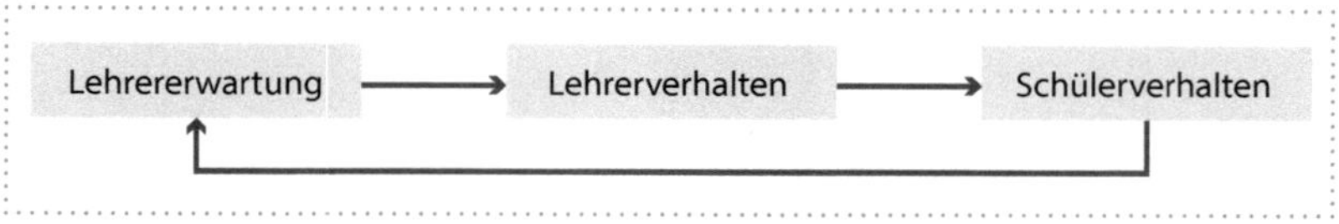

Abb. 6: Zusammenhang zwischen Lehrererwartung und Schülerverhalten

Folgender Befund in Tab. 3 gibt für unseren Zusammenhang auch zu bedenken (Ulich 2001, S. 98, Abb. 24), dass sehr beliebte Schüler/innen kaum negative Sanktionen der Lehrer/innen zu erwarten haben, diese sich jedoch bei unbeliebten häufen. Und diese unbeliebten Schüler/innen spüren, dass andere Mitschüler/innen mehr gemocht werden. Sie erfahren mehr Ärger, Strenge und Wut der Lehrer/innen und werden von ihnen öfter vor der Klasse blamiert.

Tab. 3: Zusammenhang zwischen Beliebtheit und Konformität

	Konformität		
	hoch	mittel	niedrig
sehr beliebte	67 %	26 %	7 %
unbeliebte	7 %	17 %	76 %

Schülererwartungen

Umgekehrt ist natürlich zu bedenken, dass auch Schüler/innen an ihre Lehrer/innen Erwartungen richten – wiederum mit entsprechenden Konsequenzen. Ulich berichtet von einer Studie, deren Hauptresultat sich als Ambivalenz der Erwartungen zusammenfassen lässt, wie die Abbildung »Schüler-Erwartungen an Lehrer« (Ulich 2001, S. 103, Abb. 26) zeigt:

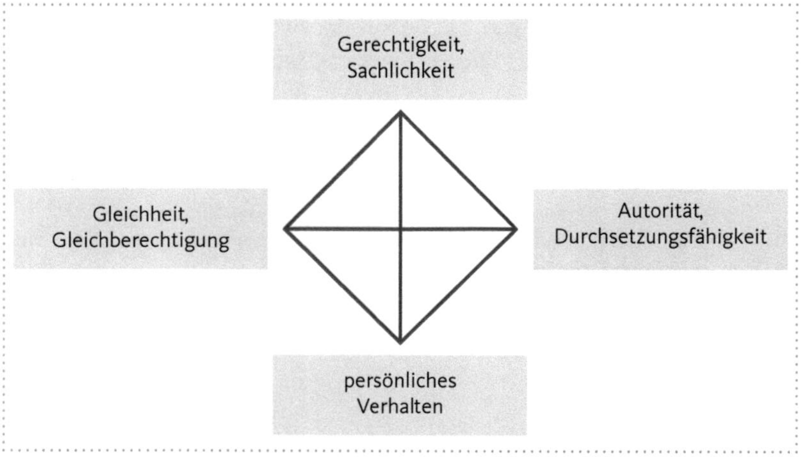

Abb. 7: Schüler-Erwartungen an Lehrer

Widersprüche

- »*Einerseits* haben die Schüler/innen ein ausgeprägtes Interesse an formaler Gleichheit, Gleichberechtigung und demokratischen Entscheidungen im Umgang mit Lehrer/innen; *andererseits* erwarten sie von ihnen Autorität und Durchsetzungsfähigkeit.
- *Einerseits* wünschen sich die Schüler/innen, dass die Lehrer/innen individuell und persönlich auf sie eingehen; *andererseits* sollen die Lehrer/innen sachlich und gerecht sein« (Ulich 2001, S. 102).

Abbildung 7 bedeutet, dass es dem Lehrer nicht gelingen kann, all diesen widersprüchlichen Erwartungen gleichermaßen nachzukommen.

Geschlechtsspezifische Unterschiede

Lehrer/innen verteilen ihre Aufmerksamkeit quantitativ und qualitativ unterschiedlich auf Schülerinnen und Schüler. Und das hat Auswirkungen auf die Klassenführung: Je starrer solche geschlechtsspezifischen Wahrnehmungen ausfallen, desto unterschiedlicher ist das Verhalten gegenüber den Schüler/innen.

Bekannt geworden sind die Forschungen von Wagner in den 1970er/80er-Jahren. Zentrale Ergebnisse aufgrund von Unterrichtsbeobachtungen bei 50 Grundschullehrerinnen und -lehrern sind:

- Jungen werden häufiger getadelt als Mädchen.
- Jungen werden häufiger gelobt als Mädchen.
- Bei gleich häufigem Meldeverhalten werden Jungen öfter aufgerufen.

Der Grundtenor der Studie wie auch der gleichnamige Artikel lauten: »Auf Jungen achtet man einfach mehr« (Frasch/Wagner 1982).

Dieser geschlechtsspezifische Befund scheint uns bisher in der Literatur zur Klassenführung nicht hinreichend thematisiert zu sein. Auf die Schwierigkeit, unter sozialpsychologischen Aspekten eine Klasse zu führen, weist indirekt Apel (2002) hin, wenn er auf die Schulklasse als künstliche Organisationsform eingeht, »in der Schüler möglichst gleichen Alters mit gleicher Leistungsfähigkeit und gleichen Kenntnissen während eines Jahres zusammen unterrichtet werden, damit sie in allen Fächern gleichermaßen voranschreiten und zusammen das Ziel des Jahres erreichen« (Apel 2002, S. 55).

Unterrichtsklimaforschung

Wenn sich auch in der gegenwärtigen Auseinandersetzung mit dem Unterrichts- bzw. Klassen- und auch Schulklima unterschiedliche wissenschaftstheoretische und sozialphilsophische Traditionen bündeln lassen (vgl. eine Skizzierung in Eder 2010, S. 696 ff.), nehmen wir den Punkt »Unterrichtklimaforschung« unter die sozialpsychologischen Aspekte auf, weil es in vorliegendem Zusammenhang vor allem auf die sozialpsychologische Dimension der Lehrer-Schüler-Beziehung ankommt.

Im Folgenden beziehen wir uns vor allem auf den Übersichtsartikel von Eder (2010). »Klima lässt sich als die von den Betroffenen wahrgenommene Konfiguration bedeutsamer Merkmale innerhalb der jeweiligen schulischen Umwelt umschreiben« (Eder 2010, S. 694).

Dimensionen von »Klima«

Für das Klima auf Klassenebene scheint eine Strukturierung nach vier Dimensionen sinnvoll:

- Beziehungen zwischen Schüler/innen und Lehrer/innen
- Beziehungen der Schüler/innen untereinander
- Qualität des Unterrichts
- Lernhaltungen der Schüler/innen

Die wohl bekanntesten Messverfahren zur Messung des Klimas in Schulklassen im deutschsprachigen Raum sind die »Landauer Skalen zum Sozialklima« (LASSO) von von Saldern und Littig (1987) und der »Linzer Fragebogen zum Schul- und Klassenklima« (LFSK) von Eder (1998; LSK: 8.–13. Klasse) und Eder und Mayr (2000; LFSK: 4.–8. Klasse).

Beide Verfahren beinhalten Skalen, die die genannten vier Dimensionen messen. Was in unserem Kontext die Schüler-Lehrer-Beziehung angeht, unterscheiden sich beide Verfahren:

Da sich der LASSO nur auf einen Lehrer bzw. den »Klassenlehrer« bezieht, ist der Einsatz auf einzelne Fächer bzw. auf Klassen beschränkt, die überwiegend von einem Lehrer unterrichtet werden. Der Linzer Fragebogen ist für Schüler/innen konzipiert, die von einer größeren Anzahl von Lehrer/innen unterrichtet werden.

Satow (1999) konnte nachweisen, dass ein sogenanntes »Mastery-Klima« unmittelbaren Einfluss auf die Schulleistungen, auf das Befinden in der Schule und auf die Prüfungsangst hat. Auch ist es indirekt für schulische Selbstwirksamkeitserwartungen verantwortlich. Unter Mastery-Klima versteht er eine Kombination aus einer individualisierten und unterstützenden Lehrer-Schüler-Interaktion, insbesondere aus Fürsorglichkeit, Schülerzentriertheit und individueller Bezugsnormorientierung.

Hier wird die zentrale Bedeutung des Lehrers deutlich. So kann auch Grewe (2003) über eine Interventionsstudie nachweisen, dass über eine aktive Gestaltung des Klassenklimas seitens der Lehrkräfte die mit Fortdauer der Schullaufbahn einsetzenden negativen Klimaveränderungen in Schulklassen gemildert, wenn auch nicht ganz verhindert werden können.

Klima als Einflussfaktor auf Wohlbefinden

Hascher trägt in ihrem Forschungsüberblick zum Wohlbefinden in der Schule genügend Belege bei, die den Einfluss des unterrichtlichen Klimas als eine Quelle des Wohlbefindens von Schüler/innen aufzeigen (z. B. Hascher 2004, S. 95, Tab. 3–4; S. 165, Tab. 4–2), die affektive Entwicklung der Schüler/innen betonen (Hascher 2004, S. 109) und generell als ein relevanter Faktor für die Genese von positiven Emotionen in der Schule gelten (Hascher 2004, S. 115).

4 Aspekte einer erfolgreichen Klassenführung

4.1 Empirische Studien

Scholastik-Studie (1997)

Auch in der Scholastik-Längsschnittstudie konnten Weinert und Helmke (1997) nachweisen, dass der kognitive Lernerfolg (Leistungsentwicklung in Mathematik über ein Schuljahr hinweg), neben Variablen auf Schüler- und Klassenebene, durch vier Aspekte der Lehrerexpertise bestimmt wird: die Klassenführungskompetenz, die diagnostische, die unterrichtsmethodische und die fachliche Kompetenz. Unter »Klassenführung« verstehen die Autoren die Organisation des Unterrichts, also die Sicherstellung von Rahmenbedingungen für eine effektive Stoffvermittlung. »Klassenführungskompetenz« wird als eine professionelle Qualifikation der Lehrer/innen gesehen. Sie umfasst drei Fähigkeiten zur Gestaltung von Lehr-Lern-Situationen (Weinert 1998, S. 27):

Klassenführungskompetenz als Fähigkeit zur Gestaltung von Lehr-Lern-Situationen

- *Motivieren:* Lehrer/innen müssen die Schüler/innen möglichst lange zu konzentrierter Lernarbeit motivieren können. Sie müssen in der Lage sein, didaktisch eine Situation herzustellen, die dazu anregt, die vorhandene Lernzeit optimal zu nutzen.
- *Störungen vorbeugen:* Lehrer/innen müssen ihren Unterricht möglichst störungsarm gestalten. Schon durch die unterrichtliche Organisation müssen sie die Voraussetzungen dafür schaffen, dass sich die Schüler/innen auf die gestellte Aufgabe konzentrieren können. Ohne eine angemessene Vorbereitung, eine richtige Einschätzung der Lernbereitschaft der Klasse, eine kompetente Darstellung, Problematisierung und Vermittlung des Unterrichtsstoffes können die Lehrer/innen zumeist keine Lerndisziplin erreichen. Störungsarm kann der Unterricht verlaufen, wenn Lehrer/innen deutliche Zielvorgaben machen, wenn die Schüler/innen klare Arbeitsziele vorfinden, wenn sie sich ernst genommen fühlen und wenn Möglichkeiten zur Lernarbeit gegeben werden.
- *Regulieren:* Lehrer/innen müssen in der Lage sein, auftretende Störungen schnell und unauffällig zu beheben. Gerade an dieser Stelle ist zweierlei gefragt: die pädagogische Urteilskraft als schnelle Ein-

schätzung dessen, was getan werden muss, sowie Techniken des Umgangs mit solchen Situationen. Sollen störende Schüler/innen beachtet und angesprochen werden? Sollen sie nur mit einem Blick bedacht, sollen sie nicht beachtet oder isoliert werden, sollen sie zur Arbeit ermahnt werden?

Forschergruppe um Mayr (2008)

Im deutschsprachigen Raum hervorzuheben sind die seit Mitte der 1980er-Jahre begonnenen und bis heute andauernden umfangreichen Studien um die österreichische Forschergruppe Eder, Fartacek und Mayr. »Ziel des Unterfangens war es, Grundlagenwissen und Materialien für die Förderung der Klassenführungs-Kompetenz angehender und im Dienst stehender Lehrer/innen bereit zu stellen« (Mayr 2008, S. 321).

Sie wandten sich an Ausbilder/innen der Lehrerbildung mit der Bitte, Ratschläge für Berufsanfänger über erfolgreiches Lehrerhandeln zu formulieren. Von den über 650 eingegangenen Empfehlungen, die dann weiter in 78 Kategorien gruppiert wurden, rangierten folgende Merkmale auf den ersten vier Rangplätzen (Mayr/Eder/Fartacek 1987):

1. Konsequenz
2. wertschätzender Umgang mit den Schüler/innen
3. gute Unterrichtsvorbereitung
4. interessante Unterrichtsführung

Studie von Mayr, Eder und Fartacek (1991)

Im Folgenden wird die Studie von Mayr, Eder und Fartacek (1991) näher skizziert: Aus dem umfangreichen Fragebogenmaterial ließen sich 35 disziplinbezogene Handlungsstrategien ableiten. 97 Hauptschullehrer/innen und ihre entsprechenden Klassen sollten dabei einschätzen, inwieweit diese Strategien tatsächlich umgesetzt werden.

Um Unterrichtsstörungen strukturieren zu können, sollten Lehrer/-innen danach einschätzen, in welchem Ausmaß potenziell störende Verhaltensweisen ihnen im Unterricht Schwierigkeiten bereiten. Eine Faktorenanalyse ergab vier Dimensionen: »aggressives Verhalten«, »mangelnder Lerneifer«, »motorische Unruhe« und »verbales Störverhalten«. Dieselben 97 Lehrer/innen mussten nun einschätzen, wie häufig diese Störungen in ihren Klassen auftreten.

Durchgeführte Korrelationen zwischen den disziplinbezogenen Handlungsstrategien und dem Ausmaß an Unterrichtsstörungen fielen in der Mehrzahl recht deutlich aus (Mayr/Eder/Fartacek 1991, S. 51, Tab. 1). Während sie bei den sozialpädagogischen Strategien (z.B. »wertschätzend sein«) besonders hoch sind, sind sie deutlich geringer bei den »Techniken der Klassenführung« (z.B. »die Arbeit der Schüler ständig kontrollieren«). Dieses zunächst erwartungswidrige Ergebnis erklären die Autoren mit der relativ homogenen Stichprobe erfolgreicher Lehrer/-innen, für die diese Techniken besonders bedeutsam sind. Die Zusammenhänge aus Lehrersicht stimmen allerdings nur der Tendenz nach mit denen aus Schülersicht überein.

Mittels durchgeführter Clusteranalysen wurde das disziplinbezogene Handeln der erfolgreichen Lehrer/innen zu vier Typen gruppiert (dies gelang sehr deutlich aus den Schülerangaben, jedoch nicht klar aus den Lehrerselbstdarstellungen). Erfolgreiche Klassenführung kann demnach basieren auf:

- kommunikativ-beziehungsorientiertem Handeln
  Typ 1 erreicht hohe Werte bei sozialpädagogischen Strategien.
- fachorientiertem Handeln
  Typ 2 scheint dem fachlichen Lernen ein besonderes Gewicht zu geben.
- disziplinierendem Handeln
  Typ 3 bedient sich erfolgreich der Techniken der Klassenführung.
- neutralem Handeln
  Typ 4 weist ein Profil ohne markante Kompetenzen und Defizite auf.

Linzer Diagnosebogen zur Klassenführung (LDK, Mayr/Eder/Fartacek 2002)

Aufgrund des vielfältig vorliegenden Datenmaterials wurde der LDK konzipiert. Der LDK existiert in mehreren Versionen: für unterschiedliche Schularten und Schulstufen, für Lehrer/innen bzw. für die Vorgabe an Schüler/innen und für die Selbsteinschätzung durch die Lehrperson.

Er besteht aus 21 pädagogischen Handlungsstrategien. Diese haben sich in empirischen Studien als bedeutsam dafür herausgestellt, wie intensiv die Schüler/innen im Unterricht mitarbeiten und in welchem Ausmaß Unterrichtsstörungen auftreten. Jede der Strategien wird durch ein Item angesprochen. Je sieben Strategien lassen sich zu einer (faktorenanalytisch abgesicherten) Dimension pädagogischen Handelns zusammenfassen. Hier die drei Dimensionen mit dem entsprechenden Item für Schüler/innen:

Gestaltung des Unterrichts

bedeutsame Lernziele:
»Was wir bei ihr lernen, bringt auch etwas für das spätere Leben.«

strukturierter Unterricht:
»Sie gliedert die Unterrichtsstunde in Abschnitte, die gut aufeinanderpassen.«

klare Arbeitsanweisungen:
»Bei ihr wissen wir genau, was wir zu arbeiten haben.«

interessanter Unterricht:
»Sie unterrichtet interessant.«

Fachkompetenz:
»Sie kann sehr viel in ihrem Fach.«

positive Erwartungshaltung:
»Sie beginnt jede Stunde freudig und zuversichtlich.«

Verlässlichkeit:
»Wenn sie etwas verspricht oder ankündigt, dann hält sie das auch ein.«

Förderung der Beziehungen

Wertschätzung:
»Ich glaube, sie mag uns.«

Verstehen:
»Sie versucht, uns auch dann zu verstehen, wenn wir ihr einmal Schwierigkeiten machen.«

Authentizität:
»Sie ist zu uns offen und ehrlich.«

Humor:
»Sie ist ausgeglichen und humorvoll.«

Kommunikation:
»Wir reden mit ihr auch über den Unterricht und über die Klasse.«

Schülermitbestimmung:
»Sie lässt uns vieles selbst entscheiden.«

Gemeinschaftsförderung:
»Sie tut vieles, damit wir eine gute Klassengemeinschaft werden.«

Kontrolle des Verhaltens

klare Verhaltenserwartungen:
»Bei ihr wissen wir genau, welches Verhalten sie von uns erwartet.«

Beschäftigung der Schüler/innen:
»Sie achtet darauf, dass wir im Unterricht immer beschäftigt sind.«
Kontrolle der Lernarbeit:
»Sie kontrolliert laufend, wie wir arbeiten und was wir können.«
Allgegenwärtigkeit:
»Sie bemerkt alles, was in der Klasse vor sich geht.«
Verstärkung erwünschten Verhaltens:
»Sie äußert sich anerkennend, wenn sich Schüler so verhalten, wie sie es haben möchte.«
rasches Eingreifen bei Störungen:
»Sie greift gleich ein, wenn ein Schüler zu stören anfängt.«
Bestrafung unerwünschten Verhaltens:
»Wenn sich Schüler bei ihr falsch verhalten, müssen sie mit Sanktionen rechnen.«

Mayr (2006)

In einer Folgestudie (2006) wurde versucht, die erzielten Ergebnisse anhand einer neuen Stichprobe zu replizieren (75 Lehrer/innen und dazugehörige Klassen der Schulstufen 9 bis 12 von Handelsakademien, d.h. berufsbildenden höheren Schulen).

Abgefragt wurden auf Lehrer- und Schülerseite das Führungsverhalten der Lehrer/innen (drei Dimensionen des LDK) und das Mitarbeits- bzw. Störverhalten ihrer Klassen (Abschalten, Unruhe, Aggression, Regelverletzung).

Aufgrund der Schülerangaben in den beiden Dimensionen »Abschalten« und »Unruhe« wurden erfolgreiche und weniger erfolgreiche Lehrer identifiziert (Mediansplit).

Wiederum wurde eine Clusteranalyse durchgeführt. Die Muster aus der vorangegangenen Studie (Mayr/Eder/Fartacek 1991) ließen sich auch hier replizieren.

Abermals wurden die erwarteten Zusammenhänge zwischen dem Führungsverhalten der Lehrer/innen und dem Mitarbeits- bzw. Störverhalten ihrer Klassen gefunden (Mayr 2006, S. 232, Tab. 2):

Die umfangreichen Studien lassen sich so zusammenfassen: Nach Mayr gibt es Handlungsmuster, die erfolgversprechender sind als andere. Es zeigten sich weniger Störungen im Unterricht, höhere Mitarbeit der Schüler/innen und auch positivere Einstellungen zu Lehrer/innen, die auf eine der drei folgenden Strategien setzten: anregenden, kognitiv aktivierenden Fachunterricht, Förderung der sozialen Beziehungen im Klassenzimmer und wirkungsvolle Strategien der Verhaltenskontrolle. Ein Regelsystem im Klassenzimmer erweist sich als Teil wirkungsvoller Strategien, allerdings mit der Einschränkung, dass nicht nur Ruhe-und-Ordnung-Regeln eingeführt und durchgesetzt werden, sondern auch Regeln für die soziale Interaktion, wobei die Gestaltung der Beziehungen eine wichtige Einflussgröße ist.

Das Verhalten der erfolgreichen Lehrer/innen variiert innerhalb einer je nach Handlungsstrategie unterschiedlich großen Bandbreite. Mayr (2009) vertritt das Konzept der Stimmigkeit, wie es Schulz von Thun in seinen Publikationen anschaulich darstellt (Schulz von Thun 1986, 1998a, 1998b). Dies bedeutet, dass ein Lehrer seine ethischen und pädagogischen Überzeugungen ernst nimmt, sie auch hinterfragt und dass er situationsspezifisch zu handeln vermag, dass beispielsweise eine schwierige Klasse oft direktiver geführt werden muss als eine »einfachere«. Dieses Konzept darf als Ermutigung zur Entwicklung eines sehr individuellen Führungsverhaltens aufgefasst werden, nicht aber als Freibrief für Beliebigkeit.

Mayrs Resümee: »Es gibt kein Idealbild der Klassenführung, das es zu erreichen gilt – wir haben es vielmehr mit einem breiten Spektrum an Handlungsoptionen zu tun« (Mayr 2009, S. 34).

Diese Erkenntnisse decken sich mit einem Resümee von Weinert und Helmke: »Es scheint eine ganze Reihe sehr unterschiedlicher Wege zum gleichen Ziel zu geben. Dies zeigt, wie problematisch es wäre, in präskriptiver Absicht von ›Schlüsselmerkmalen‹ oder notwendigen Bedingungen eines erfolgreichen Unterrichts zu sprechen« (Weinert/Helmke 1997, S. 251).

Studie von Schönbächler (2008)

Die Schweizer Studie von Schönbächler (2008) bezieht sich direkt auf die Studien der Forschergruppe um Mayr. Diese Studie soll deshalb angesprochen werden, weil hiermit eine Studie neueren Datums vorliegt, die den bis dato vorliegenden Forschungsstand berücksichtigt und die aufgrund ihrer Anlage fundierte Aussagen zulässt.

Forschungsfrage

1. Welche Komponenten umfasst das Klassenmanagement – aus Lehrer- und aus Schülersicht?
2. Welche Rahmenbedingungen des Unterrichts, welche Merkmale der Klasse und welche Lehrerpersonenmerkmale hängen mit dem Klassenmanagement zusammen?

Fragebogen

Zur Beantwortung dieser Fragen wurde ein umfassendes Fragebogeninventar verwendet: Ausgangspunkt ist der »Linzer Diagnosebogen zur Klassenführung« (Mayr/Eder/Fartacek 2002), der aufgrund der erzielten statistischen Kennwerte leicht modifiziert wurde.

Ergänzend wurden weitere Skalen eingesetzt, die sich zum Teil an bestehende Instrumente anlehnen und selbst entwickelt wurden: Regeleinhaltung (Beispielitem: »Ich gebe allen Schülern und Schülerinnen regelmäßig Rückmeldungen über ihr soziales Verhalten«), Unterrichtsfluss (Beispielitem: »Beim Auftreten einer Störung reagiere ich schnell und angemessen, sodass der Fluss einer Lektion aufrechterhalten wird«), Reflexion (Beispielitem: »Ich halte im Schulalltag regelmäßig inne, um mein eigenes Verhalten und das der Kinder zu reflektieren«), Materialorganisation (Beispielitem: »Die Schülerinnen und Schüler wissen, wo Hilfsmaterialien aufbewahrt sind«), Schülerpartizipation (Beispielitem: »Ich frage die Schülerinnen und Schüler oft um ihre Meinung«) und Entscheidungsspielräume (Beispielitem: »Häufigkeit der Schülerentscheidung über die Wahl von Arbeitspartner/innen bei Gruppenarbeiten«).

Ergebnisse

Vollständige Datensätze liegen vor von 605 Lehrkräften aus den Jahrgangsstufen 1, 2, 5 und 6 sowie von 923 Schüler/innen der fünften und sechsten Primarstufe.

Daraus lassen sich aus Lehrersicht folgende zentralen Ergebnisse ableiten (Schönbächler 2008, S. 191 ff.):

- Komponenten des Klassenmanagements
  Aus Lehrersicht korrelieren Unterrichtsgestaltung, Schülerorientierung, Regeleinhaltung, Unterrichtsfluss, Reflexion, Materialorganisation und Schülerpartizipation eng miteinander, dagegen ist das Beziehungsgeflecht mit den Faktoren Kontrolle und Entscheidungsspielräume weniger eng.
- Rahmenbedingungen
  Der Support des beruflichen Umfeldes, d.h. inwieweit sich Lehrkräfte im beruflichen Umfeld über Angelegenheiten, die das Klassenmanagement betreffen, austauschen können, ist relevant für die Ausgestaltung des Klassenmanagements.
- Merkmale der Klasse
  Aus Lehrersicht hängt das Störausmaß im Unterricht weniger mit der Ausgestaltung des Klassenmanagements zusammen. Bedeutsa-

mer ist die Zusammensetzung der Klasse, insbesondere die Anzahl verhaltensauffälliger Schüler. Andere Variablen wie Klassengröße, Mädchenanteil, Anteil der Kinder mit Sprachproblemen, einstufige vs. mehrstufige Klassen sind weniger relevant.

- Merkmale der Lehrerperson
  Sehr relevant für die Ausgestaltung des Klassenmanagements sind Lehrkräfte des androgynen Typs, die über ein hohes Maß an Instrumentalität mit den Attributen »selbstsicher, Druck gut standhaltend, leicht Entscheidungen fällend« und an Expressivität mit Attributen wie »herzlich in Beziehungen zu anderen, verständnisvoll gegenüber anderen, freundlich« verfügen.

Dabei scheint das Klassenmanagement in stärkerem Ausmaß die Ausprägung der unterrichtsspezifischen Selbstwirksamkeitseinschätzung zu modellieren als umgekehrt. Das direkte Erleben der Folgen der Klassenführung wirkt gleichsam als »mastery experience« (Schönbächler 2008, S. 157), die als wirkungsvollste Quelle der Selbstwirksamkeitserwartungen gilt (Bandura 1997).

Ergänzend einige zentrale Ergebnisse aus Schülersicht (Schönbächler 2008, S. 192): Aus Schülersicht unterscheiden sich die Klassen sehr wohl in der Einschätzung des Klassenmanagements. Dabei trägt die Beziehung zur Lehrkraft am meisten zum Verständnis der Einschätzungsunterschiede bei. Hauptsächlich verursachen die Bewertungen der Schüler/innen, die keine gute Beziehung zu ihrer Lehrkraft haben, die Varianzen zwischen den Klassen.

Zusammenfassend zeigt die Studie,

1. dass Klassenmanagement verschiedene Aspekte umfasst,
2. dass Klassenmanagement nicht unabhängig von einer ökologischen Perspektive zu betrachten ist; so sind die Klasse und das soziale Umfeld mit zu berücksichtigen,
3. dass aus Schülersicht für die Beurteilung des Klassenmanagements die Beziehungsebene eine zentrale Bedeutung hat und
4. dass Klassenmanagement auf die Persönlichkeitsentwicklung des Lehrers zurückwirkt.

Zusammenfassung

Die Forschung hat gezeigt, dass erfolgreiche Klassenführung durch folgende Merkmale gekennzeichnet ist:

- Wissensbasis
  Erfolgreich unterrichtende Lehrkräfte weisen ein solides professionelles Wissen in den Bereichen »Lehren und Lernen«, »Diagnostik« und »Klassenführung« auf und sind mit den wichtigsten Ergebnissen der Forschung vertraut (die mittlerweile auch über das Internet abrufbar sind).
- Regeln
  Frühzeitig (in den ersten Wochen nach Übernahme einer Klasse) werden Regeln etabliert, die sich auf das gesamte Spektrum des akademischen und sozialen Verhaltens beziehen. Die Regeln werden kontinuierlich gefestigt, und es wird auf konsequente Einhaltung geachtet. Ihr Verbindlichkeitscharakter wird durch Maßnahmen wie Plakatierung (z.B. Poster in der Klasse) oder persönliche Unterschrift der Schüler/innen und unter Umständen auch der Eltern unterstützt. Die Regeln sind umso wirksamer, je mehr sie nicht bloß autoritär festgelegt, sondern erklärt und akzeptiert werden und je konsistenter der Umgang mit Regeln in der gesamten Schule ist.
- Routinen und Rituale
  Diese beziehen sich auf spezifische Verhaltensmuster für immer wiederkehrende Situationen (z.B. Austeilen von Arbeitsblättern) und erleichtern den Fluss des Unterrichts. Sie werden oft durch Signale (wie eine Geste, eine Blickbewegung oder ein Wort) unterstützt. Sie betreffen z.B. die Mobilität in der Klasse, die Gestaltung von Stundenanfang und -ende, Übergänge zwischen verschiedenen Arbeitsformen, die Lehrer-Schüler-Interaktion und die Kommunikation zwischen den Schüler/innen.
- Zeitnutzung
  Damit ist die effiziente Nutzung der verfügbaren Unterrichtszeit durch eine entsprechende Unterrichtsorganisation gemeint. Zeitdiebe sind beispielsweise Vertrödeln durch unpünktlichen Beginn, schleppende Übergänge, unnötige Wartezeiten, »Organisationskram«, Schwierigkeiten beim Umgang mit Technik und Medien.
- Umgang mit Störungen
  Hier hat sich der sogenannte »Low-Profile«-Ansatz – umgangssprachlich übersetzbar mit »den Ball flach halten« – als erfolgreich herausgestellt, der drei Phasen unterscheidet:
  - präventiv: Checken möglicher Quellen für Störungen mit dem Ziel der Vorbeugung
  - proaktiv: sparsame Aktion bei unmittelbar bevorstehenden Störungen, z.B. Blickkontakt herstellen, mimische Signale wie das Anheben der Augenbrauen, den Namen des betreffenden Schülers beiläufig erwähnen (»name dropping«) und anderes

- reaktiv: auftretende Störungen unverzüglich, undramatisch und wenn möglich diskret unterbinden oder, wenn sie unterhalb der Akzeptanzschwelle liegen, ignorieren, um den Unterrichtsfluss nicht zu unterbrechen.

4.2 Modelle von Klassenführung

Hier werden solche Autoren angeführt, die in den letzten Jahren im deutschsprachigen Raum dezidiert und eigenständig über Klassenführung eine Monografie oder einen Übersichtsartikel verfasst haben.

Glöckel (2000)

Glöckel formuliert knapp und prägnant, dass ein Lehrer, der seine Klasse führt, dies in Bezug auf die Sache und die Schüler/innen tut. Unterschieden werden folglich *aufgabenbezogene* und *personenbezogene* Funktionen (Glöckel 2000, S. 43):

aufgabenbezogene und gruppenbildende Führungsaufgaben

Aufgabenbezogene Führungsaufgaben: Ziele formulieren und artikulieren; Initiativen ergreifen, Aktivitäten planen, organisieren und koordinieren; die Ausführung kontrollieren; Entscheidungen treffen; Informationen bereitstellen, sachverständig beraten; die Gruppe nach außen vertreten; Verantwortung übernehmen.

Personenbezogene, gruppenbildende Führungsaufgaben: Maßstäbe setzen, Tätigkeiten und Haltungen der Mitglieder bewerten; als Vorbild zur Nachahmung taugen und anregen; bei Konflikten in der Gruppe vermitteln, individuelle Ziele mit Gruppenzielen in Einklang bringen; Orientierung geben, Komplexität reduzieren und so Sicherheit schaffen; die Gruppe innerlich entlasten; Verantwortung auch für Misserfolge übernehmen.

Diesen Katalog von Führungsaufgaben könnte man auf die Formel »Führung durch Unterricht und Umgang« bringen. Das zusammengetragene Wissen über guten Unterricht und die an empirischen Ergebnissen reiche Tradition sozialpsychologischer Erkenntnisse bilden damit die Grundlage von Klassenführung.

Apel (2002)

Apel charakterisiert die in der Scholastik-Studie herausgearbeitete Trias an Lehrerfertigkeiten als »Klassenführung als Ordnungsleistung« (Apel

2002, S. 90) und sieht diese Merkmale als eine sehr zentrale Dimension in der Auseinandersetzung mit dem Begriff.
Er nimmt in seiner Definition diese Dimension mit auf, doch sieht er den Begriff der Klassenführung weiter, indem er folgende drei Dimensionen der Klassenführung unterscheidet:

- regulativ-disziplinierende Klassenführung
- beziehungsorientierte interaktive Klassenführung
- kognitive und methodische Klassenführung als didaktische Klassenführung

Apels drei Dimensionen

An anderer Stelle meint Apel (2009) das Gleiche, doch nennt er andere Begriffe, wenn er aufzeigt, dass Klassenführung, mehrdimensional abgebildet, Folgendes sichern soll:

- »Ordnung als Halt bietenden Rahmen eines gemeinsamen Lernens,
- Freiräume der Mitbestimmung,
- problemorientierte Lernangebote im Klassenunterricht und medienbasierte Lernangebote für offenere Lehr-Lern-Situationen« (Apel 2009, S. 174).

Apels Verdienst ist es, Klassenführung mit Schüleraktivierung zu verbinden. Klassenführung wird für ihn zu einer didaktischen Aufgabe. Didaktische Führung und Anregung zu selbstorganisiertem Lernen sind für Apel die beiden Grundformen didaktischen Handelns, auf die es in einem erfolgreichen Unterricht ankommt. Der Lehrer hat also neben der Aufgabe, dafür zu sorgen, dass Lerndisziplin praktiziert wird, die Verantwortung, dass anregende Lernsituationen gegeben und Lernumwelten organisiert werden. Dabei orientiert sich Apel an dem Lernbegriff, wie ihn Weinert (2001) definiert. Lernen ist »ein aktiver Vorgang, durch das neue Informationen aufgenommen, verarbeitet, in die verfügbare Wissensbasis integriert und damit flexibel nutzbar gemacht werden« (Weinert 2001, S. 81).

Eine funktionierende Lehr-Lern-Situation zu schaffen ist also eine Aufgabe der Klassenführung. Doch da durch Unterricht auch die Mit- und Selbstbestimmung der Schüler/innen gefördert werden soll, ist für Apel (2002, S. 102 f.) eine partizipative Interaktion die andere Aufgabe. Soll eine demokratische Schul- und Unterrichtsgestaltung gelingen, so muss die Funktion des Lehrerhandelns durch ein partizipatives Berufsrollenverständnis getragen werden. Klassenführung wird für Apel erst dann im pädagogischen Verständnis bestimmt, wenn die Ansprüche der Kinder und Jugendlichen an Mit- und Selbstbestimmung angemessen berücksichtigt werden.

So arbeitet er als Grundformen die

- direkte Führung durch Anregen, Anleitung, Verpflichten und Kontrollieren in einem eher lehrergesteuerten Unterricht heraus sowie die
- indirekte Führung durch Organisation, Begleitung und Lernhilfen bei der Erarbeitung eines Sachverhalts oder bei der Ausführung einer Aufgabe.

Freilich wird Apels Begriff sehr breit und scheint an Schärfe zu verlieren, wenn er darunter *Organisation*, *Regulation* und *unterrichtliches Handeln* subsumiert. Erfolgreiche Lehrer »verbinden die Aufgabe des Organisierens, Disziplinierens und Unterrichtens, um die Lernenden dazu anzuregen, theoretische und praktische Vernunft zu entwickeln« (Apel 2002, S. 85). In der heutigen Auseinandersetzung über Merkmale guten Unterrichts geht ein solch weiter Begriff auf und wird eher überstrapaziert, als dass er zu einer klärenden begrifflichen Abgrenzung beitragen kann.

Ophardt/Thiel (2007; 2008)

Ophardt und Thiel sehen Klassenmanagement als Bestandteil von Unterrichtsexpertise. Da aus dieser Perspektive die fachbezogene Instruktion die Leitfunktion des Unterrichts ist, stellt somit Klassenmanagement eine Stützfunktion für Instruktion dar.

Hier wird expressis verbis Klassenmanagement klar abgetrennt von der Instruktion: »Klassenmanagement ist dabei insofern ein eigener, von der instruktionalen Ebene unabhängiger Anforderungsbereich, als hier im Unterschied zur instruktionalen Ebene des Unterrichts nicht die Förderung individueller Lernprozesse im Mittelpunkt steht, sondern die Etablierung und Aufrechterhaltung sozialer Ordnung und Kooperation im sozialen System Schulklasse« (Ophardt/Thiel 2007, S. 135).

vier Theorietraditionen als Ausgangspunkt

Die Autoren (2008) gehen von vier unterschiedlichen Theorietraditionen aus, denen die Forschungen zur Klassenführung entstammen:

1. Behavioristische Ansätze
   Klassenführung wird in erster Linie als Fähigkeit des Lehrers zur Verhaltensmodifikation verstanden.
2. Ökologische Ansätze
   Klassenführung wird als ein von den Interaktionspartnern gemeinsam gestaltetes soziales Setting gesehen.

3. Handlungstheoretische Zugänge
   Klassenführung rückt den Lehrer als Handelnden und Gestalter sozialer Prozesse ins Zentrum.
4. Zugang des Prozess-Produkt-Paradigmas
   Klassenführung wird untersucht als Merkmal von Unterrichtsqualität im Sinne eines erfolgreichen Lehr-Lern-Prozesses.

Die drei ersten theoretischen Zugänge besprechen wir im Rahmen von Classroom Management (Kap. 5), der vierte Zugang wird in Kapitel 4.1 im Rahmen der Darstellung der empirischen Studien erläutert.

Aufgrund der genannten Definition von Klassenmanagement gliedern Ophardt und Thiel Klassenführung in folgende drei Anforderungsbereiche an die Lehrer, denen sich die erwähnten Theorietraditionen zuordnen lassen (Ophardt/Thiel 2008, S. 274, Abb. 1).

Anforderungsbereiche an Lehrer

1. Etablierung von Verhaltenserwartungen
   - Etablierung von Regelsystemen
   - Etablierung von Prozeduren und Routinen
2. Gestaltungshandlungen im Unterricht
   - instruktionsbegleitend:
     - situationale Regulationshandlungen
     - Einsatz von Prozeduren und Routinen
   - außerhalb der Instruktion:
     - Konfliktbearbeitung
     - Disziplinarmaßnahmen
3. unterrichtsflankierende Maßnahmen
   - Konfliktlösungsmaßnahmen, Beratungsgespräche
   - Maßnahmen zur individuellen Verhaltensmodifikation
   - sozialpädagogische Maßnahmen

Dabei ist die Botschaft, dass alle drei Bereiche Herausforderungen an die Kompetenz der Lehrer/innen sind und erlernt werden können.

Kiel (2009)

Kiel geht erstmals von der Klassenführung als pädagogischer Interaktion aus und skizziert den Problemraum anhand folgender vier Aspekte:

- subjektive Aspekte: Beispielsweise sind Führungsstile nicht unabhängig von subjektiven Voraussetzungen (z.B. benötigen rigide Persönlichkeiten möglicherweise mehr Regelhaftigkeit als nicht rigide).
- kulturell-normative Aspekte: Beispielsweise wurde in den 1970er-Jahren der sozial-integrative Führungsstil stark befürwortet.

- objektive Aspekte: Beispielsweise müssen bei vielen Schüler/innen in einem kleinen Raum im Allgemeinen striktere Anforderungen an einen Lärmpegel gestellt werden.
- systemische Aspekte: Beispielsweise ist eine Klasse vor oder nach einer als schwierig empfundenen Klassenarbeit anders zu führen.

vier Handlungsdimensionen der Klassenführung

Es gilt, bei der Führung einer Klasse zwischen diesen Aspekten auszugleichen, was eines expliziten Wissens über diese Aspekte bedarf: Beobachtung der Klasse, Erhebung von Daten über Befragungen, Tests und Selbstbeobachtungen sind somit notwendige Voraussetzungen von Klassenführung. Kiel (2009) geht von folgenden Handlungsdimensionen der Klassenführung aus:

Aktivieren

Aktivierender Unterricht bezieht sich einmal auf die erfahrungsbezogenen Konzeptionen. Prominenter Vertreter hierzu wäre der Arbeitsunterricht von Kerschensteiner oder auch der Projektunterricht von Dewey (vgl. Kap. 7), das entdeckende Lernen oder der handlungsorientierte Unterricht, zum anderen offene Unterrichtskonzeptionen (vgl. Kap. 6/7).

Doch es gibt auch Aktivierungsstrategien, die sich breit und damit auch auf den Frontalunterricht anwenden lassen. Kiel nennt hier Kellers »ARCS Model of Instructional Design« (1987). Er identifiziert vier grundsätzliche Strategien:

- Aufmerksamkeitsstrategien (Attention): z.B. die Behandlung von Gegenständen, die unvereinbar miteinander sind
- Relevanzstrategien (Relevance): z.B. wenn Schüler/innen erleben, welche subjektive Bedeutung ein Gegenstand haben kann
- Zuversichtsstrategien (Confidence): z.B. klare Zielsetzungen oder transparente Kriterien der Leistungsbewertung durch Lehrer/innen
- Zufriedenheitsstrategien (Satisfaction): z.B. Feedback bei Aufgabenlösungen

Anleiten und Beraten

Anleitung und Beratung bei Lernprozessen sind vor allem durch das verbale Verhalten der Lehrer/innen bestimmt. Die Autoren Schulze, Langer und Tausch haben folgende verständlichkeitsfördernde Dimensionen identifiziert (Schulz von Thun 1986, S. 140–155):

- Einfachheit (vs. Kompliziertheit)
- Gliederung – Ordnung (vs. Unübersichtlichkeit, Zusammenhanglosigkeit)
- Kürze – Prägnanz (vs. Weitschweifigkeit)
- zusätzliche Stimulation (vs. keine zusätzliche Stimulation)

Lernarbeit ermöglichen
Setzen und Finden von Zielen
Kiel geht hier auf drei Zielkonflikte ein, durch die der Umgang mit Zielen im Rahmen der Klassenführung geprägt ist:

- Zwei sich widersprechende Ziele werden zu gleicher Zeit verfolgt.
- Ziele werden vorübergehend aufgegeben, aber danach wieder verfolgt.
- Kurzfristig erreichbare Ziele werden langfristig erstrebten Zielen vorgezogen.

Diagnostizieren
Hier nur so viel: Die Diagnosen bestimmen die Wahl von Handlungsalternativen. Diese Bedeutung wurde im Kapitel 2.1 im Kontext der Unterrichtsqualitätsforschung (»Umgang mit Heterogenität«) aufgezeigt.
Prävention von Störungen
Kiel bezieht sich auf Seitz (1991), der sehr klar verschiedene Typen von Unterrichtsstörungen unterscheidet:

- verbale Störungen:
  - Kommentare zu Lehreräußerungen wie »Dazwischenreden«; Eigenaktivitäten wie »Schwätzen«
  - Reaktionen auf Mitschüler/innen wie »Petzen«
- nicht-verbale Aktivitäten:
  - Eigenaktivitäten wie »Zappelphilipp«
  - Aktivitäten zwischen Schüler/innen wie »Raufen«
- vorsituative Defizite:
  - »vergessene« Hausaufgaben
  - Unpünktlichkeit, Unterrichtsversäumnisse wie »Schwänzen«
  - Verletzung moralischer Normen
  - Unterschleif wie »Spicken«
  - Lügen, Schwindeln
  - Passivität, Desinteresse, Opposition, Angst wie »Null Bock«

Bei den Konsequenzen für die Praxis (vgl. Kap. 7) gehen wir auf Präventionsmaßnahmen ein, wie sie Nolting (2002) vorschlägt.
Intervention bei Störungen
Hier schlägt Nolting lehrer- und gruppenzentrierte Strategien vor, die wir ebenfalls im Kap. 7 ansprechen.
Schüler/innen und Lehrer/innen verpflichten
Verbindlichkeit entsteht nach Kiel (2009, S. 352)

- durch Offenlegen der Gestaltungswünsche und Möglichkeiten in einer Lernsituation durch Lehrer/innen und Schüler/innen,
- durch Festlegen von Zielen, Handlungen, Kontrollmechanismen,
- durch Festlegung individuell zuordenbarer Verantwortlichkeiten,
- durch Festlegung von Bewertungskriterien und
- durch Festlegung von Sanktionsmechanismen.

In Kiels Modell von Klassenführung fällt auf, dass er die Aspekte der Disziplin und den effizienten Umgang mit Störungen in einem größeren Zusammenhang unter dem dritten Punkt »Lernarbeit ermöglichen« subsumiert. Kiel spricht auch die von Apel angesprochene Dimension der Partizipation an und geht dabei auf die Schülerseite ein.

Einerseits macht er deutlich, dass bei seinen vier Handlungsdimensionen die Partizipation der Schüler/innen nur im Rahmen der Entscheidungsspielräume der Lehrpersonen stattfindet. Aufgrund der Tatsache, dass eine Schulklasse ein Zwangsaggregat von Schüler/innen auf der Grundlage der gesetzlich verankerten Schulpflicht ist und Lehrer/-innen der Schulaufsicht unterliegen und unter anderem für das Erreichen bestimmter Ziele verantwortlich sind, folgert er nüchtern: »Die Idee eines herrschaftsfreien Diskurses in einer Regelschule ist eine Illusion« (Kiel 2009, S. 353).

Andererseits, so Kiel, bedarf Führung der Anerkennung durch die zu Führenden, damit es nicht zu verdeckten Machtkämpfen kommt. Diese Anerkennung ergibt sich durch professionelles Handeln, indem

- Macht nicht missbraucht wird für die Erfüllung subjektiver Bedürfnisse der Lehrenden
- für die Schüler/innen die Möglichkeit besteht, gegen den Missbrauch von Macht appellieren zu können
- Entscheidungsspielräume für die Partizipation der Schüler/innen im Sinne dieser genutzt werden
- objektive, kulturell-normative und systemische Bedingungen auch den Schüler/innen vermittelt werden
- Situationen geschaffen werden, in denen subjektive Aspekte aller Beteiligten externalisiert werden, damit alle Beteiligten sie kennen
- ein Anspruch auf Führung argumentativ und situativ durchgesetzt wird.

Hier wird ein klares Bekenntnis und Plädoyer dafür gegeben, dass der Begriff von Führung in einer Schule einer demokratisch legitimierten Gesellschaft durchaus seinen Platz haben kann und auch darf.

Lohmann (2009a)

Lohmanns Äußerung »Die Wissensvermittlung steht im Fokus des Fachlehrers, die Klassenführung im Fokus des Klassenleiters« (2009a, S. 335) mag zunächst verwundern, wenn man an das permanente Prinzip von Klassenführung denkt, wie sie Kiel als »pädagogische Interaktion« sieht. Doch da Lohmann einen Handbuchartikel über »Fach- und

Klassenlehrer« schreibt, möchte er hiermit auf die besondere Verantwortung des Klassenlehrers hinweisen. Denn Lohmann schreibt weiter: »Jede Fachlehrerin und jeder Fachlehrer hat Klassenführungsaufgaben zu bewältigen, damit die Lernzeit effektiv und störungsfrei genutzt werden kann« (Lohmann 2009a, S. 335).

Da Lohmann klar zwischen Klassenführung und Fachunterricht trennt, versteht er die Klassenführungsaufgabe relativ eng auf eine Erziehungsaufgabe beschränkt, damit Lehren und Lernen stattfinden kann. Unter diesem Aspekt sichtet er die vorliegenden empirischen Ergebnisse zur effektiven Klassenführung und bündelt sie zu zwei »Best-Practice«-Strategien:

Eher schülerorientierte Formen fasst er zusammen zum Handlungsmuster »Beziehungen und Selbststeuerung fördern«:

- authentisch sein
- humorvoll, freundlich und ausgeglichen sein
- Schüler/innen wertschätzen
- Schüler/innen individuell zu verstehen suchen
- mit Kritik umgehen können
- mit Schüler/innen kommunizieren und kooperieren
- soziales Lernen fördern

schüler- und lehrerzentrierte Formen als »Best Practice«

Eher lehrerzentrierte Formen fasst er zusammen zum Handlungsmuster »Verhalten steuern und kontrollieren«:

- Ordnungsrahmen schaffen
- präventive Maßnahmen vor dem Auftreten von Unterrichtsstörungen ergreifen
- Schülerverhalten beobachten
- erwünschtes Verhalten positiv verstärken
- bei Störungen rasch eingreifen
- Konflikte bearbeiten
- mit Kolleg/innen sowie Eltern kooperieren

Lohmann betont, dass beide Schemata – für das erste Schema nennt er das Leitbild »Sozialpädagoge«, für das zweite das Leitbild »Boss« – für erfolgreichen Unterricht wichtig sind.

5 Traditionslinien von Classroom Management

Classroom Management als inzwischen weiter Begriff

Classroom Management – ein in seiner Tradition durch und durch amerikanischer Begriff – wird hier von verschiedenen Traditionslinien aus beleuchtet. Damit kann gezeigt werden, wie sich der Begriff erweitert und wie die unterschiedlichen Ansätze mit ihren systematischen Forschungserkenntnissen sich auf Schule ausgewirkt haben.

Mittlerweile darf man den Begriff »Classroom Management« so facettenreich sehen, wie er in seiner ganzen Breite im Begriff der Klassenführung mitschwingt. Das war nicht immer so.

Lange wurde er vom Mainstream des Behaviorismus dominiert und eng auf Aspekte der Disziplin und den effizienten Umgang mit Unterrichtsstörungen reduziert. 1986 verfasste Doyle im »Handbook of Research on Teaching« den Artikel »Classroom organization and management«: »Research on classroom management is directed to questions of how order is established and maintained in classroom environments« (Doyle 1986, S. 392).

Im Gegensatz zur Verwendung eines solch relativ engen Begriffes in der deutschen Literatur – noch Apel geht 2002 von diesem Begriff aus – fällt auf, dass in der englischsprachigen Fachliteratur der Begriff des Classroom Managements über all die Jahrzehnte eine Begriffserweiterung erfahren hat und so breit auch heute gesehen wird. Wir führen den Begriff deshalb hier ein, um seine amerikanisch-inhärente Tradition nachzuzeichnen.

5.1 Behavioristische Ansätze

Operationen zur Verhaltenssteuerung

Experimentell gewonnene Erkenntnisse und Gesetzmäßigkeiten über das Lernen wurden systematisch auf menschliches Lernen übertragen und damit auch in den Schulkontext getragen. Ein klares Regelwerk, Lehrerlob und Ignorieren wurden zu Schlagwörtern verhaltenstheoretisch begründeter Klassenführung.

Positive und negative Verstärkung, Löschung und Bestrafung, d.h. entweder ein Entzug von etwas Positivem oder Zuführung von etwas Negativem, sind empirisch bewährte Mittel der Steuerung im Klassenzimmer. Folgende Operationen verdeutlichen das Gemeinte:

Tab. 3: Operationen		
Positive Verstärkung	Positiver Reiz folgt auf ein erwünschtes Verhalten	Verhalten nimmt zu
Negative Verstärkung	Negativer Reiz entfernt nach einem erwünschten Verhalten	Verhalten nimmt zu
Indirekte Bestrafung	Positiver Reiz entfernt nach einem unerwünschten Verhalten	Verhalten nimmt ab
Direkte Bestrafung	Negativer Reiz folgt auf ein unerwünschtes Verhalten	Verhalten nimmt ab
Löschung	positiver/negativer Reiz unterbrochen nach einem Verhalten	Verhalten nimmt ab

Die Grundidee ist, dass ein Hinweisreiz dem Schüler mitteilt, dass bestimmte Verhaltensformen in bestimmten Situationen erwünscht und andere nicht erwünscht sind. Wenn der Schüler das erwünschte Verhalten zeigt, wird es augenblicklich verstärkt, was die Wahrscheinlichkeit des Wiederauftretens des Verhaltens erhöht (Mägdefrau 2010).

Verstärkungslernen wurde zu einem zentralen Baustein der pädagogischen Verhaltensmodifikation und damit auch für Steuerungsprozesse im Klassenzimmer. Durch den Einsatz von Verstärkungstechniken können Lehrkräfte das Zielverhalten ganzer Klassen positiv beeinflussen. In einem angemessenen Classroom Management hat Verstärkungslernen seinen festen Platz.

Im Zuge kognitionspsychologischer Erkenntnisse fand seit den 1970er-Jahren eine Abkehr vom Behaviorismus statt, doch erlebte die fast schon totgesagte Theorie in den letzten Jahren eine Renaissance. Hier soll exemplarisch an drei Feldern aufgezeigt werden, wie heute wiederum die Erkenntnisse der Verhaltensforschung fruchtbar gemacht werden.

Erkenntnisse der Verhaltensforschung

1. So konnte nachgewiesen werden, dass sich auch komplexe Verhaltensweisen, wie selbststeuernde Prozesse bestehend aus Selbstinstruktion, Selbstbeobachtung und Selbstverstärkung durch Verstärkerlernen aufbauen lassen. Dadurch wird es dem Einzelnen ermöglicht, beispielsweise seine Aufmerksamkeit zu fokussieren oder mit Belastungen besser umgehen zu können.
2. Gerade auch Präventionsprogramme, die sich in den letzten Jahren immer mehr durchsetzten, wurden mithilfe der Erkenntnisse der Verhaltenspsychologie konzipiert.
3. Im Zuge der Schulentwicklung setzte sich die Erkenntnis durch, dass sich Schulen als ganze Einheiten beispielsweise zur Gewalteindämmung ein einheitliches Programm geben müssen. Hier ist das Formulieren von auf Verstärkungsmechanismen basierenden klaren Regeln und Erwartungen sowie von Konsequenzen beim Überschreiten ein zentrales Vorgehen.

5.2 Ökologische Ansätze

Verhaltensregeln als Basis von Lerngeschehen

Im Gegensatz zu den behavioristischen Ansätzen, denen es um die Modifikation des individuellen Verhaltens geht, geht es bei den ökologischen Ansätzen um die Frage, wie der Lehrer das Lerngeschehen von Gruppen als Zusammenspiel von sozial ausgehandelten Verhaltensregeln und Lehr-Lern-Aktivitäten organisiert (Mägdefrau 2010).

Die Gestaltung der Lernumgebung ist in der amerikanischen Literatur ein zentrales Element. Dabei geht es um die Bereitstellung und Aufbereitung von Lerninhalten, um den Aufbau von Ordnungsstrukturen und um die materiale Ausgestaltung des Klassenzimmers. Das Geschehen im Klassenzimmer wird auf die Situation und den Kontext bezogen.

Hierzu trug Doyle 1986 in einem Handbuchartikel das bis dahin umfassende vorliegende Material zusammen. Diesen Artikel, der mittlerweile als Klassiker bezeichnet werden darf, aktualisierte er in einem neueren Handbuchartikel (2006), auf den sich folgende Ausführungen beziehen.

Für Doyle ist die zentrale Kategorie in der Unterrichtorganisation die Aktivität. Darunter versteht er Einheiten von zehn bis 20 Minuten, die sich durch den Unterrichtsalltag ziehen, wie beispielsweise Einzelarbeit, Lehrgespräch, Lehrervortrag und Gruppenarbeit.

Dabei wurde festgestellt, dass die aufgabenbezogene Einstellung bei den Schülern mit 92 Prozent am höchsten in der Gruppenarbeit ist, mit 72 Prozent am geringsten im Lehrervortrag. Ein zentrales Merkmal gelingenden Unterrichts – und deshalb auch viel erforscht – sind die Übergänge zwischen unterschiedlichen Aktivitäten (vgl. Kounin 1970).

Kounin (1970)

Die Studie »Techniken der Klassenführung« von Kounin (1970; deutsch 1976) gilt als Klassiker dieser Forschungsrichtung. Da sie als Standardlektüre zu diesem Thema gilt, die Ergebnisse jedoch oft sehr einfach und verkürzt dargestellt werden, soll hier näher auf sein Werk eingegangen werden. Auch sollen seine ermittelten Verhaltensdimensionen, die sogenannten »Techniken« mit eigenen Beispielen und von ihm veranschaulicht werden. Im Folgenden beziehen wir uns auf die deutsche Ausgabe von 1976.

Zunächst wollte Kounin untersuchen, wie erfolgreiche Lehrer/innen effektiv mit Unterrichtsstörungen umgehen. Als er mit Untersuchungen in verschiedenen Institutionen (Highschool, College, Ferienlager) mit verschiedenen Methoden (Experiment, Befragung, Beobachtung) zu keinerlei konsistentem Befund kommen konnte, startete er eine erneute Studie, in der er ausschließlich Videoaufzeichnungen anfertigte, da er diesmal auch »Mängel«, die ein menschlicher Beobachter aufweist (Kounin 1976, S. 72 ff.), ausschalten wollte. Er ließ 49 erste und zweite Klassen jeweils einen Tag lang aufnehmen, jeweils zwei Kameras in den Klassenzimmern wurden hierzu aufgestellt. Ihm war inzwischen klar geworden, dass er ein Verständnis von Lehrer-Schüler-Beziehungen nur mittels Untersuchungen von Lehrerverhalten in reinen *Schul*situationen gewinnen konnte (Kounin 1976, S. 146).

Kamera-aufzeichnungen in 49 Klassen

Er wollte vor allem herausfinden, ob Zurechtweisungsmethoden Einfluss auf Schülerreaktionen haben und ob sich verschiedene Zurechtweisungsarten (er unterschied die Dimensionen *Klarheit, Verärgerung, Festigkeit, Intensität, Schwerpunkt,* Kounin 1976, S. 77 ff.) in ihrer Wirkung unterscheiden. Die Suche nach einer Art, effektiv zu ermahnen, blieb erfolglos. In den Ergebnissen konnte man keine Zusammenhänge erkennen: Die errechneten Korrelationen waren durchweg nicht signifikant. Es wurde somit klar, dass »keine Zusammenhänge bestehen zwischen Qualitäten der Zurechtweisungsmethoden eines Lehrers und dem Erfolg dieses Lehrers im Umgang mit Fehlverhalten« (Kounin 1976, S. 81). Die Folgerung lautet, dass »Methoden des Umgangs mit schlechtem Betragen als solche keine signifikanten Determinanten sind dafür, wie gut oder schlecht sich Kinder in der Klasse aufführen« (Kounin 1976, S. 82). So kam er zu der Einsicht, dass es sinnvoller sei, Störungen zu vermeiden, als am Fehlverhalten der Schüler/innen anzusetzen. Klassenführung wurde definiert als die Beschäftigung des Lehrers mit dem äußerlich sichtbaren Verhalten von Schüler/innen, für welches offene Anzeichen von Mitarbeit und Fehlverhalten maßgeblich waren. Erfolgreiche Führung ist folglich definiert als die Fähigkeit, eine hohe Mitarbeitsrate bei niedriger Fehlverhaltensrate im Unterricht zu erzielen (Kounin 1976, S. 75).

Diverse Arten, wie Lehrer ihre Schüler zurechtweisen, haben keinen Einfluss auf Schülerverhalten

Eine Analyse seiner Videoaufzeichnungen ergab, dass ganz bestimmte Verhaltensweisen von Lehrer/innen existieren, die mit dem Führungserfolg korrelieren. In der Studie zeigte sich: Je besser es den Lehrkräften gelang, die folgenden Merkmale umzusetzen, umso besser arbeiteten die Schüler/innen mit und umso weniger Fehlverhalten zeigten sie. Die von Kounin beschriebenen »Techniken« sind also präventive Verhaltensdimensionen, d. h. Handlungsweisen, die Störungen schon vor ihrem Auftreten verhindern sollen. Und die Beherrschung dieser derart definierten Klassenführungstechniken, so erkennt Kounin, gibt dem Lehrer ein Instrumentarium an die Hand, das den individuellen Handlungsspielraum erweitert und Alternativen ermöglicht, ja dem Lehrer erlaubt, seine Lernziele zu erreichen. Die Bedeutung der Klassenführungstechniken offenbaren sich in Kounins Schlusssatz: »Die Beherrschung der Gruppenführungstechniken enthebt den Lehrer fortan seiner Führungssorgen« (Kounin 1976, S. 149).

Allgegenwärtigkeit (»withitness«) und Überlappung (»overlapping«)

Hier geht es vor allem um die Prävention von Störungen. Beide Dimensionen betreffen die Fähigkeit des Lehrers, den Schüler/innen zu signalisieren, dass er über ihr Verhalten informiert ist, sowie seine Fähigkeit, mehreren gleichzeitig auftretenden Problemen seine Aufmerksamkeit zuzuwenden und Störungen nebenbei zu beheben. Das von Kounin gewählte Kunstwort »withitness« soll verdeutlichen, dass es hier darum geht, die sprichwörtlichen »Augen im Hinterkopf« zu haben (Kounin 1976, S. 90). Kounins Ergebnisse zeigen, dass die Dimensionen Allgegenwärtigkeit sowie Überlappung in signifikantem Zusammenhang mit dem Führungserfolg stehen (Kounin 1976, S. 97).

Augen im Hinterkopf

Gelungenes Beispiel für Allgegenwärtigkeit

Während der Instruktion an die ganze Klasse nimmt der Lehrer Augenkontakt mit einem Schüler auf, der gerade Papierknöllchen in einem Röhrchen wegblasen will.

Misslungenes Beispiel für Allgegenwärtigkeit

Der Lehrer ermahnt einen mit dem Hintermann flüsternden Schüler mit den Worten: »Johnny, lass' die Unterhaltung und beschäftige dich mit deinen Additionsaufgaben!« Während dieser Zurechtweisung werfen sich im anderen Teil des Zimmers – unbeachtet vom Lehrer – zwei Jungen Papierflugzeuge zu (Kounin 1976, S. 90).

Der Allgegenwärtigkeitswert des Lehrers wurde also umso höher bewertet, je seltener ein zu spätes Einschreiten festgestellt werden konnte, und ob danach eine Zurechtweisung des Lehrers auch den richtigen Schüler betraf (»Zeit- und Objektfehler«, Kounin 1976, S. 91 ff.). Um also als Lehrkraft Störungen erfolgreich im Vorfeld vermeiden zu können, geht es darum, *rechtzeitig* einzuschreiten und die *richtigen* Schüler/innen zu ermahnen – die *Methode* ist unerheblich (Kounin 1976, S. 99).

rechtzeitiges Einschreiten ist nötig

Gelungenes Beispiel für Überlappung

Während eines Klassengesprächs kommt ein Schüler zu spät, der Lehrer bemerkt dies, nickt ihm zu, und sobald die Klasse Gruppenarbeit macht, geht der Lehrer zu diesem Schüler und klärt sein Zuspätkommen.

Misslungenes Beispiel für Überlappung

Während ein Kind laut vorliest, wendet sich die Lehrkraft zwei rangelnden Schüler/innen zu: Sie geht zu ihnen, um sie eindringlich zu ermahnen, bevor sie dann das vorlesende Kind bittet, weiterzumachen. Der Lehrer unternahm also nichts, um die Aktivität des Lesens in Gang zu halten, sondern widmete sich durch das physische Hinüberwechseln und Ermahnen vollkommen den Störern (Kounin 1976, S. 93).

Überlappung bedeutet für Kounin also, dass der Lehrer zwei sich gleichzeitig stellenden Problemen (»überlappende Situationen«, Kounin 1976, S. 94) auch simultan seine Aufmerksamkeit zuwendet, somit beiden Situationen gerecht wird und sich nicht von einem Ereignis vollkommen in Anspruch nehmen lässt, während er das andere vernachlässigt.

Reibungslosigkeit (»smoothness«) und Schwung (»momentum«)

Unterrichtsablauf ohne Leerlauf

Hier geht es vor allem um die Steuerung von Unterrichtsabläufen. Beide Parameter messen die Fähigkeit des Lehrers, den Unterrichtsablauf zu steuern und unnötige Unterbrechungen, Leerlauf oder Hektik zu vermeiden. Kounins Ergebnis lautet, dass Reibungslosigkeit und Schwung signifikant mit dem Schülerverhalten korrelieren (Kounin 1976, S. 115). Er kommt zu dem Schluss, dass die beiden genannten Dimensionen eine erhebliche Rolle bei der Klassenführung spielen, z. B. was Kontrolle von Fehlverhalten und Bereitschaft zur Mitarbeit anbelangt (Kounin 1976, S. 116).

Kounin betont, dass es immer leichter sei, Negativbeispiele zu diagnostizieren, denn wenn die Unterrichtsführung gut läuft, gibt es dabei wenig am Lehrer zu registrieren, und es sieht so aus, als »mache er überhaupt nichts« (Kounin 1976, S. 105). (Er vergleicht dies mit einem Geigenspieler oder einem Basketballer, dessen hervorragendes Spiel »leicht und mühelos« erscheine und bei dem nur *Fehler* Anlass zur Benennung bieten.) Aus diesem Grund bewertete er die Lehrer/innen auch nach folgenden (negativen) Kategorien: Verhaltensweisen, die Sprunghaftigkeiten (Gegensatz: Reibungslosigkeit) erzeugen, sowie Verhaltensweisen, die Verzögerungen (Gegensatz: Schwung) hervorrufen.

Dimensionen von »Reibungslosigkeit«

Zur Messung der Dimension »Reibungslosigkeit« (Gegensatz: Sprunghaftigkeit) achteten die Forscher auf folgende Formen des Lehrerverhaltens:

- Reizabhängigkeit (Lehrer reagiert auf äußeren Stimulus)
- Unvermitteltheit (Stimulus geht vom Lehrer selbst aus)

- thematische Inkonsequenz (behandelter Stoff wird unkommentiert stehengelassen und zu neuem Stoff übergewechselt, danach wird ursprünglicher Stoff weiterbehandelt)
- Verkürzungen (behandelter Stoff wird unkommentiert stehengelassen und zu neuem Stoff übergewechselt, ursprünglicher Stoff wird nicht weiterbehandelt)
- thematische Unentschlossenheit (Lehrer beendet Tätigkeit, beginnt neue Tätigkeit, kommt dann auf ursprüngliche Tätigkeit zurück)

Gelungenes Beispiel für Reibungslosigkeit und Schwung

Obwohl der Lehrer sehr wohl wahrnimmt, wie sehr sich seine Schüler für den Gegenstand interessieren, vermeidet er Komplimente, um nicht vom Ziel abzulenken.

Misslungenes Beispiel für Reibungslosigkeit

Der Lehrer ist damit beschäftigt, Anweisungen zu Aufgaben zu geben, die die Kinder im Arbeitsbuch lösen sollen. Während seiner Ausführungen fällt ihm ein auf dem Boden liegender Papierschnipsel auf, was mehrere Bemerkungen sowie eine Inspektion des Fußbodens nach sich zieht.

Zur Messung der Dimension »Schwung« (Gegensatz: Verzögerungen) achteten die Forscher auf folgende Formen des Lehrerverhaltens:

- Überproblematisierung (der Lehrer verlangsamt den Arbeitsprozess durch Überproblematisierung von Benehmen, Verhaltenselementen, Arbeitsmitteln, Lehrstoffen)
- Fragmentierung (der Lehrer verursacht Verzögerungen, indem er eine Lerneinheit zerfallen lässt, sei es durch Separieren einzelner Gruppenmitglieder (»Gruppenfragmentierung«) oder durch Fragmentieren von Handlungseinheiten.

Misslungenes Beispiel für Schwung

Der Lehrer ermahnt einen schwatzenden Schüler nicht knapp, sondern startet eine längere »Moralpredigt« über Benehmen im Klassenzimmer, die das erforderliche Maß der Beschäftigung mit dem Vorfall bei Weitem übersteigt. Kounin bezeichnet dies schlicht als »Nörgelei«.

Aufrechterhaltung des Gruppenfokus: Gruppenmobilisierung (»group alerting«), Rechenschaftsprinzip (»encouraging accountability«) und Beschäftigungsradius (»high participation formats«)

alle **im Auge behalten**

Der Lehrer muss fähig sein, die Klasse auch dann im Fokus zu behalten, wenn er sich einem einzelnen Schüler zuwendet. Zum anderen zieht er die Gruppenmitglieder für ihre Tätigkeiten zur Verantwortung. Außerdem geht es um Verhaltensvorschriften und Arbeitsanforderungen für Schüler/innen, die gerade nicht angesprochen werden.

Beispiel: Die Klasse arbeitet in Gruppen. Dabei wendet sich der Lehrer gezielt einer Gruppe zu, um ihr etwas separat zu erklären. Dabei vergisst er nicht, auch darauf zu achten, dass die anderen Gruppen ebenfalls arbeiten. Oder: Der Lehrer stellt eine Frage und bittet die Schüler/innen, ihre Hände zu heben, sofern sie die Antwort wissen. Dann kann er einen oder mehrere aufrufen. Oder: Die Kinder, die bei einer Rechenaufgabe gerade nicht dran sind, haben auch die Aufgabe aktiv zu erledigen – z. B. durch Mitschreiben und Hochhalten des Ergebnisses, anstatt nur stillzusitzen und zuzuhören.

Folgendes Kategoriensystem wurde für die Messung des Gruppenfokus in Übungssituationen entwickelt:

Dimensionen des Gruppenfokus

a) Gruppenmobilisierung: Wie gut gelingt es dem Lehrer, alle Schüler/-innen bei der Aufmerksamkeit oder »auf dem Posten« zu halten? Kounin (1976) bewertete die Lehrer durch Auszählung konkreter positiv (Beispiel: Schüler/innen nach dem Zufallsprinzip aufrufen, sodass alle mitrechnen müssen) und negativ (Beispiel: im Voraus bestimmen, wer drankommt) mobilisierender Verhaltensweisen in 30-Sekunden-Intervallen (konnten durch das Videoband mehrmals angesehen werden). Es wurden nach den gezählten Merkmalen fünf verschieden starke Ausprägungen von Gruppenmobilisierung folgendermaßen kategorisiert: 1. stark 2. mäßig 3. schwach 4. nicht vorhanden 5. negativ.
b) Rechenschaftsprinzip: In welchem Umfang lässt der Lehrer die Gruppenmitglieder Rechenschaft über ihre Leistung ablegen? Die Bewertung des Lehrers im Hinblick auf die Befolgung des Rechenschaftprinzips ergab sich aus der Zahl der Schüler/innen, deren Aufgaben vom Lehrer kontrolliert und die somit zur Rechenschaft gezogen wurden. Der Lehrer wurde in 30-Sekunden-Intervallen kontrolliert und konnte von 1. stark bis 4. nicht vorhanden kategorisiert werden.
c) Beschäftigungsradius: Wie stark müssen sich Gruppenmitglieder, die gerade nicht aufgerufen sind, an den Aktivitäten beteiligen? Es wurde unterschieden zwischen folgenden sechs Kategorien: 1. starke

Teilnahme 2. gemäßigte Teilnahme 3. Lehrervortrag mit Übungen 4. schwache Teilnahme 5. negativer Beschäftigungsradius 6. Nichtbeschäftigung.

Kounin (1976) weist auf die Schwierigkeiten der Messung der genannten Gruppenfokus-Dimensionen hin, da diese keine »Richtig- /Falsch«-Aussage zulassen, wie es z.B. bei »Allgegenwärtigkeit« der Fall ist. »Der Gruppen-Fokus beglückt den Forscher leider nicht mit solchen klaren Alles-oder-Nichts-, Schwarz-oder-Weiß-Alternativen« (Kounin 1976, S. 121). Die Forscher entschieden sich aus diesem Grund, Wertungen anhand der beschriebenen 30-Sekunden-Intervalle vorzunehmen. Kounins Resultate der Dimensionen lauten wie folgt:

a) Gruppenmobilisierung: Diese Dimension steht in signifikanter Beziehung zum Schülerverhalten, was vor allem in Übungsphasen gilt.
b) Rechenschaftsprinzip: Kounins Rechnungen ergaben, dass das Rechenschaftsprinzip Verknüpfungen mit dem Schülerverhalten zeigte.
c) Beschäftigungsradius: Kounin fand keine Korrelation zwischen ihm und Mitarbeit oder Fehlverhalten. »Man darf zu dem Schluss kommen, dass die vorgegebenen Beschäftigungsradien als solche nicht nennenswert am Zustandekommen von Mitarbeit und an der Eindämmung von Fehlverhalten beteiligt sind« (Kounin 1976, S. 129).

Programmierte Überdrussvermeidung

Hier geht es um die Eigenart der Aktivitäten, mit denen sich die Schüler/-innen beschäftigen sollen. Der Begriff »positive Valenz« bedeutet *Gefallen*, der Begriff »negative Valenz« bedeutet *Ablehnung*.

Aufgabenanpassung

- *Valenz und intellektuelle Herausforderung* (»higher participation formats«): Den Lehrkräften gelingt es, alle Schüler/innen für die Unterrichtsinhalte zu begeistern und ihre Arbeitsbereitschaft zu wecken. Die Lernaufgaben sind zwar intellektuell herausfordernd, aber zu bewältigen. Die Anforderungen passen also zur Leistungsfähigkeit der einzelnen Schüler/innen:
  Beispiel: Während die eine Hälfte vom Lehrer den Stoff nochmals erklärt bekommt, kann die bessere Hälfte der Klasse sich individuell oder in Gruppen mit weiterführendem Lernmaterial vertraut machen.
- *Abwechslung und Herausforderung bei der Stillarbeit*: Lernaktivitäten in Einzelarbeitsphasen sind methodisch fantasievoll gestaltet und intellektuell herausfordernd.

Da die Dimension »Überdruss« nicht unmittelbar zu erfassen ist, versuchte Kounin, für die »Überdruss-Potenziale« der Aktivitäten sowie für die »Überdruss-Symptome« bei den Schüler/innen Maßeinheiten zu generieren. Die von ihm dazu vorgeschlagene Maßeinheit »Dauer der Aktivitäten« ergab keinerlei Korrelation – weder mit »Mitarbeit« noch mit »Fehlverhalten der Schüler«. Kounin folgert, dass die Dauer von Unterrichtseinheiten keine Bedeutung für die Klassenführung darstellt. Auch die vorgeschlagene Maßeinheit »Fortgang der Aktivitäten« (fehlende Repetivität der Lehreranweisungen und Fortschrittsempfinden der Schüler) taugte nicht, um Überdrussvermeidung messbar zu machen. Die Schwierigkeit lag darin, dass innerhalb der auch hier gewählten 30-Sekunden-Intervalle kaum Merkmale registriert werden konnten, die unter »positive Merkmale« (= z. B. explizites Aufbauen auf der Arbeit vom Vortag) oder »negative Merkmale« (= z. B. wenn der Lehrer einen Schüler eine Aussage wiederholen lässt, die bereits korrekt war) fielen.

Eine Kategorie, die Kounin »Valenz und Herausforderung« nennt, sollte Feststellungen darüber ermöglichen, inwieweit der Lehrer direkte Versuche unternimmt, bei den Schüler/innen mehr Begeisterung, Arbeitsbereitschaft oder Neugierde auf den Unterricht zu wecken. Diese motivationalen Anstöße, »die Bemühungen um Wahrung der positiven Valenz von Lernaktivitäten« (Kounin 1976, S. 136) maß Kounin z. B. daran, ob der Lehrer echte Freude und Begeisterung zeigte, auf eine besonders positive Valenz (»Jetzt kommt etwas Lustiges«) oder intellektuelle Herausforderung einer nachfolgenden Aufgabe hinwies (»Jetzt werdet ihr eure Denkermützchen aufsetzen müssen«). Kounins Ergebnis lautet, dass die Bemühung um Wahrung der positiven Valenz sich »ziemlich erfolgreich in der Stimulierung von Mitarbeit und der Eindämmung von Fehlverhalten« (Kounin 1976, S. 136) erwies.

Weiterhin versuchte Kounin zu messen, wie abwechslungsreich der Unterricht zu bezeichnen ist, je vielfältiger die Aktivitäten ausfielen, je weniger dasselbe immer wieder getan werden musste. So, argumentiert er, dürfte kein »Überdruss« entstehen. Die Determinante »Abwechslung« gliederte er in acht Kategorien (z. B. »Inhalt«, »Darbietungsweise des Lehrers«) und zählte diese klassenweise aus. Nach der ersten Berechnung der Werte, die keinerlei Korrelationen ergab, merkte die Forschergruppe, dass sie »Abwechslung« nur anhand rein schulspezifischer Aktivitäten sehen und Pausen ohne Lernbezug nicht mit einbeziehen durfte. So ergaben sich durchweg positive Korrelationen – allerdings keine mit Signifikanzniveau. Einen Schritt weiter korrelierte Kounin Abwechslungswerte ausschließlich bei der Unterrichtsform der Stillarbeit, fand positive Korrelationen für Mitarbeit und ausbleibendes Fehlverhalten bei ersten und zweiten Klassen und negative Korrelationen bei dritten bis fünften Klassen. Er folgert: »Es ist durchaus möglich, daß fühlbarer Lernfortschritt als Überdrußvermeidungsfaktor bei den älteren eine bedeutendere Rolle als bei den jüngeren spielt« (Kounin 1976, S. 141). Er betont aber, dass die Ergebnisse für Reibungslosigkeit, Allgegenwärtigkeit und Überlappung altersunabhängig gelten, und kommt zu dem Schluss: »Die Resultate zu Abwechslung können bis jetzt nur als provisorische angesehen werden« (Kounin 1976, S. 142).

Bedeutung von Kounins Studie: Vorreiter

Insgesamt erscheint die Studie von Kounin recht angestaubt, was sowohl das Design als auch die teilweise unstrukturierte Darbietungsweise für den Leser betrifft. Die generierten Kategorien, die Gewinnung und Berechnung der Daten und die teilweise sehr kleinen Fallzahlen (z. B. bei Messung von Abwechslung N=9, S. 141) würden heutzutage wohl kaum publiziert respektive oft zitiert werden, doch die Beschäftigung mit dem Gegenstand und der Versuch, Klassenführung empirisch zu erfassen, verlieh Jacob Kounin eine Vorreiterrolle. Ein Verdienst bleibt:

Seit den Studien von Kounin werden weniger die Interventionen bei Unterrichtsstörungen thematisiert als vielmehr der Präventionsgedanke. Es geht nun weniger um einzelne Problemschüler/innen als vielmehr um die Klassen als Ganzes.

Forschergruppe um Evertson (Evertson/Emmer/Worsham 2006; Emmer/Evertson 2009)

Neben Kounin ist im amerikanischen Raum das Team um die Forscherin Evertson zu nennen. Stellvertretend für eine ihrer zahlreichen Studien sei folgende Primärstudie genannt. Anschließend werden Merkmale von Klassenführung aufgezeigt. Ein Jahr lang untersuchte die Forschergruppe um Evertson 27 Klassen der dritten Elementarstufe (Emmer u. a 1980). Dabei wurden zum Halbjahr zwei Gruppen gebildet: diejenigen Klassen mit den effektiveren und die mit den weniger effektiven Lehrer/innen. Rückblickend wurde das Managementverhalten beider Lehrergruppen der ersten Schulwochen analysiert. Die effektivere Lehrergruppe führte gleich zu Beginn Regeln ein und griff bei Fehlverhalten sofort ein. Nachfolgende Studien – auch in der Sekundarstufe – zeigten, dass die Etablierung eines Classroom Managements gleich zu Beginn eines Schuljahres sowie das konsequente Einhalten dersselben die Leistungen der Schüler/innen förderten.

Längsschnittuntersuchung von 27 Klassen

In über 20 Jahre dauernder Forschungsarbeit entwickelten und evaluierten die Autoren elf Punkte, die bei einem effektiven Klassenmanagement in unterschiedlichen Schulstufen zu berücksichtigen sind. Da diese Punkte in unterschiedlichen Publikationen, auch in eigens herausgegebenen Ratgebern der Autorengruppe für unterschiedliche Jahrgangsgruppen, immer wieder auftauchen, kommt es vor, dass die Reihenfolge der Handlungsdimensionen, auch wenn diese sich aufeinander beziehen und nicht isoliert voneinander zu betrachten sind, sich je nach Publikation leicht unterscheidet. Diese elf Punkte finden auch in der deutschsprachigen Literatur zum Thema Beachtung (Helmke 2003; Mägdefrau 2010).

effektives Klassenmanagement

1. *Klassenraum vorbereiten*
   Dabei geht es vor allem darum, dass Staus und Störungen im Vorfeld vermieden werden.
2. *Regeln planen und Verfahrensweisen klar festlegen*
   Zu Schuljahresbeginn wird klar festgelegt, was in der Klasse erlaubt und was verboten ist.
3. *Konsequenzen festlegen*
   Belohnungen und Bestrafungen werden für angemessenes sowie unangemessenes Verhalten eingeführt.
4. *Unterbindung von unangemessenem Verhalten*
   Schülerfehlverhalten wird sofort und konsistent unterbunden.
5. *Regeln und Prozeduren unterrichten*
   Neben einem Festlegen von Regeln zu Schuljahresbeginn muss im Laufe des Schuljahres immer wieder darauf hingewiesen werden; notfalls müssen neue hinzutreten.
6. *Gemeinschaftsfördernde Aktivitäten*
   Zum Schuljahresbeginn wird über Aktivitäten wie Ausflüge, Spiele, gemeinsame Projekte das Zusammengehörigkeitsgefühl entwickelt.
7. *Strategien für evtl. Probleme*
   Rechtzeitig werden Strategien geplant, wie man mit potenziellen Problemen umgeht.
8. *Überwachen des Schülerverhaltens*
   Schüleraktivitäten und deren soziale Prozesse werden genau beobachtet, um früh auftauchende Probleme identifizieren zu können und die Wirksamkeit der eigenen Handlungen zu reflektieren.
9. *Vorbereiten des Unterrichts*
   Der Unterricht muss gut vorbereitet sein, sodass für die heterogene Schülerschaft unterschiedlich schwierige Lernaktivitäten möglich sind.
10. *Verantwortlichkeit des Schülers*
    Schüler/innen wird ihre Verantwortlichkeit für die Ergebnisse ihrer Arbeiten klargemacht, und sie werden dabei unterstützt, ihre Selbstwirksamkeit zu entwickeln.
11. *Unterrichtliche Klarheit*
    Der Unterricht wird klar strukturiert; dabei werden ausreichend redundante Informationen gegeben.

Im Folgenden sollen ein paar Punkte näher aufgeschlüsselt werden, um einerseits zu zeigen, wie »banal« Wissenschaft »verkauft« werden kann, und um andererseits zu zeigen, wie sinnvoll solch »Banales« auch sein kann. Wir beziehen uns auf einen der vielen Ratgeber des Autorenteams, hier konkret: »Classroom Management for Middle and High School Teachers« (Emmer/Evertson 2009).

Zu 1: Klassenraum vorbereiten
Hier nennen die Autoren fünf Regeln zur sinnvollen Raumaufteilung:

1. Die Raumaufteilung muss mit dem Unterrichtsarrangement und den Aktivitäten übereinstimmen. In einer lehrergesteuerten Unterrichtsphase oder zu Demonstrationszwecken sollten die Sitze beispielsweise so angeordnet sein, dass alle gut sehen können.
2. Hochfrequentierte Bereiche, wie der Türbereich oder das Lehrerpult oder die Computer, sollen leicht zugänglich und nicht verstellt sein.
3. Es sollte gewährleistet sein, dass der Lehrer seine Schüler/innen gut überblicken kann.
4. Häufig benutzte Lehr- und Lernmaterialien sollten leicht zugänglich sein.
5. Es sollte sichergestellt sein, dass alle Schüler/innen einen freien Blick auf die Tafel/Overhead etc. haben.

Zu 2: Regeln planen
Obwohl hier viele unterschiedliche Regeln möglich sind, sollte, so die Ansicht der Autoren, ein Satz von sechs Regeln genügen, um zentrale Verhaltensaspekte zu berücksichtigen:

1. Bringe alle benötigten Materialien mit in das Klassenzimmer!
2. Sei auf deinem Platz und arbeitsbereit, wenn der Stundenbeginn angezeigt wird!
3. Respektiere in der Klasse alle Personen und sei zu ihnen höflich!
4. Höre zu und bleibe auf deinem Platz, wenn ein anderer spricht!
5. Respektiere anderer Eigentum inklusive des Schulmobiliars!
6. Befolge alle Schulregeln!

Zu 3: Verfahrensweisen klar festlegen
Hier sollen zwei »Minipünktchen« genannt werden, um aufzuzeigen, wie man sogenannten »daily hassles« rechtzeitig begegnen kann:
Der erste Punkt soll wörtlich zitiert werden, verbunden mit der Frage, welcher Lehrer sich bei uns um solch eine »Nichtigkeit scheren« würde, oder anders gefragt: Weshalb wundern wir uns, wenn es sogar in Staatsexamensklausuren vorkommt, dass mit Bleistift geschrieben wird? »You'll have to decide whether students may use pencil or pen and what color or colors of ink are acceptable« (Emmer/Evertson 2009, S. 52).

In einem weiteren Punkt werden Regeln aufgestellt, wie mit abwesenden Schüler/innen zu verfahren ist. So wird Sorge dafür getragen, dass Arbeitsvorlagen an einem fixierten Platz liegen, sodass sich Schüler/innen nach ihrer Rückkehr bedienen können, ohne den Lehrer zu stören. Der Lehrer soll solchen Schüler/innen eine feste Zeit und einen Raum zur Nacharbeit einräumen. Selbst soll er ihnen eine Zeit benennen, an der sie ihn bei Unklarheiten fragen können. Auch Gruppen sollen ihre vorübergehend abwesenden Gruppenmitglieder wieder in die Arbeit integrieren.

Die Autor/innen betonen, dass auf ein solch einmal aufgestelltes Regelsystem in einer Klasse immer wieder hingewiesen werden muss, damit es »in Fleisch und Blut« übergeht. Auch müssen die genannten Techniken in ein unterstützendes und vertrauensvolles Klima eingebettet sein.

Seit der kognitiven Wende in den 1960/70er-Jahren werden unter den neuen kognitiven, sozial-kognitiven und soziokulturellen Perspektiven Lernen und Lehren neu gesehen. Der Mensch wird nun als selbstgesteuert verstanden, der durch kognitive Denk- und Verstehensprozesse lernt und die wahrgenommenen Reize selbstständig und aktiv verarbeitet. Lernen wird zu einem sozialen Aushandeln mit der Umgebung. So verwundert es nicht, dass auch Evertson und ihre Mitarbeiter den Begriff des Classroom Managements, der zunächst auf den Umgang mit Disziplin und Interventionen beschränkt war, im Laufe der Jahre auf Lehrerhandeln erweiterten, das lernförderliche Lernumgebungen gestalten will. Ziel jeglichen Unterrichts muss es ein, die Schüler/innen unabhängig von Lehrer/innen zur Selbstständigkeit zu erziehen und dazu, dass sie für ihr Lernen selbst verantwortlich sind. Sie sprechen von »learning-centered classrooms«, Freiberg (1999, S. 59) von einem »personenzentrierten« Modell der Klassenführung.

Erweiterung des Begriffs

Freiberg stellt in einer Tabelle vergleichend gegenüber, was Umgang mit Disziplin in lehrerzentrierten und personzentrierten Klassenzimmern bedeutet (Freiberg 1999, S. 13):

person- vs. lehrerzentriertes Klassenzimmer

Tab. 4: Das lehrer- bzw. personzentrierte Klassenzimmer

lehrerzentriertes Klassenzimmer	personzentriertes Klassenzimmer
Der Lehrer ist der alleinige Führer. Management ist eine Form von Aufsicht.	Die Führung wird geteilt. Management ist eine Form von Anleitung.
Lehrer sind für Büroarbeit und Organisation verantwortlich.	Schüler/innen unterstützen die Organisation.
Disziplin geht vom Lehrer aus. Wenige Schüler/innen unterstützen den Lehrer.	Disziplin geht vom Schüler aus. Alle Schüler/innen haben die Chance, den Lehrer bei seiner Arbeit zu unterstützen.

Tab. 4: Das lehrer- bzw. personzentrierte Klassenzimmer (Fortsetzung)	
Der Lehrer erstellt die Regeln und gibt sie weiter.	Regeln werden in einer Art Vertrag von Lehrer und Schüler/innen gleichermaßen erstellt.
Konsequenzen werden für alle Schüler/innen festgelegt.	Konsequenzen berücksichtigen individuelle Unterschiede.
Belohnungen sind meist extrinsisch.	Belohnungen sind meist intrinsisch.
Schüler/innen erhalten begrenzte Verantwortlichkeiten.	Schüler/innen sind an Verantwortlichkeiten mitbeteiligt.
Einige Mitglieder der Gemeinde haben Zutritt in die Klassenzimmer.	Partnerschaften mit der Geschäftswelt und der Gemeinde werden eingegangen, um die Lernangebote zu erweitern.

Was die Rolle der Schüler/innen betrifft, benutzt Freiberg die Bilder des Touristen und des Bürgers (»Tourist vs. Citizen«) und kontrastiert beide Typen je nach Lernumgebung. In seinem personzentrierten Ansatz sieht er die Schüler/innen als Bürger (Freiberg 1999, S. 80):

Tab. 5: »Tourist vs. Citizen«	
Tourist	Bürger
Schüler/innen sind passiv Lernende.	Schüler/innen sind aktive Lerner.
Sie bearbeiten relativ einfache Arbeitsblätter.	Sie bearbeiten kleine Projekte in Gruppen.
Sie arbeiten für sich.	Sie arbeiten in Gruppen.
Sie arbeiten ab, was der Lehrer vorgibt.	Sie entwickeln neue Ideen.
Sie verfassen selten Texte.	Sie arbeiten täglich an Texten.
Ihre Arbeiten werden selten ausgestellt.	Die Arbeiten erfahren Öffentlichkeit.
Sie diskutieren selten Gründe für ihre Antworten.	Sie machen sich über ihre Antworten Gedanken.
Sie arbeiten kaum interaktiv in der Klasse.	Sie interagieren von sich aus mit Lehrern und Mitschülern.
Es ist ihr Klassenzimmer.	Es ist unser Klassenzimmer.
lehrerkontrollierte Disziplin	gemeinsam verantwortete Disziplin

Tab. 5: »Tourist vs. Citizen« (Fortsetzung)	
Sie haben wenige Freunde in der Klasse.	Sie haben mehrere Freunde in der Klasse.
Sie kommen relativ spät in die Klasse.	Sie kommen frühzeitig in die Klasse.
Sie haben mehr Fehlzeiten.	Sie haben weniger Fehlzeiten.
Sie verhalten sich neutral gegenüber der Schule.	Sie freuen sich und engagieren sich in der Schule.

Evertson und Neal (2006) setzen sich sehr detailliert mit dem neuen Konzept von Classroom Management auseinander. Anhand von vier Tabellen werden die zentralen Dimensionen von Unterricht sehr detailliert beschrieben, und es werden die Unterschiede des bisherigen Verständnisses eines lehrerzentrierten Classroom Managements hin zum lernerzentrierten Modell zusammengestellt. Es handelt sich um folgende vier Dimensionen (vgl. Übersetzung aus Mägdefrau 2010, S. 58):

vier Dimensionen eines Lernerzentrierten Modells

1. Verständnis von Unterricht, das auf selbstregulative Fähigkeiten der Lernenden zielt und Verständigung über Ziele, Inhalte, Methoden oder Sozialformen beinhaltet
2. gemeinsame Entscheidung über die Gestaltung der Lernumgebung und der Arbeitsformen
3. Verständigung über Strategien von Klassenführung und Steuerung, über ein Regelsystem und die Überwachung der Regeleinhaltung
4. Umgang mit Ergebnissen, Leistungen und ihrer Beurteilung

Ein Beispiel aus der letzten Dimension soll den Wechsel verdeutlichen (Evertson/Neal 2006, S. 13):

Beispiel

»Responsibility for assessment«
»Moving from« (bisheriges Verständnis): »Teacher is the sole assessor.« »Moving toward« (neues Verständnis): »Combination of teacher assessment, student selfassessment, and peer assessment.«

Die vier Tabellen (Table 1, p. 4; table 2, p. 6; table 3, p. 9; table 4, p. 13) fasst Eikenbusch (2009, S. 9, Abb. 1) zusammen. Mithilfe dieser Tabelle bietet Evertson ein Instrument zur Selbst- und Fremdeinschätzung an. Lehrer/innen sowie Schüler/innen können auf einen Blick sehen, »wo sie sich auf ihrem Weg zum gemeinsam getragenen Classroom Management befinden« (Eikenbusch 2009, S. 10).

Tab. 6: Dimensionen von Classroom Management		
I. Grundverständnis von Unterricht – Klassenführung – Steuerung		
Ziel von Classroom Management	Lehrperson behält grundsätzlich/ selbstverständlich die Kontrolle	Lehrperson unterstützt aktiv Lernprozesse der Schüler/innen, bestärkt Selbst-Regulation, unterstützt Bildung von Klassengemeinschaft
Verständnis von Bildung und Lernen	Schüler/innen lernen im Laufe des (vom Lehrer angelegten) Lernprozesses einzelne Fakten und Fähigkeiten – Lehrer/-innen als Planer des Lernprozesses	Schüler/innen lernen umfassende Konzepte, Fakten und Fähigkeiten, häufig eingebettet in größere Projekte oder Probleme – Lehrer als Brückenbauer zwischen Schülerbedürfnissen und Lernzielen
moralische Erziehung im Unterricht	Schüler/innen folgen Anweisungen und lernen, sie einzuhalten	Schüler/innen entwickeln Selbstständigkeit, Fähigkeit zur Selbstregulation und Gefühl für Verantwortung
soziale Erziehung im Unterricht	Schüler/innen arbeiten allein nach vorgegebenen Regeln für Verhalten	Schüler/innen arbeiten voneinander abhängig, arbeiten allein oder in Gruppen, Lehrpersonen lassen höheres Maß akzeptierter unterschiedlicher Rollen/Verhaltensweisen zu
Verhältnis Management – Unterricht	Klassenführung/-steuerung und Unterricht sind voneinander getrennt und passen häufig nicht zusammen	Management und Lehren sind ausdrücklich und nahtlos miteinander verbunden

Tab. 6: Dimensionen von Classroom Management (Fortsetzung)		
II. Gestaltung der Lernumgebung und Arbeitsformen		
Sitzordnung, Ausstattung der Klasse	Lehrer bestimmt, jeder Schüler hat seinen festen Platz	vom Lehrer oder gemeinsam festgelegt, um Zusammenarbeit zu erleichtern; Veränderung je nach Notwendigkeit
Sozialformen und Gruppen	vom Lehrer bestimmt; Schüler/innen arbeiten normalerweise für sich, keine Bewegung im Klassenraum	von Lehrern und Schüler/innen festgelegt; flexible unterschiedliche Gruppen; Lehrer strukturiert Bewegung im Klassenraum
Lernwerkzeuge	Schüler/innen bekommen einzelne Texte oder Bücher	Schüler/innen haben Zugang zu unterschiedlichen Quellen im/außerhalb des Klassenraums.
Zeiteinteilung	fester Stundenplan nach Fächern und Zeitabschnitten	flexibler Stundenplan mit effizientem Zeitmanagement; mehr Gelegenheit für längere Projekte und Fächerkooperation
III. Strategien bei der Umsetzung von Klassenführung und Steuerung		
Zusammenarbeit/ Klassengemeinschaft	wenig Beachtung; Klassenzusammenhalt für Zusammenleben ohne Bedeutung	hohe Beachtung; Mitglieder teilen Autorität, Verantwortung und Kompetenz
Absprachen und Regeln	werden vom Lehrer bestimmt und durchgesetzt	gemeinsam von Lehrer/innen und Schüler/innen ausgehandelt; gemeinsame Verantwortung für Durchsetzung
Routinen/Abläufe in der Klasse	einfache Abläufe, die vom Lehrer erklärt/ vorgegeben werden	komplexere Abläufe; Schüler erhalten Gelegenheit, durch Erfahrung zu lernen

Tab. 6: Dimensionen von Classroom Management (Fortsetzung)		
Umgang mit Konflikten	Verantwortung des Lehrers	gemeinsame Verantwortung von Lehrer/innen und Schüler/innen
Kontrolle und Autorität	Lehrer ist die einzige Autorität	geteilte Autorität; Beachtung der Eigenständigkeit der Schüler/innen
IV. Umgang mit Ergebnissen – Leistungen – Beurteilung		
Lernziele und Leistungsmessungen	Betonung standardisierter Tests, die komplexe Lernprozesse nur begrenzt erfassen können	Bündel unterschiedlicher Leistungsmessungen, die besser zu den Lernzielen passen
Wertschätzung Lernprozess und Lernergebnis	Schülerleistungen (am Ende) sind die entscheidenden Ergebnisse – summative Leistungsbewertung	Lernprozesse und Leistungen (während des Prozesses und am Ende) sind entscheidende Ergebnisse. Balance von formativer und summativer Bewertung
Verantwortung für Leistungsbewertung	Lehrer ist allein verantwortlich für Leistungsbewertung	Kombination von Lehrerbeurteilung, Selbstevaluation der Schüler/innen und Peer-Beurteilung

5.3 Ansätze aus der Klinischen Psychologie

Das Aufkommen der psychotherapeutischen Schulen seit Mitte des letzten Jahrhunderts – gerade in Amerika – führte zu vielen theoretischen Erkenntnissen, die zunächst in der klinischen Einzelfallforschung generiert wurden und erstmals nicht im Kontext von Schule. Hier seien stellvertretend zwei prominente Richtungen genannt, die sich in der Lehrerausbildung auf psychotherapeutischer Basis engagierten.

Das Credo des Rudolf Dreikurs

Rudolf Dreikurs (1897–1972) traf in Wien auf Alfred Adler und war beeindruckt, wie dieser die Erfahrungen aus Psychiatrie und Psychotherapie für die Erziehung nutzbar machte. Inspiriert von Alfred Adler gründete er nach seiner Emigration das »Alfred Adler Institute« in Chicago und setzte in den USA die Wiener Tradition der Verbindung von Neurosenprophylaxe und Lehrerausbildung fort. Er fand Zugang zu Ärzten, Psychiatern und Lehrern und gründete Kinder- und Elternberatungsstellen. Ein Bestseller in Deutschland wurde seine »Psychologie im Klassenzimmer«, die amerikanische Übersetzung des 1957 herausgegebenen Buches mit dem Titel »Psychology in the Classroom«.

Den Grundtenor seiner großen Fangemeinde mag man auf den Nenner bringen: »Bei Problemen mit Schülern im Klassenzimmer – erst mal Dreikurs lesen!« Anhand von über 60 Beispielen zeigt Dreikurs, wie Lehrkräfte mit schwierigen Schulkindern erfolgreich umgehen können. Statt um Druck oder Belohnung, so sein Credo, gehe es für den Erzieher darum, die natürlichen und logischen Folgen für Fehlverhalten zu entdecken, die jedes Kind akzeptieren könne. Wenn ein Kind beispielsweise zu ungestüm mit seinem Spielzeug umgeht und es kaputt macht, ist die natürliche Folge, dass es mit dem Spielzeug nicht mehr spielen kann, da es dieses ja selbst zerlegt hat. Wenn ein Schüler beispielsweise eine Wand im Klassenzimmer vollschmiert, heißt die logische Folge, mitzuhelfen, dass diese Wand wieder sauber wird. Ein sorgfältiger Umgang mit diesen »Strafinstrumenten« kann intrinsische Motivation, Selbstkontrolle und persönliche Verantwortung wachsen lassen. Hier geht es um einen engen Begriff von Klassenführung im Umgang mit Störenfrieden, die durch Anwendung gruppendynamischer und psychologischer Methoden wieder in die Klassenordnung eingegliedert werden können.

Carl Rogers »Lernen in Freiheit«

Carl Rogers (1902–1987), der Mitbegründer der humanistischen Psychologie, der die klientenzentrierte Gesprächstherapie entwickelte, propagiert ein »Lernen in Freiheit« (1984): Statt um Lenkung und direkter Führung oder auch Belehrung geht es ihm um einen Umgang, der gekennzeichnet ist durch Wertschätzung, Einfühlung und nicht wertendes Verstehen.

Thomas Gordons »Familienkonferenz«

Thomas Gordon (1918–2002), der ebenfalls zu den Pionieren der Humanistischen Psychologie gehört, übertrug die Philosophie von Rogers auf das Vorbeugen und Lösen von Konflikten. Weltweit bekannt wurde er durch seine Familienkonferenz (im Original: »Parent Effectiveness Training« 1970), 1974 entwickelte er ein »Teacher Effectiveness Training« (deutsch: »Lehrer-Schüler-Konferenz«). Hier werden praxisnahe Lösungsvorschläge aufgezeigt, wie im Klassenzimmer Konflikte bewältigt werden können. Probleme entstünden demnach bei Schüler/-innen und Lehrer/innen, wenn deren Bedürfnisse frustriert würden. Aktives Zuhören und Ich-Botschaften sind zentrale Möglichkeiten, Konflikte in der Schule zielgerichtet zu lösen und den Unterricht produktiver zu gestalten.

Bei diesen klinischen Ansätzen geht es vor allem um den Aspekt des Umgangs mit Disziplinstörungen – einen Aspekt von Klassenführung.

Einerseits können diese Ansätze kaum auf empirische Effektivitätsstudien verweisen, andererseits wurden einige der Ratschläge systematisch im Kontext von Schule untersucht und auch für erfolgreich erachtet. Dies mag der Grund sein, dass auch heute noch einige Autoren dieser klinischen Ansätze nicht nur in Neuauflagen immer wieder neu publiziert werden, sondern auch in aktuellen Schulprogrammen auftauchen.

5.4 Neue Akzente

Im Folgenden beziehen wir uns auf ausgewählte Themen, wie sie im Handbuch von Evertson und Weinstein (2006) bearbeitet werden.

»Null-Toleranz-Philosophie« (vgl. Evertson/Weinstein 2006, Kap. 41: »Zero Tolerance, Suspension, and Expulsion: Questions of Equity and Effectiveness«)

In den 1990er-Jahren wurde im Zuge eskalierender Gewalt in den Schulen in den Vereinigten Staaten von Amerika der Ruf nach mehr Bestrafung (»zero tolerance«; Noguera 1995) laut. Dies führte zu einem Anwachsen der vorläufigen Suspension vom Unterricht bis zum endgültigen Ausschluss. Generell gibt es gute Argumente für das Aufrechterhalten von Disziplin in der Schule, beispielsweise:

Argumente für »Null-Toleranz«

- Die Sicherheit von Schüler/innen und Lehrer/innen wird gewährleistet.
- Nur in einem Klima der Sicherheit ist Lernen möglich.
- Im Sinne der behavioristischen Definition von Bestrafung wird die Rate zukünftiger Verfehlungen reduziert.

In der Philosphie der »null Toleranz« kommen noch folgende Argumente hinzu:

- der Glaube an die abschreckende Funktion einer Schulstrafe,
- das Entfernen von Hauptunruhestiftern verbessert das Schulklima für alle,
- die Frage, was wohl ohne Strafe passiert.

Skiba und Rausch (2006) geben gegen diese Philosophie zweierlei zu bedenken:

Kritikpunkte

1. Mit den Suspensionen werde teilweise recht inkonsistent verfahren, wodurch gegen relativ harmlose Verfehlungen zu hart vorgegangen werde.
2. Bisher liegen keine belastbaren Daten für einen Erfolg dieser Philosophie vor; weder die Sicherheit an Schulen noch das Schülerverhalten hätten sich verbessert. Im Gegenteil: Bei größeren Raten von Ausschlüssen habe sich an den entsprechenden Schulen das Klima verschlechtert, die Schulleistungen seien abgefallen, die Wahrscheinlichkeit zukünftigen Fehlverhaltens habe zugenommen, und – ein typisches Phänomen für die USA – Kinder aus afroamerikanischen Familien und sozial schwächer Gestellte habe es überrepräsentativ getroffen.

Die Autoren folgern, dass die Nachteile dieser Philosophie bei Weitem deren Vorteile überwiegen. So gibt es eine Gegentendenz gegen die »Null-Toleranz-Philosophie«, deren Pfeiler wie folgt formuliert werden:

Tipps zur Anwendung

- »Null-Toleranz«-Disziplinmaßnahmen sollten nur auf die gravierendsten Verhaltensüberschreitungen angewendet werden, wobei dieses Verhalten explizit zu definieren ist.
- Anstelle einer Strafe für alle sollten gestufte Disziplinarmaßnahmen erstellt werden.
- Alle Übertretungen sollten sorgfältig definiert werden. Dies schützt vor ungleichen Konsequenzen auf Schülerseite und die Schulseite vor willkürlichen Strafen.
- Das Überlegen von Präventivmaßnahmen sollte Vorrang vor Strafkatalogen haben.
- Kooperationen aller Beteiligten, also der gesamten Schulfamilie, sollten angedacht werden.
- Es sollte eine Evaluation aller Schulprogramme im Umgang mit Disziplinstörungen und Gewalt erfolgen.

Classroom Management und neue Technologien (Evertson/Weinstein 2006, Kap. 20: »Classroom Management and Technology«)

Da die Computernutzung in Schulen noch relativ neu ist, gibt es kaum Studien darüber, wie die Einführung von Computern Classroom Management beeinflusst. Im Folgenden finden Sie Tipps, wie im Klassenzimmer ein reibungsloser Umgang mit Computern umgesetzt werden kann (Evertson/Weinstein 2006, S. 550):

Tipps zum Umgang mit PCs im Klassenzimmer

- Eine computerunterstützte Unterrichtsstunde sollte im Vorfeld durchdacht werden. Falls technische Schwierigkeiten auftreten, sollte eine Alternativstunde geplant sein.

- An jedem Computer sollte eine Tabelle mit den wichtigsten Funktionen liegen.
- Solange der Lehrer Instruktionen gibt, sollte er darauf achten, dass die Computer ausgeschaltet bleiben.
- Der Lehrer sollte Schüler/innen bestimmte Verantwortlichkeiten für auftauchende Probleme und unterschiedliche Abläufe zuteilen. So könnte beispielsweise ein Schüler verantwortlich sein, wenn das Ausdrucken nicht funktioniert, ein anderer könnte am Ende der Stunde dafür Sorge tragen, dass alle Computer heruntergefahren werden.
- Bei länger dauernden Projekten sollte sichergestellt werden, dass einzelne Schüler den Anschluss nicht verlieren. Dies gelingt dadurch, dass Instruktionen differenziert gegeben werden. So können Schüler/innen, die schon Teilziele erreicht haben, Langsameren helfen.
- Es sollte ein Klassenprinzip sein, dass Schüler/innen sich gegenseitig helfen, doch sollte kein Schüler direkt am Computer eines anderen Schülers eingreifen.
- Jedem Computer sollte eine Signalkarte zugeordnet sein. Sollte ein Schüler Hilfe benötigen, kann er dies mit der Signalkarte signalisieren.

Classroom Management und Werteerziehung (Evertson/Weinstein 2006, Kap. 40: »Classroom Management as a Moral Activity«)

Der Lehrer als Vorbild

In den bisher skizzierten, vor allem früheren Ansätzen lag das Hauptgewicht auf dem Verhältnis von Klassenführung zum Verhalten und zum Leistungsaspekt. Seit den 1990er-Jahren wurde Klassenführung auch mit Werteerziehung bei den Schüler/innen in Verbindung gebracht. Weinstein (1999) stellte Überlegungen an, wie der Aufbau von Werten auch im Bereich des Unterrichtens und damit in der Verantwortung einer entsprechenden Klassenführung von Lehrern erzielt werden kann. Neben einem expliziten Eingehen auf ethische Aspekte sollte sich der Lehrer bewusst sein, dass er allein durch seine Persönlichkeit, durch sein Agieren Einfluss auf die Werteerziehung nimmt.

Classroom Management und Inklusion (Evertson/Weinstein 2006, Kap. 17: »Classroom Management in Inclusive settings«)

In der bisherigen Sichtweise der Sonderpädagogik wurde Minderbegabung lange als ein Defizitphänomen bei den Kindern betrachtet, und entsprechend wurden auch Leistungserfolge den Anstrengungen des Kindes zugeschrieben. Eine Inklusivpädagogik rückt umgekehrt die schulischen Möglichkeiten in den Fokus der Aufmerksamkeit – ganz im Sinne des Classroom Managements.

Die Forschungsergebnisse sind uneinig, was die größeren Leistungserfolge lernbehinderter Schüler/innen in separierten Klassen oder Inklusionsklassen betrifft. Die größeren Leistungsgewinne in separierten Klassen werden im Allgemeinen damit erklärt, dass hier die Zuwendung der Lehrer direkter, intensiver und ganz allgemein unterstützender sei. Die nicht schlechteren Leistungen in Inklusionsklassen werden ebenfalls mit Lehrervariablen, wie eine explizit auf das Einzelkind zugeschnittene Unterstützung, erklärt. Ähnlich unklar ist die Forschungslage, was die Leistungsgewinne der gut begabten Schüler/innen betrifft. Einige Studien zeigen, dass diese Schüler/innen in Normalklassen profitieren, andere zeigen, dass sie in Inklusionsklassen ebenso gut gefördert werden können.

Klassenführung und Lernbehinderung

Die Ergebnisse lassen sich, bezogen auf unser Thema, wie folgt zusammenfassen: Lehrer/innen spielen eine zentrale Rolle, wenn es darum geht, ein Lernklima zu schaffen, in dem alle Schüler/innen gleichermaßen gefördert werden können. Dabei kommt es nicht so sehr auf die Fixierung des einzelnen, *(hier)* lernbehinderten Kindes an, sondern auf die Schaffung einer entsprechenden Lernumgebung und eine entsprechende Klassenführung. Dies kann bedeuten:

- für das Lernziel »Leistung«: Einsatz spezifischer Instruktionsprogramme wie konkretes Nachfragen nach Nichtverstandenem, Einsatz von Peer-Tutoring, authentische Aufgaben
- für das Lernziel »Akzeptanz«: Schaffen eines Klassenklimas, in dem mithilfe klarer Regeln die einzelnen Schüler angeregt werden, freundschaftlich und partnerschaftlich in Gruppen miteinander zu arbeiten, sich gegenseitig zu akzeptieren und sich gegenseitig Feedback zu geben
- für das Lernziel »positives Verhalten«: positive Rückmeldungen, Wahlmöglichkeiten bei Arbeiten, Möglichkeiten selbstbestimmten Lernens.

5.5 Classroom Management und »Beliefs«

Lehrer- und Schülerhandeln sind zielgerichtete Handlungen, die auf subjektiven Theorien, Überzeugungen, »Beliefs« und eigenen Interpretationen basieren. Gleichsam als Handlungsvoraussetzungen oder auch als handlungssteuernd bzw. handlungsleitend oder – weniger anspruchsvoll – als nur die Handlungen begleitend kommt den Kognitionen eine zentrale Bedeutung in der Unterrichtsforschung zu.

Im Folgenden sollen Lehrer- und Schülersichtweisen dargestellt und zur Klassenführung in Beziehung gesetzt werden.

Schüler-Beliefs

Wen Schüler/innen als guten Lehrer betrachten, beeinflusst ihr Verhalten gegenüber Lehreranweisungen. Studien zufolge bilden folgende drei Faktoren das Bild eines guten Lehrers (Noguera 1995):

gute Klassenführung aus Schülersicht

- die Fähigkeit, eine gute Beziehung zur Klasse herzustellen. Dazu zählt eine hohe Erwartung an Schülerleistungen, gepaart mit einer sich sorgenden Unterstützung.
- die Fähigkeit, Autorität zu zeigen, ohne drohend und strafend dabei zu sein. Dazu zählen das Aufrechterhalten von Disziplin, das Festsetzen von Regeln und ein Gefühl der Sicherheit.
- die Fähigkeit, so zu unterrichten, dass durch den Einsatz kreativer Methoden Lernen Spaß macht. Darunter verstehen Schüler/innen vor allem mehr Mitsprachemöglichkeiten und den Einsatz offener Unterrichtsverfahren.

Die Schüler/innen zeichnen ein Bild von Klassenführung, das über das ursprünglich sehr am Behaviorismus orientierte Verständnis hinausgeht. Neben dem Aufstellen von Regeln und Normen und dem Erhalt von Disziplin geht es ihnen auch um Selbstregulation, die Lehrer-Schüler-Beziehung und Entwickeln von Vertrauen.

Lehrer-Beliefs

Wenn man die Studien zusammenfasst, die Lehrer befragen, was sie unter Classroom Management verstehen, lassen sich folgende drei Aspekte festhalten:

gute Klassenführung aus Lehrersicht

- die Fähigkeit, eine unterstützende Lernumgebung zu schaffen
- die Fähigkeit, eine gute Lehrer-Schüler-Beziehung herzustellen
- die Fähigkeit, für Disziplin zu sorgen

Brophy (1996) weist nach, dass sich die erfolgreichen und weniger erfolgreichen Lehrer/innen in ihrer Auffassung über Classroom Management unterscheiden. Während die erfolgreichen Lehrer/innen darunter das Herstellen einer effektiven, unterstützenden Lernumgebung verstehen, geht es bei den weniger erfolgreichen um Disziplin und Aufrechterhalten von Autorität.

In einer Studie (Flowerday/Schraw 2000) wurden über Tiefeninterviews Lehrer/innen über ihr Verhältnis zwischen Management und Wahlmöglichkeiten, die sie den Schüler/innen einräumen, befragt. Die Lehrer/innen machten folgende Angaben:

Lehrermeinungen

- Wahlmöglichkeiten verbessern bei den Schüler/innen emotional ihr Verhältnis zu Aufgaben und ihre Motivation, da ihr Gefühl der Autonomie steigt.
- Wahlmöglichkeiten verbessern das Schüler-Lehrer-Verhältnis, da die Lehrer/innen den Schüler/innen kommunizieren, dass sie ihnen eine Selbstregulation zutrauen.
- Wahlmöglichkeiten verbessern kognitive Prozesse wie Aufmerksamkeit, Nutzung von Strategien und Entscheidungsfindung.
- Wahlmöglichkeiten müssen behutsam eingeführt werden, damit sie die Schüler/innen bei zu großer Wahlfreiheit nicht überfordern, oder wenn sie noch nicht reif genug sind, gute Entscheidungen zu treffen. Außerdem wählen weniger motivierte Schüler/innen den einfachsten Weg.
- Unter Berücksichtigung von Schülermerkmalen sollten älteren, leistungsstärkeren und -fähigeren Schülern mehr Wahlmöglichkeiten gewährt werden.

Doch die Autoren stellen fest, dass die Angaben der Lehrer/innen mit ihren Handlungen nicht immer übereinstimmen. Obwohl die Lehrer/innen meinen, dass Wahlmöglichkeiten Selbstbestimmung fördern, verhielten sie sich geradezu paradox, als ob Schüler/innen erst dann Wahlmöglichkeiten eingeräumt werden dürften, wenn sie selbstbestimmt sind. So gaben die Lehrer/innen erst Wahlmöglichkeiten, nachdem sie bei den Schüler/innen die Fähigkeit zur Selbstbestimmung festgestellt hatten – anstatt Wahlmöglichkeiten zu gewähren, *um* Selbstbestimmung zu entwickeln.

Ein Circulus vitiosus

Bringt man nun beide Sichtweisen zusammen, so fällt eines eklatant auf: Schüler/innen verhalten sich gegenüber Lehrer/innen erst dann kooperativ und halten sich an die Regeln, wenn diese es in Schüleraugen »verdienen«, d.h. wenn sie sich fürsorglich, kooperativ zeigen und ihnen Wahlmöglichkeiten einräumen. Lehrer wiederum verhalten sich gegenüber Schüler/innen erst dann fürsorglich und räumen Wahlmöglichkeiten ein, wenn diese es in Lehreraugen »verdienen«, d.h. wenn sie sich kooperativ zeigen. Hierin steckt offenbar ein echtes Dilemma im Schulalltag, auf das die Forschung bisher zu wenig hingewiesen hat.

5.6 Fazit

Das Aufzeigen von Traditionslinien verdeutlicht, wie sich der Begriff des Classroom Managements erweitert hat. Die Entwicklung der Klassen führung gliedert sich grob in drei Phasen. Die Tendenz geht von einem lehrerzentrierten hin zu einem lernerzentrierten Klassenmanagement.

Die drei Phasen der Entwicklung von »Klassenführung«

1. Zunächst bestand Klassenführung hauptsächlich aus dem reaktiven Umgang mit Störungen und der richtigen Lehrerreaktion auf unerwünschte Verhaltensweisen der Schüler/innen. Im Mittelpunkt stand der Lehrer. Er war allein verantwortlich für die Herstellung von Disziplin, Ruhe und Ordnung. Mithilfe von Verstärkern wie z. B. Belohnungen, Lob, Tadel und Sanktionen versuchte er den Schüler/innen das erwünschte Verhalten zu verdeutlichen. So war das traditionelle Ziel für den Lehrer, Disziplin zu erhalten und wiederherzustellen, damit Lernen reibungslos ermöglicht wird. Dieses »control goal« (Elias/Schwab 2006) ist nach wie vor eine zentrale und notwendige Voraussetzung für Lernen in der Schule: »Historically, classroom management has been defined as a collection of behaviorist strategies based primarily on rewards and punishments, all of which are designed to make students behave« (McEwan/Gathercoal/Nimmo 1999, S. 98).

Lehrerzentrierung und Herstellung von Disziplin

2. Zur ersten Wende kam es durch die Studien von Kounin Ende der 1970er-Jahre. Während vor Kounins Studien Klassenführung hauptsächlich aus dem reaktiven Umgang mit Störungen bestand, wurde Klassenmanagement stärker proaktiv. Die Prävention von Störungen rückte nun vermehrt in den Fokus. Die Forschung beschäftigte sich mit der Frage, was ein Lehrer tun müsse, damit Störungen erst gar nicht auftreten. Auch in diesem neuen Verständnis macht allerdings das Verhalten der Lehrkraft den Unterschied und ist entscheidend dafür, ob Ordnung und Struktur im Unterricht vorhanden sind. Somit wird auch in dieser Auffassung die Chance nicht genutzt, mehr Verantwortung an die Schüler/innen zu übergeben. Der Lehrer bleibt Alleinverantwortlicher. Gemeinsame Entscheidungsfindung, gemeinsames Gestalten der Lernumgebung und gruppenorientiertes Konfliktlösen werden erst später vermehrt in den Fokus von Klassenmanagement gerückt. Doch hier muss betont werden: Die Ergebnisse Kounins leisten im aktuellen Verständnis immer noch einen wichtigen Beitrag.

Einleitung einer Wende durch Kounins Präventionsgedanken

3. Einen großen Beitrag zum Wandel des Verständnisses hin zu einem lernerzentrierten Classroom Management liefern die wissenschaftlichen Arbeiten von Evertson, Weinstein und Brophy. Seit den Ansätzen der 1990er-Jahre wird das Augenmerk ganzheitlicher nicht nur auf die Lehrerseite, sondern auch auf die Schülerseite gelegt. Klassenführung soll nun dazu beitragen, dass die Schüler/innen Selbstständigkeit und Selbstregulation im Aneignen von Lernstoffen entwickeln und gemeinsame Verantwortung bei Konflikten tragen. Woolfolk (2001) beschreibt die neue Anforderung an das Klassenmanagement als »management for self-management«.

Erziehung der Schülerseite

In dem Maße, in dem zunehmend Schulen neben dem Leistungsaspekt auch soziales und emotionales Lernen in den Fokus nehmen, wird auch der Begriff weiter gefasst. So sehen Elias und Schwab (2006) als zentrales Ziel von Classroom Management, eine Lernumgebung zu schaffen, bei der sowohl schulisches Lernen als auch soziale und emotionale Fähigkeiten und Fertigkeiten gefördert werden, um in dieser Welt zu bestehen. Classroom Management muss beides – Ordnung aufrechterhalten und ein umfassendes Lernen ermöglichen.

> »*... a major change is occurring in our thinking about classroom management. In general terms, this change can be characterized as a shift from a paradigm that emphasizes the creation and application of rules to regulate student behaviour to one that also attends to students' needs for nurturing relationships and opportunities for self-regulation*« (Weinstein 1999, S. 151).

Im Allgemeinen kann festgestellt werden, dass sich das Verständnis von Klassenführung zu einem mehrdimensionalen Geflecht gewandelt hat, das heutzutage viel mehr Facetten aufweist als noch vor 50 Jahren.

Weinstein (1999) spricht von einem neuen Paradigma von Classroom Management, das aus vier Weiterentwicklungen besteht (S. 154):

Das neue Paradigma von Klassenführung

- vom Management als einem Bündel von Tricks zu einem Management sinnvoller Entscheidungsprozesse:
  Hier bedarf es im Unterricht einer ständigen Reflexion und Zusammenarbeit.
- von Gehorsam zur Selbstregulation:
  Schüler lernen, Verantwortung für ihr Verhalten, ihre Entscheidungen, ihr Handeln und Lernen zu übernehmen.
- von Lehreranweisungen zu Vertrauen und Fürsorge:
  Über Strategien, die Kommunikation und Selbstorganisation zu ermöglichen und zu verbessern, haben die Lehrer Möglichkeiten, das Klassenklima positiv zu beeinflussen.
- von arbeitsorientierten zu lernorientierten Klassenzimmern:
  Anstelle routinemäßiger Abläufe, wie Fakten lernen, auf Fragen eindeutige Antworten geben und klare Aufgabenstellungen erfüllen, sollen Schüler/innen selbst Fragen stellen, Antworten herausfordern, miteinander und voneinander lernen.

Dieses neue Paradigma von Classroom Management geht offenbar einher mit einem neuen Verständnis von Lehren und Lernen, wie es im Zuge des Konstruktivismus entwickelt wurde. Um diese »neue Lernkultur« soll es im nächsten Kapitel gehen.

6 Klassenführung in einer »neuen Lernkultur«

Kaum ein Thema wird in den letzten Jahren in der Lehr- und Lernforschung so intensiv diskutiert wie das Problem der fehlenden Anwendung von Wissen. Obwohl die Lernenden Wissen erwerben, tun sie sich schwer, es zur Lösung von Alltagsproblemen zu nutzen. Die gegenwärtig vorgebrachte Kritik an traditionellem Unterricht entzündet sich vor allem an Fragen wie:

- Wie lässt sich »träges« Wissen vermeiden? (Renkl 2010)
- Wie können Lernende zu eigenverantwortlichem Arbeiten motiviert werden?
- Wie kann neues Wissen mit praktisch bedeutsamen Kontexten verbunden werden?

In den letzten Jahren wird, offenbar aus Unzufriedenheit mit den bisherigen Vorstellungen von Lernen, von einer »neuen Lernkultur« gesprochen. In Deutschland ist die Forschergruppe um Mandl hervorzuheben, hinzuweisen ist auf den Übersichtsartikel von Reinmann-Rothmeier und Mandl (2001). Hier müssen vor allem die Ansätze des situierten Lernens genannt werden (Resnick 1987; Greeno/Smith/Moore 1993). Diese Ansätze gehen von folgenden Grundannahmen aus (Gräsel 1997):

- Lernen ist situations- und kontextgebunden.
- Lernen ist ein aktiver, konstruktiver Prozess.
- Lernen ist ein selbstgesteuerter Prozess.
- Lernen ist immer soziales Aushandeln von Bedeutungen.
- Motivation ist eine zentrale Bedingung für Lernen.

Hieraus werden auch veränderte Rollen für Schüler/innen wie Lehrer/-innen abgeleitet:

- Die Lernenden sollen eine aktivere Rolle übernehmen.
- Unterrichten ist eher im Sinne von Unterstützen, Anregen, Bereitstellen günstiger Lernsituationen und Beraten zu sehen.

6.1 Zentrale Aspekte einer neuen Lernkultur

6.1.1 Selbstgesteuerte Lernumgebungen

Dieser Begriff steht heute in der didaktischen Diskussion für die Umsetzung einer »neuen Lernkultur« (Haag 2011).

Begriff Lernumgebung

Der Begriff der Lernumgebung bringt zum Ausdruck, dass das Lernen von ganz verschiedenen Kontextfaktoren abhängig ist, die in unterschiedlichem Ausmaß planvoll gestaltet werden können. Eine durch Unterricht hergestellte Lernbedingung besteht aus einem Arrangement von Unterrichtsmethoden, Unterrichtstechniken, Lernmaterialien und Medien. »Dieses Arrangement ist durch die besondere Qualität der aktuellen Lernsituation in zeitlicher, räumlicher und sozialer Hinsicht charakterisiert und schließt letztlich auch den jeweiligen kulturellen Kontext ein« (Reinmann-Rothmeier/Mandl 2001, S. 604).

Begriff Selbststeuerung

Der Lernende agiert eigenständig

Der Begriff »selbstgesteuertes Lernen« ist keineswegs einheitlich definiert. Daneben werden die Termini »selbstständiges Lernen«, »selbst kontrolliertes Lernen«, »selbstreguliertes Lernen«, »selbstorganisiertes Lernen«, »autodidaktisches Lernen« oder »autonomes Lernen« im alltäglichen Sprachgebrauch zumeist synonym verwendet. Die Gemeinsamkeit all dieser Begriffe besteht darin, dass sie darauf abzielen, sich von Termini wie »Fremdkontrolle«, »Fremdorganisation«, »Fremdsteuerung« oder Ähnlichem abzugrenzen.

Als wesentliche Gemeinsamkeiten kann man festhalten, dass es sich um eine Form des Lernens handelt, bei der Lernende eigenständig den eigenen Lernbedarf feststellen, sich selbst motivieren, das Lernen steuern, kontrollieren, überwachen und bewerten. Selbstgesteuertes Lernen setzt voraus, dass Entscheidungen über Lernziele (Woraufhin?), über Inhalte (Was?), über Lernressourcen (Medien, Lernmittel; Womit?), über zeitliche Aspekte (Wann?), über methodische Aspekte (mentale Verarbeitung der Lerninhalte; Wie?) sowie über die Art und Weise der Feststellung der Lernzielerreichung (Evaluation; Was bringt es?) getroffen werden.

Bei selbstgesteuertem Lernen handelt es sich nicht um ein »Alles oder nichts«, sondern es kann auf einem Kontinuum angesiedelt werden, das sich zwischen den Polen »absolute Autonomie«, d.h. eigenes Lernen steuern ohne externe Hilfe, und »vollkommene Fremdsteuerung«, d.h. keine Freiräume das eigene Lernen zu steuern, erstreckt. Dabei ist die polarisierende Diskussion eher kontraproduktiv. Je jünger die Schüler/innen sind, je weniger Vorwissen sie haben und je weniger sie Erfahrung im selbsttätigen Lernen und Arbeiten haben, desto förderlicher sind externe Hilfen.

6.1.2 Förderung selbstgesteuerten Lernens

Wirksame Lehr-Lern-Prozesse werden besonders in Selbststeuerung ermöglichenden Lernumgebungen gefördert, und zwar umso mehr, je stärker sich der Unterricht auf die Vorerfahrungen der Lernenden ausrichtet; Aufgabe des Lehrers ist es hier, sich in die Vorstellungen und Eigenkonstruktionen der Schüler/innen hineinzudenken, um möglichst Über- und Unterforderung zu vermeiden und um Weiterlernen zu ermöglichen:

- je mehr das vertiefte Verständnis der Lerninhalte in den Vordergrund gestellt wird
- je mehr der Unterricht auf sinnvollen und sinnstiftenden Problemstellungen aufbaut
- je eher handlungsorientiert unterrichtet wird, um im aktiven Lernen den denkenden Umgang mit Aufgaben und Problemen zu stärken
- je weniger Unterricht didaktisch reduktionistisch erfolgt, sondern je mehr mit komplexen Ziel- und Inhaltsstrukturen gearbeitet wird
- je mehr die Fehler in den Lernprozess mit einbezogen werden; diese geben Aufschluss über Lernwege und Lernvoraussetzungen.

Die Attributionsforschung hat gezeigt, dass zu schnelles Tadeln zu Misserfolgsängstlichkeit, ermunterndes Erzieherverhalten, bei dem Fehler nicht überbewertet werden, zu einem günstigen Selbstkonzept führt (Möller 2010). Noch konkreter wird im Rahmen des Ansatzes einer »neuen Lernkultur« »problembasiertes Lernen« als Gestaltungsprinzip des Unterrichts gesehen.

6.1.3 Problembasiertes Lernen

Modelle problembasierten Lernens differieren in dem Ausmaß, in dem eine Unterstützung der Lernenden vorgesehen ist. Die prominentesten Ansätze sind (Gräsel 1997; Reinmann-Rothmeier/Mandl 2001):

Anchored-Instruction-Ansatz (Cognition and Technology Group at Vanderbilt 1997)

Ausgangspunkt für das Lernen ist eine komplexe Problemsituation, die als »Anker« bezeichnet wird. Die folgenden Gestaltungsprinzipien sind dafür besonders charakteristisch:

Prinzipien für den »Anker«

- Videobasiertes Format
  Die Präsentation authentischer Problemsituationen erfolgt per Video. Damit wird eine vernetzte Problemdarstellung ermöglicht, bewegte Bilder sind leichter zu verstehen und motivierender.
- Narrative Struktur
  Das Problem wird in einen für die Schüler/innen bedeutungsvollen Kontext eingebettet.
- Generatives Lernformat
  Die Lernenden sollen eigenständig eine Lösung des Problems entwickeln können.
  Alle zur Lösung der Aufgaben notwendigen Angaben und Daten sind im Anker enthalten.
- Problemkomplexität
  Die Problemsituation entspricht einer realen Situation.
- Paarbildung der Geschichten
  Zu jedem Thema werden zwei ähnliche Geschichten präsentiert.
- Herstellung von Verknüpfungen zwischen verschiedenen Disziplinen
  Die Geschichten werden aus der Perspektive unterschiedlicher Fächer betrachtet.

Im Anchored-Instruction-Ansatz wird also Wissen als etwas betrachtet, das von den Lernenden aktiv und in einem bestimmten Handlungskontext selbst konstruiert wird. Die soziale Gemeinschaft der Lernenden führt dazu, dass die individuellen Konstruktionen ausgetauscht werden. Deshalb ist hier die Bearbeitung in Gruppen zentral, die von einem Lehrenden unterstützt werden.

Cognitive-Flexibility-Theorie (Spiro/Jehng 1990)

verschiedene Blickwinkel

Eine Aufgabe soll unter verschiedenen Blickwinkeln bearbeitet werden, um so eine möglichst hohe kognitive Flexibilität zu erzielen. Übervereinfachungen sollen vermieden werden, die Lernenden sollen von Anfang an mit der Komplexität und den Irregularitäten des realen Geschehens vertraut gemacht werden. Dasselbe Konzept wird zu verschiedenen

Zeitpunkten in verschiedenen Kontexten unter veränderter Zielsetzung und aus verschiedenen Perspektiven beleuchtet.

Lernen muss also multidirektional und multiperspektivisch erfolgen. Es gilt, multiple Repräsentationen zu vermitteln, damit erworbenes Wissen facettenreich und flexibel angewendet werden kann. Sogenannte »Mini-Cases«, von denen mehrere bearbeitet werden können, sollen gegenüber ausführlichen Fallbeispielen, die nur unter einem Blickwinkel betrachtet werden, bevorzugt werden.

Diese Theorie eignet sich vor allem für den fortgeschrittenen Wissenserwerb in komplexen und wenig strukturierten Gebieten wie Medizin oder Technik.

Cognitive-Apprenticeship-Ansatz (Collins/Brown/Newman 1989)

Hier wird die traditionelle Ausbildung im Handwerk auf den Erwerb kognitiver Fertigkeiten und Fähigkeiten zu übertragen versucht. Lernende werden in einer praxisnahen Anleitung über authentische Aktivitäten und soziale Interaktionen in eine Expertenkultur eingeführt. Mit instruktionalen Vorschlägen werden die Lernenden unterstützt (Reinmann-Rothmeier/Mandl 2001, S. 620):

über Anleitung zum Experten

- Modelling
  »Beim sog. kognitiven Modellieren macht der Lehrende (oder der Experte) sein Vorgehen zunächst einmal vor und erläutert ausführlich, was er im Einzelnen macht und was er sich dabei denkt. Auf diese Weise werden internal ablaufende kognitive Prozesse für den Lernenden beobachtbar« (Reinmann-Rothmeier/Mandl 2001, S. 620).
- Coaching
  »Nach der Modellierung befasst sich der Lernende selbst mit einem Problem und wird dabei vom Lehrenden betreut und bei Bedarf gezielt unterstützt« (Reinmann-Rothmeier/Mandl 2001, S. 620).
- Scaffolding
  »Kann der Lernende Aufgaben nicht allein bewältigen, hilft ihm der Lehrende durch Tipps und Hinweise« (Reinmann-Rothmeier/Mandl 2001, S. 620).
- Fading
  »Im Verlauf des Lernprozesses gewinnt der Lernende Selbstvertrauen und Kontrolle und kann zunehmend selbstständiger arbeiten; der Lehrende trägt dem Rechnung, indem er seine Hilfestellungen allmählich ausblendet« (Reinmann-Rothmeier/Mandl 2001, S. 620).

- Articulation
  »Immer wieder wird der Lernende im Verlauf des Lernens aufgefordert, Denkprozesse und Problemlösestrategien zu artikulieren« (Reinmann-Rothmeier/Mandl 2001, S. 620).
- Reflection
  »Eine weitere Aufforderung besteht darin, die ablaufenden Prozesse beim Lernen mit anderen zu diskutieren und zu reflektieren. Reflexion bedeutet, dass der Lernende eigene Strategien damit vergleicht, wie andere Lernende oder auch der Experte vorgehen. Durch Artikulieren und Reflektieren erwirbt der Lernende generelle, abstrakte Konzepte, deren Verständnis aber dennoch auf ihrer Anwendung beruht« (Reinmann-Rothmeier/Mandl 2001, S. 620).
- Exploration
  »Das Ausblenden der Unterstützung durch den Lehrenden endet schließlich darin, dass der Lernende zu aktivem Explorieren und damit zu selbstständigen Problemlösungen angeregt wird« (Reinmann-Rothmeier/Mandl 2001, S. 620).

Dieser Ansatz soll vor allem zur Bearbeitung realitätsnaher Probleme angewendet werden.

Bei all diesen Ansätzen geht es um eine Neubestimmung der Rolle des Lehrers in der Klasse. Diese Frage wird am Ende dieses Kapitels ausführlich erörtert. Im Folgenden werden aber zunächst bisherige Ausführungen konkretisiert, indem Klassenführung unter den möglichen Varianten offener Unterricht, tutorielles Lernen, Gruppenunterricht und Projektunterricht besprochen wird.

6.2 Klassenführung im offenen Unterricht

Im Kontext offenen Unterrichts wird in der deutschen Diskussion Klassenführung weniger als Begriff verwendet als eher gefragt, inwiefern beispielsweise Gruppenunterricht einer Strukturierung durch den Lehrer bedarf. Für die Zurückhaltung der Verwendung des Begriffs sehen Bohl und Kucharz (2010, S. 111) folgende Gründe:

- Führung wird mit Gehorsam, Unterordnung oder Autorität assoziiert.
- Kennzeichen offenen Unterrichts ist ja gerade die Betonung von Eigeninitiative und Konstruktionsprozessen der Schüler/innen. So besteht hier besonders eine Skepsis gegenüber einer eher dominanten Lehrperson als Führer.

- Möglicherweise wird der Begriff als sehr stark auf Disziplinierung eingeengt verstanden – eine Fehleinschätzung, wie die bisherige Diskussion des Begriffes gezeigt hat.

Die traditionelle Sichtweise der Klassenführung, wie sie für den Frontalunterricht entwickelt wurde, ist auf offene Unterrichtsformate nicht direkt übertragbar. Zwei Argumente sollen hier genügen:

nicht auf offenen Unterricht übertragbar

1. Die traditionelle Klassenführungskompetenz des Lehrers wird an einzelne Subgruppen der Klasse delegiert. Im Gruppenunterricht ist jede Gruppe für das Einhalten einer gewissen Disziplin (z. B. erträglicher Lärmpegel) selbst verantwortlich.
2. Die bildungstheoretischen Zielsetzungen offenen Unterrichts sind nicht identisch mit denen eher instruktionsorientierten Unterrichts. Das Anbahnen von Selbstständigkeit und Kooperationsfähigkeit beispielsweise bedarf eines weiteren Disziplinbegriffs, als er in einer direkten Instruktion mit dem Ziel der kognitiven Aktivierung gesehen wird.

Aus sozialkonstruktivistischer Perspektive werden Schüler/innen als Lernende gesehen, die sich am besten in kooperativen Lernsettings entwickeln, d.h. mit anderen Schüler/innen bei bedeutungsvollen Aufgaben. Lehrer sind hier Dienstleistende zur eigenen intellektuellen, sozialen und moralischen Entwicklung.

Folgende Charakteristika sind für Lehrerhandeln zentral:

Punkte eines kooperativen Lernsettings

- Schüler/innen werden als internal motiviert gesehen und schätzen eine respektvolle Betreuung.
- Unter diesem Blickwinkel ist ein Fehlverhalten oder mangelnde Motivation nicht als Grundübel im Kind zu suchen, sondern es ist zu fragen, ob beispielsweise der Unterricht zu stark reglementiert oder der Stoff zu schwierig oder zu wenig interessant ist. Es ist zu fragen, inwieweit die Lernumgebung genügend Hilfen anbietet.
- Schüler/innen sind in einen sozialen Kontext eingebettet.

So gesehen ist ein Fehlverhalten eines Schülers auch auf Lehrer- und Schulseite zu suchen. Schüler/innen sollte in angemessener Weise Autonomie, Freiheit und Mitbestimmung eingeräumt werden. Dies hat auch folgende Konsequenzen:

- Der Lernstoff sollte mit den Fähigkeiten, Wünschen und Interessen der Lernenden abgestimmt werden. Sowohl Werteerziehung als auch intellektuelle Wissenszuwächse sind gleichermaßen wichtig.
- Die Lehrer/innen müssen die Schüler/innen dazu anleiten, sich miteinander eigenverantwortlich um den Stoff zu kümmern.

- Bei Fehlverhalten geht es weniger um ein Durchsetzen eines geregelten Strafenkatalogs, sondern um ein Erklären und Überzeugen. Es geht um ein Einsetzen logischer oder natürlicher Konsequenzen (vgl. Kap. 5.3).

Bohl und Kucharz (2010, S. 113 ff.) diskutieren folgende fünf Möglichkeiten der Klassenführung im offenen Unterricht:

Tab. 7: Merkmale der Klassenführung auf offenen Unterricht übertragen (Bohl/Kucharz 2010, S. 114, Abb. 28)

1. Allgegenwärtigkeit und Überlappung	• eine Gruppe beraten, eine andere unruhige Gruppe beobachten • Überblick über Tätigkeiten der Lerngruppe bewahren • mit manchen Schülerinnen und Schülern Zwischenkontrollen vereinbaren • Allgegenwärtigkeit: punktuelle oder systematische Beobachtung • frühzeitiges Eingreifen bei Störungen
2. Reibungslosigkeit und Schwung	Übergänge gestalten, z. B. Materialauswahl erleichtern, verständliche Anleitungen formulieren
3. Gruppenmobilisierung und Rechenschaftspflicht	Fokus auf die gesamte Lerngruppe bewahren, aber ruhig und eher individuell agieren
4. Valenz (Aufforderungscharakter) und intellektuelle Herausforderung	Begeisterung und Arbeitsbereitschaft wecken und mit intellektueller Herausforderung verbinden, z. B. variables und anspruchsvolles Lernmaterial und strukturierte, herausfordernde Lernumgebung
5. Abwechslung und Herausforderung bei der Stillarbeit	

- Präventive Maßnahmen in den Vordergrund stellen
  Präventive Maßnahmen, wie »Festlegung von Regeln« oder »routinierte Abläufe«, erhalten im offenen Unterricht deshalb eine besondere Bedeutung, da sie nicht in der aus dem lehrerzentrierten Unterricht bekannten Weise eingebracht werden können. Beispiele hierfür wären der je individuelle Umgang mit der Auswahl und dem Umgang mit unterschiedlichen Materialien oder die Übergänge zwischen Plenums- und Gruppenarbeitsphasen.

- Organisatorische und inhaltliche Strukturiertheit von Aufgaben, Materialien und Lernumgebung
Hierher gehören eine klare räumliche Lernumgebung, die das Lernen strukturiert, sowie ein motivierender Aufgabenkontext, der das Ausbrechen aus dem Lernprozess vermeiden hilft, oder Beratungsstrukturen und Hilfsmittel, die den Lehrer entlasten (z. B. Tutorien) und Lernprozesse unterstützen.
- Individuelles Beraten
Hier ist vor allem an individuelle Förderpläne zu denken, mit denen leistungsschwächere oder auch -stärkere Schüler/innen eigens unterstützt werden.
- Klassenführung im offenen Unterricht als Teil der Schulentwicklung
Stellenwert und Akzeptanz offenen Unterrichts sowie die Einführung von Regeln oder Ritualen werden eher akzeptiert, wenn sie von mehreren Lehrer/innen einheitlich eingefordert werden.

Classroom Management und Selbstbestimmung

Bohl (2010) zeigt an vier Beispielen auf, wie sich Classroom Management und Selbstbestimmung zusammenführen lassen (Bohl 2010, S. 24 ff.):

- Beispiel 1: Präventive Maßnahmen sind breiter angelegt, gleichzeitig wirksamer als reaktive Reaktionen
Bei der Ausweitung der Selbstorganisation von Lernenden müssen die präventiven Maßnahmen des Classroom Managements mitbedacht werden.
- Beispiel 2: Classroom Management in differenzierenden und individualisierenden Phasen
In Phasen selbstorganisierten Lernens ist die Komplexität des Lernarrangements höher, d. h. die Überlappungen nehmen zu, die räumliche Situation sorgt für mehr Unübersichtlichkeit, das Lernen erfordert mehr organisatorische, inhaltliche und methodische Entscheidungen (z. B.: Wer macht was gerade wo?).
- Beispiel 3: Hochstrukturierte Lernumgebung/hochstrukturiertes Lernmaterial und Classroom Management
Kurz gesagt kann der Teil der inhaltlichen Strukturierung, die im lehrerzentrierten Unterricht vom Lehrer übernommen wird, durch anspruchsvoll gestaltetes Arbeitsmaterial ausdifferenziert werden.
- Beispiel 4: Zur schwierigen Frage der Allgegenwärtigkeit beim selbstbestimmten Lernen
Bohl folgert: »Letztlich fügt sich der Begriff [gemeint: Allgegenwärtigkeit] jedoch kaum in ein konsequentes Konzept von Selbstbestimmung, da gerade die Abgabe von Verantwortung sowie fundamentale Mitbestimmungsmöglichkeiten im Begriff der Selbstbestimmung konstitutiv sind« (Bohl 2010, S. 28).

Im Folgenden soll konkreter anhand dreier zentraler Formen veranschaulicht werden, was Klassenführung für den Lehrer bedeutet. Dabei beziehen wir uns auf Ergebnisse zum tutoriellen Lernen, zum Gruppenunterricht, der von einem der Autoren mikroskopisch genau untersucht wurde (Haag 1999; Nürnberger Projektgruppe 2001), und zum Projektunterricht, über den eine Habilitationsschrift am Lehrstuhl Schulpädagogik (Universität Bayreuth) vorgelegt wurde (Traub 2010).

6.2.1 Tutorielles Lernen

Ein Ansatz zur Förderung von Schüler/innen mit heterogenen Leistungsvoraussetzungen ist peergestütztes Lernen bzw. – weiter gefasst – tutorielles Lernen. Dieser Ansatz kann sowohl im Unterricht als auch außerunterrichtlich eingesetzt werden (Haag 2004; Haag/Streber 2011).

Tutorielles Lernen muss durch eine Lehrkraft sorgfältig vorbereitet, eingeführt und begleitet werden. Folgende Punkte sind bei der Planung und Durchführung zu beachten (Topping 2001):

Planung und Durchführung von tutoriellen Lernen

1. *Zusammensetzung der Lernpartner:* Wer soll wem helfen? Tutor und Tutand können von gleicher oder aber unterschiedlicher Leistungsfähigkeit sein. Traditionell geht man davon aus, dass als Tutor/innen die leistungsstärksten Schüler infrage kommen. Dies macht vor allem dann Sinn, wenn die Methode bei jüngeren Schüler/innen eingesetzt wird, ein gefestigtes Vorwissen bei den Tutoren vorausgesetzt wird oder keine detailliert ausgearbeiteten Materialien zur Verfügung stehen. Wenn beispielsweise Zehnerübergänge geübt werden und hierfür kein schriftlich fixiertes Material vorliegt, dann sollte der Tutor diese Aufgabe sicher beherrschen. Liegt jedoch Material vor, können sich auch schwache Schüler/innen gegenseitig helfen, indem der Tutor die mündlich gegebenen Lösungen anhand des Materials mitverfolgt. Bezüglich der Dauer der Zusammenarbeit hat sich folgendes Prinzip bewährt (Spörer/Brunstein 2009): Je älter die Schüler sind, desto häufiger können die Tandems neu zusammengesetzt werden.
2. *Zielvorgaben:* Was soll erreicht werden? Den Lernpartnern muss klar vermittelt werden, was sie im Team erarbeiten sollen. Dazu werden Lernziele in der Form des jeweils angestrebten Endverhaltens vorgegeben und mit den Lernteams verbindlich vereinbart. Konkret kann es z. B. darum gehen, den Grundwortschatz einer Jahrgangsstufe zu beherrschen (mit einer akzeptablen Fehlerquote) oder den Sinn der Aussagen von Texten aus dem Geschichtsbuch verständig wiederzugeben (ermittelt über den Prozentsatz korrekter Antworten auf Verständnisfragen). Lernziele können sich auf ganz spezifische Fertigkeiten beziehen, wie das Beherrschen des Zehnerübergangs beim Rechnen, oder auf größere Wisseneinheiten, wie das Beherrschen des Zahlenraumes von 1 bis 100. Je spezifischer die Lernziele definiert werden, desto besser lassen sich Lernfortschritte registrieren.
3. *Zeitplanung:* Wann und wie lange soll gelernt werden? Es müssen präzise Vereinbarungen zum zeitlichen Umfang getroffen werden. Anfangs sollte mindestens dreimal pro Woche für 30 bis 45 Minuten in Lernteams gearbeitet werden. Der Zeitraum sollte keinesfalls weniger als sechs Wochen betragen.

4. *Lernmaterial:* Womit soll gelernt werden? Tutorielles Lernen kann nur gelingen, wenn das Lernmaterial (Lerntexte, Arbeitsblätter, Aufgaben- und Regelsammlungen) absolut korrekt und klar strukturiert gestaltet ist. Soll z. B. sinnverstehendes Lesen eingeübt werden, müssen Texte bereitgestellt werden, die klar gegliedert sind, Überschriften enthalten und in Abschnitte gleichen Umfangs unterteilt sind. Bei leistungsheterogenen Tutorenteams muss der Schwierigkeitsgrad an die Fertigkeiten des leistungsschwächeren Partners angepasst werden. Ausgearbeitete Programme, die in klare und kleine Lernschritte unterteilt sind, eignen sich für tutorielles Lernen besonders gut.
5. *Einübung des Tutorenverhaltens:* Ganz zentral ist, dass beide Lernpartner noch vor Beginn der Übungen eine Anleitung im angemessen Tutorenverhalten erhalten. Dazu gehören insbesondere folgende Regeln:
   - klare Fragen stellen
   - eindeutige Rückmeldungen geben
   - erst dann zur nächsten Aufgabe übergehen, wenn die vorangehende beherrscht wird
   - Geduld üben und jede positive Antwort des Tutanden lobend verstärken
   - die erreichten Lernfortschritte protokollieren (in Tabellen und Lernkurven)
   - sich stets an die vereinbarten Aufgaben halten (einschließlich der im Material aufgeführten Lösungen).

   Bevor ein Tutorenprogramm begonnen wird, macht die Lehrkraft diese Vorgehensweisen selbst vor (gemeinsam mit einem Schüler). Danach lässt sie ein Tutorenteam vor der gesamten Lerngruppe (z. B. der Klasse) agieren und gibt gezielte Anleitungen und Rückmeldungen zum korrekten Verhalten beim gemeinsamen Üben. Wichtige Interaktionsregeln (»Ausreden lassen!«, »Loben statt kritisieren!«, »Geduld üben!«) werden auf Kärtchen geschrieben, die während der Arbeit vor beiden Partnern liegen und auf die sie sich gegenseitig hinweisen können (z. B. wenn einer der beiden Partner eine Regel verletzt).

6. *Registrierung von Lernfortschritten:* Für die Registrierung von Lernfortschritten sind Lernpartner und Lehrer gleichermaßen zuständig. Während und nach den einzelnen Sitzungen sollen die Partner/innen ihre Leistungen festhalten. Bei einem Vokabeltraining tragen sie beispielsweise in eine vorbereitete Tabelle das bewältigte Pensum und die Anzahl der gekonnten Vokabeln ein. Die Lernpartner/innen sollen sich regelmäßig mit ihrer Lehrkraft treffen. Findet tutorielles Lernen außerhalb des regulären Unterrichts statt, sollte die Lehrkraft mindestens einmal pro Woche Rückmeldungen einholen und kontrollieren, ob die Zusammenarbeit klappt: ob die Partner mit dem Material zurechtkommen, ob die angeordnete Stoffmenge zu schaffen ist, inwieweit Probleme im gemeinsamen Lernen aufgetreten sind (bei dauerhaften Problemen zwischen den Partner/innen werden diese gegebenenfalls ausgetauscht). Dabei sollte sich die Lehrkraft auch vom Lernfortschritt überzeugen. Dazu kann sie mündliche Stichproben nehmen; besser ist jedoch, wenn sie als Lernzielkontrolle ein Arbeitsblatt mit Fragen zum bearbeiteten Stoff vorbereitet, es ausfüllen lässt und möglichst rasch korrigiert zurückgibt, um es gemeinsam mit den Lernpartnern zu besprechen.

Die Ergebnisse zeigen, dass tutorielles Lernen sowohl den Erwerb schulischer Basiskompetenzen als auch die soziale Integration von Schüler/-innen fördert. Die berichteten Effektstärken liegen im mittleren Bereich (Spörer 2009). Die höchste Wirksamkeit wird erzielt, wenn die Tutor/-innen in ihrer Tätigkeit zunächst geschult werden und die Mitwirkung der Eltern sichergestellt ist.

Tutorielles Lernen ist wirksam

Tutorielles Lernen hat sich besonders bei Schüler/innen mit Lese- und Rechtschreibproblemen bewährt. Die Lernpartner/innen buchstabieren sich gegenseitig Wörter, lesen Wörterlisten laut vor, diktieren sich Texte und korrigieren gemeinsam ihre Fehler. Sehr erfolgreich ist tutorielles Lernen auch bei Rechenstörungen. Hier reicht die Anwendung vom intensiven Einüben grundlegender Rechenoperationen (z. B. Übung der Grundrechenarten) bis hin zur gemeinsamen Erörterung komplexer Probleme (z. B. im Physikunterricht). Nicht zuletzt wird tutorielles Lernen zur Vermittlung metakognitiver Fertigkeiten und zur Verbesserung des Arbeitsverhaltens eingesetzt. Die wichtigste Anwendung liegt in der gemeinsamen Einübung von Lernstrategien (z. B. Strategien zum sinnverstehenden Lesen, wie Zusammenfassungen erstellen, Fragen formulieren und Verständnisprobleme klären). Die Wirksamkeit peergestützten Lernens beruht auf folgenden Faktoren:

Faktoren für die Wirksamkeit

- Die Lernpartner investieren zusätzliche Zeit für das Lernen und holen dadurch Lernrückstände auf.
- Sie haben ständig Gelegenheit, Fragen zu stellen, Antworten zu geben und Rückmeldungen zu erhalten. Dadurch verarbeiten sie den Lernstoff sehr viel intensiver.
- Sie helfen und ermutigen sich gegenseitig bei Schwierigkeiten.
- Sie profitieren in beiden Rollen, d. h. sowohl als Tutand wie auch als Tutor; die Übernahme der Tutorenrolle stärkt das schulische Selbstvertrauen.
- Sie steuern, überwachen und bewerten den Lernprozess zunehmend selbstständig und lernen, diszipliniert zu arbeiten.

Insgesamt bieten Modelle zum selbstregulierten Lernen einen theoretischen Rahmen zur Erklärung der positiven Effekte (Zimmerman 1998). Eine zentrale Stellung nehmen die Selbstbeobachtung der Lernaktivitäten und die damit verknüpften Korrekturprozesse ein. Schüler/innen, die peergestützt lernen, sind demzufolge sowohl kognitiv als auch metakognitiv aktiv: Zum einen fordern sie ihren Partner auf, eine bestimmte Strategie auszuführen, zum anderen überwachen, bewerten und unterstützen sie ihren Partner bei der Anwendung der gewählten Strategie.

6.2.2 Gruppenunterricht

Gruppenunterricht wirkt

Die Literatur zum kooperativen Lernen zeigt mehr als überzeugend die positiven Auswirkungen sowohl im Lern- als auch sozialemotionalen Bereich: Eine Metaanalyse von Lou und Mitarbeitern (1996) fasst Studien zum Vergleich von kooperativem Lernen und Klassenunterricht zusammen. Im Hinblick auf das fachliche Lernen ist Gruppenunterricht wirksamer als Klassenunterricht. Dasselbe Ergebnis findet sich beim peerunterstützten Lernen, bei dem das gegenseitige Unterrichten (Tutoring) von Schüler/innen im Vordergrund steht. Eine Metaanalye von über 90 Interventionsstudien im Grundschulalter zeigt für peerunterstütztes Lernen eine moderate Überlegenheit gegenüber nicht kooperativen Lernformen (Rohrbeck et al. 2003). Doch Johnson und Johnson (2008, S. 16) stellen klar, dass sich die positiven Effekte kooperativer Arbeitsformen nicht von selbst einstellen: »Wer Kooperation nicht fachgerecht strukturiert, wird damit keinen Erfolg haben.«

klare Strukturierung ist unabdingbar

Auf den ersten Blick scheint das selbstbestimmte Lernen der Schüler/innen, wie es in allen neueren didaktischen Konzepten betont wird, mit einem instruktionalen Lernen unvereinbar, ja widersprüchlich. Der Widerspruch löst sich auf, wenn man die empirischen Ergebnisse, die zum Gruppenunterricht vorliegen, anschaut. Sie belegen die Bedeutung strukturierter Elemente. Und dies trifft für beide Arten von Gruppenunterricht zu, die sich grundsätzlich unterscheiden lassen (Huber 2009):

zwei Arten von Gruppenunterricht

1. Traditioneller Gruppenunterricht
   Hier wird der Klassenverband zeitlich begrenzt in Kleingruppen aufgeteilt, die selbstständig festgelegte Themen oder Aufgaben bearbeiten und deren Arbeitsergebnisse in weiteren Phasen des Unterrichts im Klassenverband nutzbar gemacht werden können.
2. Kooperatives Lernen
   Hier handelt es sich um eine Interaktionsform, bei der vor allem die Elemente einer kooperativen Aufgabenstruktur und einer kooperativen Anreizstruktur zentral sind. Die Aufgaben sollten so strukturiert sein, dass Gruppenmitglieder nur über einen Teil der Informationen bzw. des Materials verfügen und somit einen Expertenstatus erwerben, den sie an andere Gruppenmitglieder weitergeben müssen. Eine Anreizstruktur ist gegeben, wenn beispielsweise alle Gruppenmitglieder Zusatzpunkte erhalten, nachdem sie alle eine bestimmte Vorgabe erreicht haben.

Feldforschungen zu Gruppenunterricht

Im Folgenden beziehen wir uns auf einen Artikel von Haag mit dem Titel »Zu viel oder zu wenig Freiraum? Befunde zum guten Gruppenunterricht« (2010b). Die Befunde beziehen sich auf jahrelange detaillierte Feldforschungen, bei denen authentischer Gruppenunterricht im Klassenzimmer untersucht wurde. Dabei wurde der traditionelle Gruppenunterricht in Form vergleichsweise kurzer Gruppenunterrichtssequenzen untersucht, die in Plenumsarbeit bzw. Frontalunterricht eingelagert sind. Das Klassenplenum wird dabei vorübergehend in einzelne Gruppen von drei bis fünf Mitgliedern eingeteilt, die weitgehend selbstständig eine von der Lehrperson gestellte Aufgabe bearbeiten.

Ein solcher Kleingruppenunterricht besteht aus drei Phasen:

1. Arbeitsauftrag,
2. Gruppenarbeit und
3. Auswertung der Ergebnisse

Zwischen den Phasen 1 und 2 besteht die Schnittstelle der Verständnissicherung und zwischen den Phasen 2 und 3 die Schnittstelle der Beendigung der Gruppenarbeit. Zunächst geht es um zentrale Entscheidungspunkte im Erleben der Lehrkräfte.

Brody (1993, S. 111) nennt als ein wichtiges Ergebnis ihrer empirischen Studie: »Am häufigsten beschreiben Lehrer bei Einführung des kooperativen Lernens Kontrollprobleme.« Das stark ausgeprägte Bedürfnis, alles unter Kontrolle haben zu müssen, lässt der Förderung von Eigeninitiative und Selbstständigkeit im Gruppenunterricht offensichtlich kaum eine Chance.

Lehrer: Rollenkonflikt bei Gruppenunterricht

Wir konnten nachweisen, dass Lehrpersonen im Zusammenhang mit Gruppenunterricht leicht in Konflikt mit ihrer bisherigen Sozialisation geraten. Alle Lehrkräfte haben im Gruppenunterricht in irgendeiner Form mit einem Grundkonflikt zu kämpfen. Dieser wird als das gleichzeitige Vorhandensein zweier sich widersprechender Imperative definiert, bestehend aus dem Dilemma von Lehrer/innen, einerseits die Selbstständigkeit der Schüler/innen fördern zu sollen, andererseits alles unter Kontrolle haben zu müssen, d.h. in der konkreten Situation nicht zu wissen, ob sie eingreifen sollen oder nicht.

Die am häufigsten genannten Entscheidungen zwischen Eingreifen und Nichteingreifen sind für jede Phase des Gruppenunterrichts in folgender Tabelle dargestellt.

Tab. 8: Entscheidungskonflikte für Phasen des Gruppenunterrichts

Arbeitsauftrag	– Gruppeneinteilung durch die Lehrperson oder durch die Schüler/innen – Aufgabenverteilung durch die Lehrperson oder durch die Schüler/innen
Gruppenarbeit	– Kontrolle von Disziplin, Mitarbeit und Ergebnissen oder Nichtkontrolle – Eingreifen bei Konflikten oder Nicht-Eingreifen – Einhalten des Zeitplans oder flexible Zeitgestaltung

Tab. 8: Entscheidungskonflikte für Phasen des Gruppenunterrichts (Fortsetzung)	
Auswertung	– Ergebnispräsentation nach den Vorstellungen der Lehrkraft oder Freiraum für die Schüler/innen – straffes Durchziehen der Auswertung oder Raum für alle Gruppen

Als meistgenannter Konflikt stellt sich in der Phase des Arbeitsauftrags das Dilemma bei der Steuerung der Gruppenbildung heraus. Während der Gruppenarbeit geraten die Lehrkräfte hauptsächlich in Konflikte zwischen den Imperativen, die Mitarbeit, Disziplin und Ergebnisse in den Gruppen kontrollieren zu sollen und den Schüler/innen Freiraum zu lassen. Am Ende der Gruppenarbeitsphase besteht das Dilemma, den vorgefassten Zeitplan einhalten zu müssen, aber auch den Schüler/innen so viel Zeit zu geben, wie sie brauchen. In der Auswertungsphase dreht sich der Hauptkonflikt um die Frage, wieweit die Lehrkräfte ihre eigenen Vorstellungen von Ergebnispräsentation und Diskussionsablauf verwirklichen bzw. inwieweit sie dies den Schüler/innen überlassen sollen.

Dilemmata

Die Durchführung von Gruppenunterricht, die bei den Lehrenden eine erhebliche Veränderung ihrer traditionellen Rolle mit sich bringt, führt auch im Erleben selbst zu Konflikten. Es hat den Anschein, als würden den tief einsozialisierten Kontrollimperativen »neue« Imperative, die Selbstständigkeit der Schüler/innen fördern zu müssen, gegenüberstehen, was zu immer wiederkehrenden Handlungsunsicherheiten führt und letztendlich dazu, diese Unterrichtsform doch eher zu meiden, als sich Konflikte »einzukaufen«. Nun geht es um eine erfolgreiche Organisation im Gruppenunterricht.

Zunächst soll die entscheidende Vorüberlegung nach der Gruppenbildung und Zusammensetzung zu Beginn von Gruppenunterricht angesprochen werden. Es gibt gute Gründe, die Gruppen sich selbst bilden zu lassen, wie etwa nach Freundschaft, Sympathie oder Neigungen. Da die Gefahr besteht, dass diese Entscheidungsfindung lange dauert und eventuell Außenseiter übrig bleiben, gibt es genauso gute Gründe, dass die Lehrperson nach eigenen Kriterien die Gruppen selbst bildet.

Arbeitsaufträge für die Gruppenarbeit

Der Arbeitsauftrag ist bedeutend

Die geeignete Wahl und Formulierung des Arbeitsauftrags durch die Lehrperson trägt ganz entscheidend zum Gelingen der folgenden Gruppenarbeit bei. Durch ihn werden nicht nur die Handlungen und Ergebnisse der Schüler/innen, sondern auch die weiter folgenden Handlungen der Lehrkraft während der Gruppenarbeit und Auswertungsphase beeinflusst und vorstrukturiert. Vom Arbeitsauftrag hängt z. B. in hohem Maße ab, ob die Lernenden anschließend aufgabenorientiert arbeiten oder desorientiert ins Nebenengagement abgleiten, d. h. sich beispielsweise über private Dinge unterhalten, und ob die Lehrperson die Gruppen ungestört arbeiten lassen kann oder sich veranlasst sieht, zu intervenieren. So soll hier dafür plädiert werden, dass auch Arbeitsgruppen wohlüberlegte Instruktionen bekommen, um effektiv arbeiten zu können (vgl. Kap. 7).

Generell zeigen unsere Ergebnisse, dass Arbeitsaufträge, die in mündlicher und schriftlicher Form erteilt werden, für die Gruppen klarer sind als nur mündlich formulierte.

Anleitung und Freiheit schließen sich nicht aus

Macht das Vorgetragene nun wirklich Sinn? Es ergibt sich der paradoxe Sachverhalt, dass die Lehrkraft durch einen gut geplanten und bedacht formulierten Arbeitsauftrag, also durch ein hohes Maß an reflektierter Steuerung und Lenkung, die Gruppen zu einem hohen Maß an Selbstständigkeit, Kooperation und Kreativität während der Gruppenarbeit veranlasst. Unsere Ergebnisse zeigen, dass durch präzise und verständliche Arbeitsaufträge ganz entscheidend dazu beigetragen werden kann, dass bei der Gruppenarbeit befriedigende Ergebnisse zustande kommen. Zu wenig durchdachte Arbeitsaufträge hingegen führen in der Regel zur Desorientierung, zu geringem inhaltlichen Fortschritt und eventuell Nebenengagement während der Gruppenarbeit. Herrscht Desorientierung in den Gruppen, müssen sich die Schüler/innen bei der Lehrkraft erst noch einmal erkundigen, was getan werden soll. Oder sie sprechen untereinander darüber, was eigentlich bearbeitet werden soll, was zur Folge hat, dass die Gruppen erst später mit der Lösung der Aufgaben beginnen und die reine Arbeitszeit verkürzt wird. Werden die Unklarheiten des Arbeitsauftrags nicht geklärt, kann es im Extremfall sogar zur Themaverfehlung kommen. Insgesamt wirkt sich Desorientierung also direkt negativ auf die inhaltliche Progression der Gruppen aus und indirekt auch auf die Arbeitsergebnisse.

Der Arbeitsauftrag muss klar durchdacht sein.

Differenzierung – auch eine Forderung in der Gruppenarbeit

Sind in der Gruppenarbeit differenzierende Maßnahmen möglich und sinnvoll? Hier muss klar unterschieden werden zwischen themengleichem vs. themendifferenziertem Gruppenunterricht und arbeitsgleichem vs. arbeitsteiligem Gruppenunterricht. Gleiche Themen nämlich sind nicht dasselbe wie gleiche Handlungen. Manchmal liegen die Differenzen zwischen den Gruppen weder beim Thema noch bei den auszuführenden Handlungen, sondern z.B. bei der Arbeitszeit oder der Darstellung der Ergebnisse. Man muss sich also schon genauer fragen, wo denn nun im Einzelnen die Unterschiede zwischen den Gruppen liegen sollen.

Verständnissicherung als Übergang zur Gruppenarbeit

Nach Erteilung des Arbeitsauftrags sollte die Lehrkraft sicherstellen, dass die Gruppen den Arbeitsauftrag auch verstanden haben. Folgende Maßnahmen können dabei helfen:

Möglichkeiten zur Verständnissicherung

- Der Arbeitsauftrag wird von Schüler/innen mit eigenen Worten wiederholt.
- Der Lehrkraft fragt nach, ob alles verstanden wurde.
- Die Lehrperson stellt selbst gezielte Fragen, um zu überprüfen, ob alles verstanden wurde.
- Sie überprüft durch Blickkontakte, ob alles verstanden wurde (Anzeichen des Nichtverstehens sind beispielsweise aufkommende Unruhe, Stirnrunzeln, fragendes Umherschauen, Kopfschütteln).
- Eine von einer Gruppe voreilig begonnene Arbeit, bevor die Verständnissicherung abgeschlossen ist, wird konsequent unterbunden.

Durchführung der Gruppenarbeit

Durch präzise und verständliche Arbeitsaufträge können schließlich Interventionen vermieden werden. Dies ist durchaus wichtig, da es sich grundsätzlich als eher ungünstig erweist, wenn die Lehrkraft häufig und zu lange interveniert. Die Lehrpersonen kommen den Schüler/innen überwiegend nicht zu Hilfe, sondern bringen eigene, häufig neue Gesichtspunkte in die Gruppen ein, die nicht selten zu Desorientierung und damit letztendlich zu schlechten Arbeitsergebnissen führen. So konnten wir Nachschübe zum Arbeitsauftrag beobachten, bei denen die Lehrpersonen den Arbeitsauftrag ergänzten bzw. korrigierten und damit die Anweisungen im ursprünglichen Arbeitsauftrag relativierten, erweiterten oder ihnen gar widersprachen. Unpräzise und unverständliche Arbeitsaufträge können zwei verschiedene Typen von Interventionen der Lehrkräfte zur Folge haben.

zwei Arten von Interventionen

1. *Invasive Interventionen*
   Die Lehrkraft beobachtet in den Gruppen Desorientierung und greift ein, um den Arbeitsauftrag nochmals zu präzisieren, nachzubessern oder sogar zu erweitern und so die Desorientierung zu beseitigen. Folgende Argumente sprechen gegen invasive Interventionen:
   - Sie unterbrechen die Arbeit in den Gruppen und verkürzen die Arbeitszeit der Schüler/innen.
   - Invasive Interventionen, an die ganze Klasse gerichtet, unterbrechen die Arbeit aller Gruppen.
   - Durch vorschnelles Eingreifen kann eine Lehrkraft den Schüler/innen allzu leicht das eigenständige Nachdenken abnehmen.
   - Selbsttätigkeit und Selbstständigkeit sind wichtige Erziehungsziele des Gruppenunterrichts. Deshalb sollte die Lehrperson Geduld haben und ihre Schüler/innen möglichst alleine und ungestört arbeiten lassen.
2. *Responsive Interventionen*
   - Die Lehrkraft wird von den Schüler/innen wegen Desorientierung gerufen und greift erst nach Aufforderung ein.
   - Folgende Ratschläge helfen bei responsiven Interventionen:
     - Die Lehrperson soll ihre Hilfe verweigern, wenn sie den Eindruck hat, dass die Schüler/innen auch selbstständig zurechtkommen können.
     - Sie soll erst dann auf Fragen reagieren, wenn die Schüler/innen nach längerem Bemühen offenkundig nicht weiterkommen.
     - Sie soll den Schüler/innen klarmachen, dass sie ihre Chance nutzen sollen, ohne fremde Hilfe Lösungen zu finden.
     - Sie soll vorab vereinbaren, dass sie während der Gruppenarbeit nur bei schwierigen Problemen hinzugezogen werden kann.

In einer Checkliste (vgl. Kap. 7.4) gehen wir auf das Verhalten bei unvermeidlichen Interventionen ein.

Abschließend soll betont werden, dass auch Gruppenunterricht einer klaren Unterrichtsvorbereitung und Planung bedarf. Eine gut durchdachte Instruktion ist der beste Prädiktor für eine reibungslose Gruppenarbeit, bei der die Gruppen autonom und ungestört ihre Ideen verfolgen können. Wenn sich die Lehrkraft um einen klaren Arbeitsauftrag bemüht, sollte es zunächst keinen Grund geben, entweder von sich aus in das Gruppengeschehen einzelner Gruppen oder der gesamten Klasse einzugreifen oder von Gruppen dazu aufgefordert zu werden.

Beendigung als Übergang zur Auswertung

geschicktes Beenden der Gruppenarbeit

Das geschickte Beenden der Gruppenarbeit ist keine leichte Aufgabe. Generell gilt, dass die Gruppen nicht abrupt aus der Gruppenarbeit herausgerissen werden, sondern eine Übergangszeit zur Verfügung haben sollten, um die laufenden Arbeiten abschließen zu können und sich auf die Auswertungsphase einzustimmen. Zu empfehlen ist die Vereinbarung nonverbaler Zeichen zur Beendigung der Gruppenarbeit, etwa der Einsatz eines Lichtsignals, einer Tischglocke oder einer Spieluhr.

Sehr sensibel ist mit der Tatsache umzugehen, dass Gruppen unterschiedlich schnell arbeiten. Eine Lehrkraft räumte in unserer Studie fertigen Gruppen die Möglichkeit ein, ihre Hausaufgaben zu erledigen. Wir konnten sehr klar beobachten, wie »schnell« die Gruppen stets »fertig« waren. Das Erledigen von Hausaufgaben sollte wirklich nicht das Ziel von Gruppenunterricht sein. Das Problem besteht darin, dass Zusatzaufgaben seitens der Schüler/innen eher als Bestrafung denn als zusätzliche Lernchance gesehen werden. Doch gerade durch einen regelmäßigen Einsatz von Gruppenunterricht und die damit verbundene Erfahrung der Lernenden, für ihr Arbeiten selbst verantwortlich zu sein, sollte hier über einen längeren Zeitraum eine Einstellungsänderung erfolgen – mehr als ein »Abfallprodukt« von Gruppenunterricht.

Auswertungsphase

Hier geht es um die Präsentation der Gruppenergebnisse. Die Gruppen sollen animiert werden, sich selbst sinnvolle Varianten zu überlegen.

Dies können beispielsweise sein:

Möglichkeiten der Auswertung

- freier Vortrag
- Referat mit Notizen (eventuell durch Folien unterstützt)
- Varianten von Spielen: szenisches Spiel, Rollenspiel, Puppenspiel, Pantomime
- Grafiken, Tabellen
- Bilder, Zeichnungen, Skizzen
- Wandzeichnung
- musikalischer Vortrag

Für die Auswertung sollte genügend Zeit eingeplant werden. Ein von uns vielfach beobachteter Fehler ist, dass die Lehrkräfte während der Gruppenarbeit mehr Zeit als vorgesehen gewähren, doch dann meinen, diese wieder in der Auswertung einsparen zu können. Insgesamt sollte genügend Zeit für die Auswertung eingeplant werden, damit die Lehrperson die Balance zwischen straffem Durchziehen der Auswertung und dem Gebot, alle Gruppen dranzunehmen, findet (vgl. Kap. 7.4).

Auch in dieser Phase ist die Gefahr groß, dass die Lehrkraft zu »belehrend« vorgeht. Zwar sollten Lehrkräfte wohl Fehler ansprechen, ohne jedoch die ganze Präsentation zu bestimmen, sie unnötigerweise zu unterbrechen oder zu zerreden.

Integration der Gruppenergebnisse und Metakommunikation

Die schwierigste und entscheidende Aufgabe der Lehrperson ist die Integration bzw. Vernetzung der Einzelergebnisse zu einem Ganzen. Je besser die Integration gelingt, so unsere Ergebnisse, desto aufmerksamer sind die Schüler/innen. Die Hauptaufgabe der Lehrkräfte könnte darin bestehen, die einzelnen Ergebnisse wieder in den Unterricht zu integrieren und dafür Sorge zu tragen, dass sie dort auch gesichert werden.

Während und nach der Auswertungsphase sollte die Gelegenheit zu Metakommunikation über Inhalts- und Beziehungsaspekte der Kommunikation zwischen den Lernenden während der Gruppenarbeit häufig genutzt werden. Gerade im Anfangsstadium von Gruppenarbeit ist es besonders wichtig, über Vorgehensweisen und Probleme der einzelnen Gruppen zu sprechen. Die Gruppenmitglieder lernen hier, wie man in Gruppen mit Konflikten umgehen kann. Einsetzen kann man hier beispielsweise Blitzlichtrunden, Fragebögen mit Feedbackskalen oder Skalen, bei denen Punkte auf Flipchart oder Tafel geklebt bzw. gemalt werden.

Zusammenfassend soll festgehalten werden, dass die Rolle einer Lehrkraft im Gruppenunterricht eine ganz besondere ist. Hier gibt die Lehrkraft ihre Führung weitgehend an die Gruppen oder in den Arbeitsauftrag ab, die Arbeitsfragen müssen klar gestellt sein, die Bewertungskriterien müssen bestimmt werden.

Die Rolle der Lehrkraft bei der Gruppenarbeit

Das heißt: Die Lehrer müssen explizit die Schüler/innen zu kooperativem Arbeiten anleiten und ihnen beibringen, selbst mit Lern- und Arbeitsmaterial umzugehen, verschiedene Rollen zu übernehmen und sie auch produktiv umzusetzen.

Systematisierend geht es um drei Fähigkeiten:

1. Fähigkeiten zum Kommunizieren wie aktiv zuhören, miteinander Informationen teilen oder sich gegenseitig unterstützen
2. Fähigkeiten zum Erklären, d.h. anderen Gruppenmitgliedern helfen, dass auch sie die zu bewältigende Aufgabe verstehen
3. Fähigkeit zum Führen wie planen, die Initiative ergreifen, auf die Zeit achten, die Aktivitäten und Diskussion koordinieren.

Hierauf Zeit zu verwenden ist eine gute Investition für zukünftiges selbsttätiges Arbeiten. Die durch Gruppenarbeit gewonnene Zeit haben nun Lehrer/innen frei für Anderweitiges, wie die Gruppen genau zu beobachten. Damit soll belegt werden, dass Instruktion ein unverzichtbares Element einer offenen Unterrichtsform ist, ohne dass dabei die Freiräume der Schüler/innen eingeschränkt werden müssen.

6.2.3 Projektunterricht

Das »Offene« im Projektunterricht besteht auch darin, dass es hier eher um sogenannte »ill defined problems« geht, d.h. es gibt nicht eine einzige Lösung für eine Aufgabe, sondern es können mehrere Wege richtig sein, oder die Lösung ist generell eher komplex (Haag 2011).

Kurzer geschichtlicher Abriss

John Dewey als Vater des Projektunterrichts

John Dewey (1859–1952) führte den Projektbegriff in die Erziehungswissenschaft ein, der als Grundlage für die Arbeiten vieler anderer Autoren dient. In Deutschland gilt Dewey, Philosoph, Pädagoge und Gründer der Laborschule in Chicago, als der eigentliche Vater des Projektunterrichts, obwohl er nie eine eigenständige Theorie zur Projektmethode hervorgebracht hat. Deweys Erziehungskonzept setzt auf Wachstum durch Erfahrung (»learning by doing«) und hat die Erfahrungen der Schüler/innen und das gegenwärtige Leben zum Ausgangspunkt und Antrieb (Dewey 1993; Emer/Lenzen 2002).

Die übliche Trennung von Lernen und Anwenden, Theorie und Praxis, Schule und Gesellschaft soll aufgehoben werden, der Schüler soll über Mit- und Selbstbestimmung im Unterrichtsgeschehen auch zur Öffnung nach außen geführt und befähigt werden.

weitere Vertreter der Projektidee

Auf weitere Vertreter (z.B. Deweys Schüler Kilpatrick) kann an dieser Stelle nicht ausführlich eingegangen werden, doch lässt sich sagen, dass die Projekttheorie der amerikanischen Reformpädagogik, die Ende der 1920er-Jahre ihren Höhepunkt hatte, die entscheidenden Impulse für die deutsche pädagogische Diskussion gab.

So hat Georg Kerschensteiner (1854–1932), der Dewey in Chicago besuchte, Elemente der Projektmethode aufgegriffen. In Deutschland benutzte Kurt Hahn (1886–1974) bereits 1926 den Begriff »Projekt« und verwendete ihn als eines von vier konstituierenden Elementen seines erlebnispädagogischen Konzeptes. Durch das Projekt können Schule und Leben wieder näher zueinandergebracht werden.

Im Rahmen der Diskussion um soziales Lernen kommt dem Projektunterricht gerade seit den 1970er-Jahren in den Gesamtschulen besondere Bedeutung zu. In den 1970er- und 1980er-Jahren brachte das Konzept der Projektwochen einen neuen Reformimpuls. Während der Projektwoche hebt die Schule ihre traditionelle Struktur auf, schafft anregendes, andersartiges Schulleben. Aber gerade diese Isolierung vom schulischen Alltag lässt Kritiker den Wert bezweifeln.

Begründungen für den Einsatz von Projektunterricht

Auf den Bildungswert des Projektunterrichts soll an dieser Stelle nicht eingegangen werden. Hier soll auf Emer und Lenzen (2002) verwiesen werden, die sieben Begründungsebenen unterscheiden.
In unserem Zusammenhang sind die Zielsetzungen entscheidend. Nach Traub (2010) lassen sich folgende gemeinsamen Kriterien ableiten:

Begründungen für den Einsatz von Projektunterricht

1. Schülerorientierung
Die Schüler/innen werden an der Auswahl des Projektthemas beteiligt. Das Thema soll an ihren Interessen und Erfahrungen anknüpfen und sich zudem auf den Lebenskontext der Lernenden beziehen und einer konkreten, für sie relevanten Lebenssituation entnommen sein (Alltagsbezug). Die Bearbeitung des Themas erfolgt schüleraktiv in Verantwortung der Lernenden.
2. Handlungsorientierung
Die Planung, Durchführung und Überprüfung liegt in der Hand der Lernenden. Ziel ist es hierbei, die Schüler/innen ihr Wissen individuell, konstruktiv und multisensorisch erarbeiten zu lassen, sodass es sich durch einen hohen Grad der Nachhaltigkeit auszeichnet und eigenständig angewandt werden kann. Ein Thema wird selbstständig und ernsthaft bearbeitet, und es sollte für das individuelle Erleben und Verhalten der Lernenden bedeutsam sein. Die Aufgabe muss eine besondere Herausforderung darstellen, angestrengtes Tun und Lernen verlangen und Anreiz zu weiteren Untersuchungen geben. Ganzheitliches Lernen ist möglich.
3. Produktorientierung
Ziel ist es, ein gemeinsames Produkt zu erstellen. Dies kann vorweisbar oder gedanklich vollzogen werden.
4. Unterrichtliche Rahmenbedingungen
Zeittakt, Stundenplan und Fachunterricht sind in dieser Zeit in der Regel aufgehoben, eventuell auch das Jahrgangsklassensystem.
5. Phasenstruktur der Arbeitsorganisation
Es finden eine Zielbestimmung, eine Planung, eine Durchführung und eine Reflexion durch die Lernenden statt. Dabei sind die Aufgaben komplex und benötigen Überlegung und organisatorische Tätigkeit. Die Durchführung hat einen kreativen, forschenden Charakter. Zumeist wird in kleinen Gruppen gearbeitet.
6. Problemorientierung
Projektunterricht ist Unterricht, in dem Lehrer/innen und Schüler/innen ein wirkliches Problem in gemeinsamer Anstrengung und in handelnder Auseinandersetzung mit der Wirklichkeit zu lösen suchen. Es weist zumeist gesellschaftliche Relevanz auf, zumindest ist es aber für die Lernenden bedeutsam.
7. Selbststeuerung
Bei der Bearbeitung des Problems gehen die Lernenden selbstgesteuert vor und nutzen verschiedene Lernstrategien.
8. Vergnügungs- und Erlebnisprojekte entsprechen nicht dem Projektgedanken eines ernsthaften Lernens.

Ernst zu nehmen sind aber folgende Einwände, die sich gegenüber dem Projektunterricht vorbringen lassen und unmittelbar das Lehrerverhalten betreffen:

Kritikpunkte gegen den Einsatz von Projektunterricht

- Oelkers bezweifelt die Effektivität des Projektunterrichts. Es sei »keineswegs sicher, ob die Steigerung der Anstrengung mit steigender Effektivität verbunden ist« (Oelkers 1997, S. 26). Die Praxis sei relativ aufwendig und anstrengend, falle häufig aber ziemlich belanglos aus und sei zudem wenig verbreitet.
- Projektunterricht wird als eine Sache der Schwärmer und Utopisten abgetan, seine wirklichen Effekte würden gern überschätzt (Diederich 1994).
- Der rhetorische Aufwand entspreche nicht der praktischen Wirksamkeit dieser Unterrichtsform (Otto 1997).
- Insgesamt werden die theoretischen Ansprüche als zu hoch angesehen; die Projektpraxis sei didaktisch zu wenig strukturiert.

Diese Einwände sind insofern ernst zu nehmen und zum Teil auch berechtigt, als es auffällt, dass im Gegensatz beispielsweise zu Partner- oder Gruppenarbeit umfassende Wirksamkeitsstudien, die empirischen Standards genügen, fehlen.

Phasen des Projektunterrichts

Folgende Phasen lassen sich unterscheiden, unabhängig davon, welche Definition und Weite des Projektbegriffes man benutzt (Mergendoller et al. 2006).

Planungsphase

Projekte müssen geplant werden, auch wenn nicht alles planbar ist. Hier geht es darum, das Projektziel klar zu benennen, eine spannende Frage zu entwickeln und auch entsprechende Materialien zu überlegen bzw. bereitzustellen.

Einführungsphase

Die Schüler/innen sollen sich für das Projekt begeistern und ihnen sollen klare Regeln, Prozeduren und auch eine Zeitleiste kommuniziert werden. Die Aufgaben müssen in der Klasse sinnvoll in Gruppen verteilt werden.

Begleitphase

Hier geht es darum, die Schüler/innen während des gesamten Prozesses mit Rat und Tat zu begleiten.

Beendung

Schließlich sollte sich über die Präsentation Gedanken gemacht werden, das Projekt zu bewerten und den gesamten Prozess abschließend zu reflektieren.

Elemente von Projektunterricht

Mittlerweile gibt es in Deutschland eine Menge Projektliteratur, allerdings eher weniger empirische Untersuchungen als vielmehr kaum mehr zu überblickende Praxis- oder Erfahrungsberichte.

Ein idealer Ablaufplan für ca. 12 Projekttage

Hier soll exemplarisch das Modell nach Emer und Lenzen (2002, S. 213) skizziert werden. Es stellt ein sehr angeleitetes Modell von Projektunterricht dar. Die Lehrperson bzw. der Projektausschuss übernehmen die Hauptverantwortung für die Planung und die Präsentation. Die Autoren gehen von etwa zwölf Unterrichtstagen aus. Folgende Skizze gibt idealtypisch die einzelnen Phasen mit den dazugehörigen methodischen Schritten wieder, Kompetenzen werden angegeben, die dabei gefordert und gefördert werden.

Phase	methodische Schritte	methodische Kompetenzen
1. Initiierungsphase	a) Thema finden b) Rollen reflektieren c) Initiatoren finden d) Initialimpulse überlegen	kreative Kompetenz
2. Einstiegsphase	a) die Einzelnen kennenlernen b) die Gruppe konstituieren c) das Thema vorstellen	Informationskompetenz soziale Kompetenz
3. Planungsphase	a) Themenstellung und -aspekte präzisieren b) Produkt und Adressaten festlegen	Planungskompetenz Entscheidungskompetenz

Phase	methodische Schritte	methodische Kompetenzen
	c) Arbeitsmethoden und -orte bestimmen d) Rollen bestimmen und übernehmen e) Zeit- und Materialplan anlegen f) Projektplan erstellen	 Rollenkompetenz
4. Durchführungsphase	a) Material beschaffen und erkunden b) auswerten und bearbeiten c) das Produkt erstellen d) koordinieren und reflektieren	Problemlösungskompetenz Gestaltungskompetenz soziale Kompetenz Konfliktlösungskompetenz Organisationskompetenz
5. Präsentationsphase	a) das Produkt präsentieren b) für das Produkt werben c) das Produkt kommunikativ vermitteln	Produktkompetenz kommunikative Kompetenz
6. Auswertungsphase	a) das Produkt bewerten b) die Wirkung beurteilen c) den Prozess bewerten	Beurteilungsvermögen didaktische Kompetenz
7. Weiterführungsphase	a) das Projekt dokumentieren b) das Projekt fortsetzen	Dokumentationskompetenz Verantwortungskompetenz Betreuungskompetenz

Abb. 8: Idealtypischer Projektverlauf nach Emer und Lenzen (2002, S. 213)

In unserem Kontext kommt es auf die dritte Phase an: Die Projektarbeit einzuleiten und zu planen ist eine der entscheidendsten Aufgaben im gesamten Projektprozess. Diese Phase muss gemeinsam mit allen Projektteilnehmer/innen gestaltet werden. Bei diesem kooperativen Planungsprozess hat der Lehrende die Verantwortung für die Planung, bei der die sechs methodischen Schritte ineinander verzahnt abgearbeitet werden müssen.

6.3 Instruktionale Unterstützung

Die skizzierten Unterrichtskonzepte »tutorielles Lernen«, »Gruppenunterricht« und »Projektunterricht« können zu einer Überforderung der Schüler/innen führen – speziell dazu, dass sie unter Umständen wenig zielführende Strategien verwenden. Man muss in Betracht ziehen, dass selbstständiges Arbeiten nicht einfach vorausgesetzt werden kann. Man darf nicht stillschweigend davon ausgehen, dass die Lernenden ihre Fehler und Schwierigkeiten bei der Bearbeitung von Aufgaben bemerken und selbstständig korrigieren können.

Dabei sind folgende behindernde Faktoren auf Schülerseite bekannt:

Gründe für mangelnde Selbstständigkeit auf Schülerseite

- Lernende haben Probleme, sich selbst Ziele zu setzen. Im alltäglichen Unterricht gewinnen Lernende keine Erfahrungen und Einsichten in den Sinn und Nutzen von Lernzielen.
- Die traditionelle Prüfungspraxis ist eher auf rein reproduktives Lernen ausgerichtet.
- Lernende nehmen im traditionellen Unterricht eher eine passive Rolle ein und sind an Lernaktivitäten wenig interessiert.
- Lehrer/innen lassen zu wenig Möglichkeiten zum selbstständigen Lernen zu, sie variieren die Steuerung ihres Unterrichts zu wenig, sie geben vorschnell Lösungen vor und verhindern so eher das eigenständige Denken und Arbeiten.

Selbstständiges Lernen kann aber auch gefördert werden, wenn die folgenden Maßnahmen eingehalten werden:

Möglichkeiten zur Förderung selbstständigen Lernens

- Lernende müssen zum selbstständigen Lernen angeleitet werden. Dies kann durch »scaffolding« und »fading« gewährleistet werden (vgl. Kap. 6.1.3).
- Selbstständiges Lernen sollte in allen Fächern erfolgen; es gibt kein inhaltsneutrales Lernen.
- Transfermöglichkeiten müssen eingeübt und besprochen werden, Transfer stellt sich nicht von selbst ein.

6.4 Teamteaching in inklusiven Lernumgebungen

In inklusiven Lernumgebungen hat das Einzelkämpfertum ausgedient. In der Inklusion ist Teamteaching obligatorisch. Ein Lehrerteam mit unterschiedlichen Spezialisierungen kann die Breite der Lernbedürfnisse besser bedienen.

Der Begriff des Teamteaching

Stronge, Tucker und Hindman (2004) subsumieren unter dem Begriff des Teamteaching:

1. Co-Teaching
   Hierunter verstehen sie die Präsenz von zwei Lehrer/innen in einer Klasse, wobei die Rollen unterschiedlich verteilt sein können (z. B. eine Lehrkraft unterrichtet, eine assistiert oder beobachtet oder fördert).
2. Teamteaching
   Den Begriff verwenden sie, wenn mehr als drei Lehrer/innen in einer Klasse arbeiten.
3. Teamteaching in multiprofessionellen Teams
   Mehrere Lehrer/innen unterrichten, assistieren und fördern.

Ansätze

Teamteaching-Ansätze

Kricke und Reich (2016, S. 54) fassen in Anlehnung an Perez (2012) folgende Teamteaching-Ansätze zusammen:

1. Multimodales Lehren in Individualgruppen
   Die Lernenden werden nach unterschiedlichen Gesichtspunkten (Leistung, Interesse …) in Kleingruppen aufgeteilt und von einzelnen Lehrenden unterrichtet. Diese sollen auch rotieren, um alle Lernenden kennenzulernen und umgekehrt.
2. Leitungs- und Ergänzungsansatz
   Ein Lehrer/eine Lehrerin übernimmt die Leitung im Lernprozess. Eine weitere assistiert ergänzend, kann beobachten oder Einzelne fördern.
3. Lehren im Duett
   Alle Lehrenden sind gleichermaßen aktiv im Unterrichtsgeschehen beteiligt, sie planen gemeinsam und unterrichten gemeinsam. Bei diesem Ansatz integrieren die Lehrenden spezielle Förder-Elemente in das generelle Unterrichtssetting.

Voraussetzungen

Voraussetzungen für ein Gelingen sind auf verschiedenen Ebenen sicherzustellen (vgl. S. 54):

Lehr-Lernkultur, Schulorganisation und Zusammenarbeit

- Lehr-Lernkultur
  - Es existiert ein gemeinsames Verständnis der pädagogischen Ziele.
- Schulorganisation
  - Es gibt eine engagierte und informierte Schulleitung.
  - Von multiprofessionellen Teams werden im Kollegium gemeinsame Curricula und Stundenpläne erstellt.
  - Persönliche Weiterbildungsmöglichkeiten sind fest vorgesehen.
  - Es gibt eine angemessene Ausstattung, Ressourcen wie Materialien, Räume, Zeitfenster sind ausreichend vorhanden.
- Zusammenarbeit
  - Es gibt feste Zeiträume der Vorbereitung, Planung, Durchführung, Bewertung und Reflexion.
  - Die Stärken und Schwächen jeder Lehrkraft werden berücksichtigt.
  - Es gibt definierte Rollen und Verantwortlichkeiten.

Gelingensbedingungen

Als Gelingensbedingungen erfolgreicher Teamarbeit gelten (vgl. S. 56):

- Bereitschaft zu kontinuierlicher Kooperation und zur geteilten Verantwortung
- eine fördernde und inklusive Haltung
- Vertrauen in eigene Kompetenzen und die der Teamkolleginnen und -kollegen
- Teilnahme an praxisorientierten Fortbildungen
- hinreichend Zeit zur Vorbereitung mit administrativer Unterstützung
- ein Wir-Gefühl durch eine geeignete Lernumgebung in Form von Lernlandschaften

Lernlandschaften

Selbstlernmaterial, ruhiger Arbeitsplatz und Möglichkeiten für Pausen

Hier ist Selbstlernmaterial mit individuellen Aufgaben vorhanden, die nach Niveaustufen unterschieden sind und mittels Kompetenzrastern den Lernenden helfen, eigene Pläne im Lernen zeitlich zu entwickeln, Aufgaben zu erledigen und deren Erfolg selbstwirksam zu kontrollieren. Eine Lernlandschaft ist räumlich so gestaltet, dass alle einen ruhigen Arbeitsplatz haben und Wechsel ihrer Aktions- und Sozialformen stattfinden können. Möglichkeiten für Pausen sind vorhanden. Teamteaching ist notwendig, damit alle Schüler/innen Möglichkeiten der Beratung haben und Zeit für Feedback vorhanden ist.

Lehrerhaltungen

Grundhaltungen der Lehrkräfte

In Anlehnung an Reich (2014) und Kricke und Reich (2016) geht es bei den Lehrkräften um folgende Grundhaltungen:

- pädagogische Grundhaltung (grundsätzliche Bereitschaft und Offenheit für eine diverse Kultur)
- demokratische Grundhaltung (auf Partizipation ausgelegt)
- kulturoffene Grundhaltung (gegenseitige Toleranz)
- Streben nach Exzellenz statt Mittelmaß (höchste Erwartungen an alle Lernenden)
- chancengerechte Haltung (umfassende Entwicklung für alle)
- lernerzentrierte Haltung (alle ermutigen, eigene Wege des Lernens zu finden)
- realistische Leistungshaltung (gezielte Förderung auf der Basis der unterschiedlichen Voraussetzungen)
- methodische Förderhaltung (unterschiedliche Perspektiven und Lernzugänge ermöglichen)
- realistische Lernerwartungshaltung (lebenswelt- und berufsbezogenes Curriculum)
- positive Teamhaltung (sich einbringen und sich anderen anpassen)

»Co-Planning Tips and Tricks«

Perez (2012) listet eine Anzahl von »Co-Planning Tips and Tricks« (S. 45 f.) auf, darunter:

- Für gemeinsame Planung ist eine bestimmte Zeit festzulegen. Das Minimum sollte 60 Minuten pro Woche betragen.
- Die Unterrichtsfolgen sind im Voraus zu planen. Die Stunden sind zu beachten, die besonderer Kooperation bedürfen.
- Das Unterrichten hat sich an den Bedürfnissen der Schüler/innen zu orientieren.
- Die Inhalte sind der Maßstab für die Art des Unterrichtens.
- Keiner sollte unvorbereitet in die Planungsmeeting kommen.
- Ohne gemeinsame Planung funktioniert kein gemeinsames Unterrichten.
- Für alle Beteiligten ist ein Feedback einzuplanen.

- Für jedes Fach ist ein Routinevorgehen anzudenken, z. B. für Mathematik kann dies so aussehen: 1. Die ersten zehn Minuten gemeinsames Arbeiten mit der ganzen Klasse; 2. 30/40 Minuten Kleingruppenarbeit oder Stationenlernen; 3. Arbeiten am Arbeitsplatz, Lehrkräfte gehen zu einzelnen Gruppen.
- Die Verantwortlichkeiten für einzelne Planungsschritte, Materialbeschaffung oder Testkonstruktion sollten sich abwechseln.
- Manchmal macht es Sinn, wenn eine Lehrkraft allein den Stoff plant und die andere sich um Differenzierungs- oder Individualisierungsmaßnahmen kümmert.
- Es ist sinnvoll, mindestens eine Woche im Voraus zu planen und dann die einzelnen Stunden dem Lernfortschritt der Schüler/innen anzupassen.

7 Konsequenzen für die Praxis

Vor dem Hintergrund der herausgearbeiteten Merkmale von Klassenführung soll nun die komplexe Aufgabe skizziert werden, vor der Lehrende stehen. Entsprechend dem Anliegen des Buches rücken wir im Folgenden den Lehrer ins Zentrum. Wir fokussieren also auf einen der Hauptakteure der Schule und blenden das weitere System Schule aus.

Die Lehrkraft im Blickfeld

Gerade wenn es um Strategien pädagogischen Handelns, beispielsweise im Umgang mit Störungen geht, ist in der Literatur der systemische Charakter sehr gut belegt. »Das Ausmaß an Unterrichtsstörungen hängt von verschiedenen, miteinander in vielfältiger Weise verwobenen Faktoren ab«, so beginnen die Autoren Mayr, Eder und Fartacek (1991, S. 43) ihre Untersuchung. Weit vor dem Lehrerverhalten sind gesellschaftliche Rahmenbedingungen und Charakteristika der Schule vorgeschaltet. Neben vielen unterrichtlichen Kontextvariablen sind natürlich die Merkmale der Schüler/innen ebenfalls von Bedeutung.

Eine weitere Auswahl muss die Berücksichtigung der Themen angehen. Wir versuchen, aus den bisher angesprochenen Kapiteln praxistaugliche Befunde zu filtern und hier thematisch gegliedert systematisch zusammenzutragen. Damit können all die Autor/innen, die höchst professionell und sehr informativ vorliegende Befunde und Literatur zu vorliegendem Thema – gerade zum Thema Disziplin und Unterrichtsstörungen – zusammentragen haben, hier keine Berücksichtigung finden.

7.1 Erziehender Unterricht

Wie können nun Lehrer/innen erziehend wirken?

Die Lehrkraft als Erzieher

Kein Lehrer in keiner Schulart kann sich aus seinem Erziehungsauftrag herausreden oder herausstehlen. Jeder Pädagoge ist auch Erzieher und kein reiner Wissensvermittler. Jeder Pädagoge muss das Potenzial ausschöpfen, das er kraft seines Amtes innehat.

Wenn es nun um Erziehungspotenziale geht, so schwingen beim Begriff der Erziehung noch immer Disziplin, Verbote, Gebote, Restriktionen und Verhaltenskorrekturen mit.

Die Vorstellung ist lebendig, Erzogenwerden sei ein leidvoller Prozess und Erziehung eine beschwerliche, aufreibende Tätigkeit, bei der es darauf ankomme, Unerzogenheit zu verhindern bzw. zu korrigieren. Assoziationen dieser Art stehen im Widerspruch zum heute gebräuchlichen Begriffsverständnis: »Erziehung ist eine notwendige, absichtsvolle und intergenerative Hilfe bei der Entwicklung des Heranwachsenden zu seiner Mündigkeit« (Wiater 2009, S. 324).

Erziehung: heutiges Begriffsverständnis

Wie in Kapitel 3.1 ausgeführt, ist Herbarts Einführung des Begriffs »erziehender Unterricht« in der Schule richtungsweisend. Diese Formel bedeutet zweierlei:

konkrete Bedeutung des Herbartschen Terms

- Hier ist in der Schule ein riesiges Potenzial vorhanden, weil Lehrer/-innen einen Gegenstand – den Unterrichtsstoff – haben, über den sie mit den Schüler/innen in Kommunikation treten.
- Lehrer müssen also nicht erziehen, ohne zu unterrichten; dies dürfte auch nicht funktionieren, dies liefe eher auf »moralisieren« oder »predigen« hinaus.
- Unterricht ist nicht per se erziehend, sondern bietet Möglichkeiten und enthält Gelegenheiten, die erzieherisch genutzt werden können. Dass dies funktionieren kann, ist nämlich von zwei Bedingungen abhängig:
  - zum einen von der inneren Bereitschaft des Schülers, sich darauf einzulassen und sein Verhalten entsprechend zu reflektieren bzw. zu korrigieren
  - zum anderen vom Willen und von der Befähigung des Lehrers dazu.

Die Möglichkeiten, die der Lehrer dazu im Unterricht nutzen kann, lassen sich zu drei großen Handlungsfeldern systematisieren (Wiater 2009, S. 332 f.):

Drei Handlungsfelder für Erziehung im Unterricht

1. Handlungsfeld: didaktische Entscheidungen
   a) die Durchführung eines klar strukturierten, zügig und schülerorientiert konzipierten Unterrichts in angemessener Zeit, wodurch Schüler/innen zu einer sachbezogenen und sich selbst verpflichtenden Lern- und Arbeitshaltung kommen
   b) die Beachtung erzieherisch wirksamer Unterrichtsprinzipien im lehrergesteuerten und lehrgangsorientierten Unterricht, wie beispielsweise Schülerorientierung, Selbsttätigkeit/Aktivierung der Schüler/innen, angst- und repressionsfreie Unterrichtsgestaltung und Leistungsüberprüfung, Differenzierung zur Vermeidung von Über- und Unterforderung der Schüler/innen

c) die Nutzung offener Unterrichts- und Lernformen wie Freiarbeit, Wochenplanarbeit, Projektarbeit, Lernzirkel oder Ähnliches, um Schüler/innen Eigenverantwortlichkeit, Kooperationsbereitschaft, Kreativität, Selbstständigkeit und ein Lernen mit allen Sinnen zu ermöglichen
d) die Auswahl von Unterrichtsinhalten, die zu Wertklärungen und Werteorientierungen Anlass geben, bei denen Recht und Unrecht, epochale menschliche Schlüsselprobleme, Pflicht und Neigung, Verantwortung und Freiheit thematisiert werden (vgl. beispielsweise Dilemmageschichten, Schullektüren, Schulbuchtexte) und zu denen Schüler/innen sich eine verantwortliche eigene Position erarbeiten müssen
e) die Nutzung von Unterrichtsmethoden für das Erlernen solidarischen und kommunikativen Verhaltens, wie z. B. Partnerarbeit, Gruppenarbeit, Rollenspiel, Debatte, Projekte, Diskussionen, sowie von fachspezifischen und fächerübergreifenden Arbeitsweisen, die z. B. zu Sachgerechtigkeit, Genauigkeit, Hypothesenbildung und -überprüfung, Pro-kontra-Argumentationsfähigkeit, Respektierung von Natur und Umwelt veranlassen

2. Handlungsfeld: organisatorische Maßnahmen
   a) Unterrichtssituationen zu normativer Orientierung nutzen, indem man Konflikte, Störungen, positive Verhaltensweisen aufgreift und gemeinsam mit den Schüler/innen bearbeitet
   b) reziproke Umgangsformen und dialogische Interaktionsformen zwischen Lehrer/innen und Schüler/innen sowie Schüler/innen und Schüler/innen praktizieren
   c) die Modifikation des Schülerverhaltens im Unterricht auf der Grundlage von gemeinsam erstellten Regeln, Ritualen, Ordnungen und Vereinbarungen, die kontrolliert und bei Übertreten sanktioniert werden
   d) die Einübung von Haltungen wie Selbstständigkeit, Rücksicht- und Anteilnahme, Hilfsbereitschaft, Zuverlässigkeit, Sorgfalt bei der Aufgabenbewältigung, Sachlichkeit oder Redlichkeit
   e) eine konsequente Verhaltensregulierung und Disziplinierung der Schüler/innen im Unterricht, wenn sie die Rechte und die Würde ihrer Mitschüler/innen und ihrer Lehrer/innen missachten
   f) die Gestaltung eines Lern- und Schulklimas, das Schüler/innen im Unterricht und im Schulleben Geborgenheits-, Vertrauens- und Selbstwerterfahrungen möglich macht
   g) die Öffnung des Schulunterrichts für neue Formen der Zusammenarbeit mit den Schülereltern und mit den pädagogischen und sozialen Institutionen vor Ort, sodass die Lebensbedeutsam-

keit der schulischen Erziehung den Kindern und Jugendlichen besser vor Augen geführt wird

3. Handlungsfeld: personales Engagement
   a) als Lehrer akzeptieren und pädagogisch nutzen, dass man nolens volens Vorbild bzw. Verhaltensmodell für Schüler/innen ist, d.h. sich um ein authentisches und nachahmenswertes Modellverhalten bemühen
   b) die Selbstreflexivität und Selbstkontrolle (bei der Lehrersprache und dem Lehr- und Allgemeinverhalten) vergrößern, eine erzieherisch durchdachte Klassenführung praktizieren

All diese Unterrichtsmöglichkeiten dürfen nicht isoliert betrachtet werden. Sie bedürfen eines Fundaments in der gemeinschaftlich erarbeiteten Erziehungsphilosophie der jeweiligen Schule, auf die sich alle Beteiligten verpflichten.

Negativ formuliert seien auf Lehrerseite angeführt:

zu vermeiden

- fehlende fachliche Absprachen zwischen den Vertreter/innen der einzelnen Unterrichtsfächer im Hinblick auf vorgegebene Ziele und Inhalte
- fehlende Absprachen im Hinblick auf Methodenkonzeptionen für das Erreichen überfachlicher und pädagogischer Ziele
- Unterschiede im Anspruchsniveau bei Bewertungen
- divergierendes Erziehungshandeln

7.2 Sozialpsychologische Perspektive

Lehrer-Schüler-Interaktion (Ulich 2001)

Für eine Verbesserung der Lehrer-Schüler-Interaktion taugen folgende Maßnahmen (Ulich 2001):

- Gerechtigkeit der Lehrer/innen
- fachliches und didaktisches Können
- persönliches Eingehen auf die Schüler/innen

Nach Schülereinschätzung kommt es zu einer Reduktion von Unterrichtsstörungen und einer erfolgreichen Lehrer-Schüler-Interaktion, wenn Lehrer/innen

- in ihrem Fach viel können
- ihren Beruf ernst nehmen
- die Schüler/innen mögen

- den Schüler/innen genau vermitteln, welches Verhalten sie von ihnen erwarten
- offen und ehrlich gegenüber Schüler/innen sind
- Versprechen und Ankündigungen einhalten
- interessant unterrichten
- den Schüler/innen viel beibringen

Dagegen sind nach Schülermeinung folgende Maßnahmen für die Interaktion eher wenig förderlich:

- Bestrafungen
- Kontaktaufnahme mit den Eltern, wenn Schwierigkeiten auftreten
- Betonung des Abstandes zwischen Lehrer/innen und Schüler/innen

Um solche Forderungen auch realisieren zu können, bedarf es auf struktureller Seite einer Entlastung der Lehrer/innen. Hierzu zählen:

- kleinere Klassen
- Reduzierung des Unterrichtsdeputats
- mehr Fortbildung
- weniger Reglementierung

Emotionskontrolle (Sutton/Mudrey-Camino/Knight 2009)

Sutton, Mudrey-Camino und Knight (2009) fanden bei Lehrerinterviews heraus, dass Lehrer/innen immer dann, wenn sie ihre Lehrziele nicht erreichen, negative Emotionen erleben und versuchen, sie zu verändern. Und dies passiert eher bei Schülerfehlverhalten und Störungen, als wenn die Schüler/innen den Stoff nicht verstehen. In mehreren Studien fanden sie drei Arten von Einstellungen über die Art der eigenen Emotionskontrolle:

unterschiedliche Ziele der Emotionskontrolle

1. Ziele der Emotionskontrolle
   Hier gibt es offenbar große individuelle Unterschiede.
   - 80 Prozent der Lehrer/innen geben an, sich zu bemühen, eine Emotionskontrolle auszuüben, um positive Emotionen, wie z. B. Glück, zu zeigen. 65 Prozent geben an, sich zu bemühen, negative Emotionen, wie Furcht oder Frustration, zu vermeiden.
   - Doch es gibt auch eine Gruppe von Lehrer/innen, die genau umgekehrt vorgehen. Diese Lehrer/innen wollen eher negative Emotionen zeigen und positive zurückhalten.
   - Eine dritte Gruppe möchte authentisch bleiben und diese Emotionen, die sie empfinden, auch kommunizieren.

2. Überzeugung der Wirksamkeit
   Die Lehrer/innen geben an, dass sie sich als unterrichtlich wirksamer erleben, wenn sie positive Emotionen ausdrücken und negative zu kontrollieren versuchen. Sie gehen davon aus, dass sie so die Aufmerksamkeit und Motivation der Schüler/innen steigern können.

Humor beispielsweise ist gut, um positive Beziehungen zu erzeugen und schwierige Situationen zu vermeiden, die in negative Schüleremotionen umschlagen und zu Disziplinschwierigkeiten führen können.
97 Prozent der über 400 befragten Lehrer geben an, dass sie, wenn sie positive Emotionen ausdrücken, sich »manchmal«, meistens »immer« als unterrichtlich wirksamer erleben.
Umgekehrt gibt es größere Unterschiede: 60 Prozent sagen, wenn sie negative Emotionen zeigen, dass sie »manchmal«, meist »immer« weniger erfolgreich agieren, wohingegen 36 Prozent sagen, dass sie »manchmal«, meist »immer« erfolgreicher agieren.

3. Überzeugung, positive Emotionen zu zeigen
   Fast alle Lehrer/innen, so die Befundlage, sind überzeugt, dass sie ihren Schüler/innen positive Emotionen kommunizieren können, doch sie sind weniger davon überzeugt, ihre negativen Emotionen wie Angst oder Stress im Klassenzimmer reduzieren zu können. Allerdings gibt es bisher keine Belege, ob sie ihre Überzeugungen auch wirklich entsprechend umsetzen können.

Interviewstudie mit 30 Lehrkräften

Sutton (2004) stellte mithilfe einer Interviewstudie mit 30 Lehrer/innen verschiedene Strategien zusammen, über die die Lehrer/innen berichteten, wie sie negative Emotionen kontrollieren. Sutton klassifiziert die Strategien (vgl. Sutton 2004, S. 135, Tab. 1; Sutton et al. 2009) in präventive und reaktive und beide wiederum nach dem Zeitpunkt des Einsatzes:

Strategien zur Kontrolle negativer Emotionen

- präventive Strategien:
  - Strategien zur Veränderung der Situation vor dem Unterricht: z.B. Unterrichtsstunden überarbeiten
  - »in flagranti«, z.B. die Klasse eine Stillarbeit ausführen lassen; einen Witz machen
- Strategien der Aufmerksamkeitssteuerung
  - vor dem Unterricht: z.B. Kollegengespräch; im Klassenzimmer sitzen
  - »in flagranti«: z.B. sich ablenken; die Ärger auslösende Störung ignorieren
- Strategien des kognitiven Wandels oder der Umdeutung der Situation
  - »in flagranti«: z.B. Selbstgespräch
- reaktive Strategien:
  - Strategien mit körperlichem Verhalten

  - »in flagranti«: z.B. sich aus der Situation ziehen; Pause; tief durchatmen
  - nach dem Unterricht: z.B. an einem ruhigen Ort sitzen bleiben
- kognitive Strategien
  - »in flagranti«: z.B. reflektieren, an etwas Positives denken; visualisieren
  - nach dem Unterricht: z.B. Gespräch mit Kolleg/innen, Freund/innen.

Faktor für erfolgreiche Klassenführung

Die Ergebnisse sind eindeutig: Immer wenn die Lehrer/innen ihre Emotionen positiver neu bewerteten und justierten und negative unterdrückten oder zu vermeiden suchten, waren ihre Instruktionsstrategien und ihr Classroom Management wirksamer und die Schülerbeteiligung höher. Dennoch kam es auch vor, dass eine Verärgerung, die die Lehrer/innen zeigten, vereinbarten Klassenstandards Nachdruck verlieh. Hier gibt es noch Forschungsbedarf, was die angemessene Mischung aus positiven und negativen Emotionen in unterschiedlichen Kontexten betrifft.

Forschungsbedarf

7.3 Classroom Management

Aus behavioristischer Sicht: Bestrafung

Ein Problem und Dauerthema im pädagogischen Kontext bleibt die Frage der Bestrafung. Schon von Skinner (1973) wurde der Nachteil gesehen, dass Bestrafen negative Gefühle wie Angst oder Wut auslösen könnte und so das Arbeiten in der Schule nachhaltig beeinträchtigen kann. Aus behavioristischer Sicht wurden viele Aspekte zur Bestrafung experimentell im Labor und auch empirisch in Feldforschungen beigetragen:

Biehler und Snowman (1990, S. 344) fassen die Grenzen von Bestrafung so zusammen:

Grenzen von Bestrafung

1. Milde Bestrafung (wie normalerweise durchgeführt) unterdrückt unerwünschtes Verhalten nicht dauerhaft, im günstigsten Fall nur kurzfristig.
2. Bestraftes Verhalten kann weiterhin gezeigt werden, wenn der Strafende abwesend ist.
3. Bestrafung kann bei einigen Schüler/innen sogar dazu führen, dass unerwünschtes Verhalten ansteigt, und zwar dann, wenn Lehrerbestrafung als Aufmerksamkeit und damit als positiver Verstärker wahrgenommen wird.
4. Bestrafung kann unerwünschte emotionale Nebeneffekte auslösen bis zu Schulangst, Unpünktlichkeit, ja sogar Fernbleiben vom Unterricht.
5. Lehrer/innen zeigen mit Bestrafung ein Modellverhalten, von dem sie nicht wollen, dass es Schüler/innen übernehmen.

6. Effektives Bestrafen muss oft hart und unmittelbar nach einem aufgetretenen unerwünschten Verhalten erfolgen. Doch gegen hartes Bestrafen gibt es gesetzliche und ethische Vorbehalte.

Hinweise zur Durchführung von Bestrafung

Wenn Strafen sein müssen, dann ist darauf zu achten, dass

- »der Schüler genau weiß, wofür er bestraft wird;
- die Bestrafung nicht in erregtem Zustand des Schülers erfolgt;
- der Schüler nach der Bestrafung wieder in das Unterrichtsgeschehen integriert wird, ohne dass der Lehrer nochmals auf den Regelverstoß Bezug nimmt;
- das Verhalten bei seinem Beginn und nicht erst bei Beendigung bestraft wird;
- regelkonformes Verhalten systematisch verstärkt wird« (Julius 2004, S. 171).

Richtlinien zur Bestrafung

Kauffman (2005, S. 306 f.) schlägt aufgrund eines Reviews über den Forschungsstand über Bestrafung folgende Richtlinien im Umgang mit Bestrafung vor:

1. Bestrafung sollte für ernstes Fehlverhalten reserviert sein, das mit einer Beeinträchtigung der sozialen Beziehungen einhergeht.
2. Bestrafung sollte in Verbindung mit einem Verhaltensaufbau und Programmen durchgeführt werden, die positive Konsequenzen für entsprechendes Verhalten betonen.
3. Bestrafung sollte von Personen durchgeführt werden, die warmherzig gegenüber den Täter/innen sind und wenn diese ein akzeptables Verhalten zeigen.
4. Bestrafung sollte sachlich durchgeführt werden, nicht angstbesetzt, bedrohend oder moralisierend.
5. Bestrafung sollte fair, einheitlich und sofort erfolgen, sie sollte klar vorhersehbar und nicht aus einer Laune heraus oder zeitlich versetzt erfolgen.
6. Bestrafung sollte verhältnismäßig erfolgen, auf geringes Fehlverhalten sollte eine geringe, auf ernsthafteres Fehlverhalten eine stärkere Bestrafung erfolgen.
7. Bestrafung, wenn möglich, sollte eher eine Einbuße an Privilegien/Belohnungen oder einen Entzug von Aufmerksamkeit beinhalten als aversive Reize.
8. Bestrafung sollte sich auf das Fehlverhalten beziehen und dem Delinquenten die Möglichkeit der Wiedergutmachung einräumen.
9. Bestrafung sollte ausgesetzt werden, wenn ihre Wirkung nicht sofort klar wird. Es ist besser, nicht zu bestrafen, als ineffektiv zu bestrafen, da sonst die Toleranz für aversive Konsequenzen wächst.
10. Für alle Beteiligten sollte es klar fixierte Regeln für Bestrafung geben.

Prävention/Intervention (Nolting 2002)

Weshalb wird hier auf Nolting (2002) eingegangen, der einen »Klassiker« über Störungen in der Klasse schreibt? Er selbst gibt die Antwort:

»Präventiv wirken vor allem Verhaltensweisen, die auf ein gutes ›Lernmanagement‹ hinauslaufen«, und: »Mit Disziplinproblemen muss man nicht ›fertig werden‹, man muss sie verhindern« (Nolting 2002, S. 41). Nolting lässt in seinem Leitfaden zur Vorbeugung und Konfliktlösung Kounins Dimensionen mit einfließen. Er geht von Präventionsmaßnahmen und Interventionen aus.

Präventionen

vier disziplinrelevante Bereiche des Lehrerverhaltens zur Prävention

Er schlägt präventiv vier disziplinrelevante Bereiche des Lehrerverhaltens vor:

1. Prävention durch breite Aktivierung
   Hier liegt der Akzent auf Unterrichtsführung bzw. Lernmanagement mit dem Ziel der Klassenaktivierung. Dies meint Kounin mit »Aufrechterhaltung des Gruppen-Fokus« und »programmierter Überdrussvermeidung«.
   Nolting spricht zentrale Aspekte von Aktivierung an:
   - Die Betonung auf »breite« umfasst eben die Aktivierung möglichst der ganzen Klasse.
   - Aktivierung bedeutet neben didaktisch-methodischer Gestaltung auch das Ausdrucksverhalten wie Stimme, Mimik, Gestik und Bewegung im Raum.
   - Fragestellen für breite Aktivierung bedeutet:
     - Frage stellen
     - den Blick wandern lassen
     - eventuell Denkpause gewähren
     - Aufnehmen von Antworten: alle mal aufrufen
     - Bei Stillarbeit und Gruppenarbeit wird die Aktivierung in die richtige Aufgabe verlagert.
     - Da es für den Schüler sichtbar sein muss, aktiv gewesen zu sein, kommt es auf positive Kommentare an. So muss ein Lehrerlob echt klingen und auch präzise sein. Ebenso sollte es den persönlichen Fortschritt betreffen, was die pädagogische Diagnostik als »Individuelle Bezugsnormorientierung« bezeichnet (Sacher 2009).
2. Prävention durch Unterrichtsfluss
   Hier liegt der Akzent auf Vermeidung eigener Unterbrechungen des eigentlichen Unterrichts. Dies meint Kounin mit »Reibungslosigkeit und Schwung«.
   Hier geht es um folgende Aspekte:
   - Wartezeiten vermeiden
     Rutter et al. (1980) analysierten in ihrer Londoner Sek-I-Studie »Fünfzehntausend Stunden« den Anteil der Stundenzeit, die Lehrer/innen effektiv dem Thema der Stunden widmeten und nicht mit beispielsweise dem Aufbau von Geräten, Verteilen von Materialien, Bewältigen von Unterrichtsstörungen zubrachten. Die echte Lernzeit variierte im Schulvergleich zwischen 65 Prozent und über 85 Prozent.
     - So geht es darum, für einen zügigen Wechsel von einer Aktivität zu einer anderen zu sorgen.
     - Für einen zügigen Wechsel sind auch klare Instruktionen wichtig.

   - Längere Dialoge mit Einzelnen können für den Rest der Klasse bloßes Warten bedeuten.
- Eigene »Störungen« sollten unterlassen werden.
  Hier sollten Lehrer aufpassen, dass sie nicht ihren eigenen Unterricht durch deplatzierte Äußerungen »stören«, indem sie beispielsweise auf Unterrichtsstörungen übermäßig ausführlich und ausschweifend reagieren.

3. Prävention durch klare Regeln
   Hier liegt der Akzent auf Erwartungen an das Schülerverhalten, bezogen auf Lernaktivitäten sowie Unterlassung von Störungen.
   Hierüber hat sich die Forschergruppe um Evertson (vgl. Kap. 5.2 und im Folgenden) sehr ausführlich geäußert.
   Hier nur so viel: Bei der Einführung von Regeln ist zu beachten:
   - so wenige wie möglich
   - so einsichtig wie möglich
   - so positiv wie möglich.
4. Prävention durch Präsenz- und Stoppsignale
   Hier liegt der Akzent auf der Überwachung des Schülerverhaltens hinsichtlich der Einhaltung der Regeln. Dies subsumiert Kounin unter »Allgegenwärtigkeit«. Wahl, Weinert und Huber (1984, S. 410 ff.) gehen von sieben Kriterien aus, die bei einer Stoppstrategie zu beachten sind:
   - freundlicher Ton
   - Anordnung in Form einer Bitte
   - frühzeitiges Eingreifen
   - definierte Toleranzgrenze
   - anfangs häufiges Eingreifen
   - Beachtung aller Schüler/innen
   - Bekräftigung des erwünschten Zustandes.

Interventionen

Nolting schlägt lehrer- und gruppenzentrierte Strategien vor. Als Grundmuster für ein lehrerzentriertes Vorgehen mögen in vielen Situationen folgende Reaktionsweisen dienen:

lehrer- oder gruppenzentrierte Maßnahmen als Intervention

- direkte Bitte oder Aufforderung, dieses oder jenes zu tun
- Begründungen oder Erläuterungen, die auf Einsicht abzielen
- Fragen nach dem Geschehen
- aktives Zuhören gegenüber den Schüler/innen
- Ich-Botschaften
- humorvolle Reaktionen
- eigene Vorschläge
- Fragen nach Lösungen.

Um ein Problem erstmals als solches zu erkennen, um dann intervenieren zu können, sind folgende Punkte hilfreich:

- die Beschreibung des Problems
- die Selbstreflexion
- der Perspektivenwechsel
- die Beobachtung
- die Befragung.

An dieser Stelle soll es bei diesen allgemeinen Lehrerratschlägen bleiben. Umfassendere Ratschläge oder Interventionsprogramme haben hier keinen Ort. Hier muss auf eine umfangreich vorliegende Literatur verwiesen werden.

»Classroom Organization and Management Program« (COMP) (Evertson/Harris 1999)

Evertson und Harris entwickelten ihre vielfältigen Erkenntnisse, gerade auch was das neue lernerzentrierte Modell ihres Konzeptes von Classroom Management (Evertson/Harris 1999, vgl. Kap. 5.2) betrifft, zu einem Trainingsprogramm.

Trainingsprogramm zum lernzentrierten Modell von Klassenführung

Prinzipien

Dabei geht es nicht darum, den Lehrer/innen Rezepte an die Hand zu geben, sondern dass es ihnen gelingt, ihre eigenen Erwartungen von Unterricht mit den Schüler/innen zu kommunizieren und dann auch umzusetzen. Folgende vier Prinzipien sind handlungsleitend:

1. Effektive Klassenführung geht von Prävention anstatt Intervention aus.
2. Klassenführung und Unterrichten sind miteinander verwoben.
3. Schüler/innen sind aktiv beteiligt in der Lernumgebung.
4. Professionelle Mitarbeit unterstützt Änderungen im Lehrerhandeln.

Ziele

- Management-Skills der Lehrer/innen verbessern
- Bedingungen schaffen, dass die Schüler/innen es lernen, ihr eigenes Lernen zu organisieren

- Verbesserung der Aufgabenorientierung der Schüler/innen
- Reduzierung unangemessenen und störenden Verhaltens
- Förderung der Eigenverantwortung der Schüler/innen für ihr Lernen und Verhalten
- Verbesserung der schulischen Leistungen.

Inhalt

COMP beinhaltet Lernmodule zu folgenden Bereichen:

- den Klassenraum vorbereiten
- Planung und Unterrichten von Regeln und Routinen
- Entwicklung des Rechenschaftsprinzips bei den Schüler/innen
- Aufrechterhalten von normkonformem Schülerverhalten
- Planung und Organisation von guter Lehre
- Durchführung guter Lehre und Aufrechterhaltung von Schwung im Unterricht
- Gestaltung des Schulanfangs
- Klima, Kommunikation und Selbstorganisation.

Umsetzung

Los geht es mit einem zweitägigen Workshop, in dem die zentralen Elemente kollegial bearbeitet werden. Er besteht aus folgenden Schritten:

- Zunächst wird eine theoretische Einführung in die einzelnen Lernmodule gegeben.
- Die Teilnehmer/innen reflektieren anhand einer Checkliste ihren bisherigen Unterricht, was bisher gut war und was besser werden könnte.
- Hier werden Forschungsergebnisse mitgeteilt und reflektiert.
- Diese Ergebnisse werden nun auf den Unterricht heruntergebrochen. Es wird überlegt, wie zentrale Punkte im Klassenzimmer implementiert werden können.
- Anhand vorgegebener Fallstudien und Vignetten wird überlegt, wie die Punkte sich umsetzen lassen.
- Nun wird überlegt, wie einzelne Punkte sich im konkreten Unterrichtsalltag jedes Teilnehmers verwirklichen lassen.
- Schriftlich wird ein individueller Plan entworfen, auf dem etwa zehn Änderungen für die nächste Zeit festgehalten werden.

- Dann wird dieser Plan in einer sechs bis achtzehn Wochen dauernden Erprobungsphase im Klassenzimmer umgesetzt. Anschließend werden in einem erneuten Workshop die Erfahrungen ausgetauscht.

Wirksamkeit

Die Wirksamkeit des Trainings konnte in verschiedenen Studien nachgewiesen werden. Die genannten Ziele konnten in einem Zeitraum von mehr als zehn Jahren anhand durchgeführter Programme an 112 Schulen, bei 340 Lehrer/innen, in 429 Klassen und insgesamt bei über 10 000 Schüler/innen unterschiedlichster Jahrgangsstufen erreicht werden (Evertson/Harris 1999, S. 63, Tab. 4.1).

signifikante Ergebnisse

Abschließend möge folgendes Zitat stehen:

> *»These studies consistently reveal significant change in seventeen teacher variables, four student behavior variables, and two student outcome variables (see Table 4–2)«* (Evertson/Harris 1999, S. 72).

Umgang mit täglichen Belastungen (Leaman 2008)

Aus der schier unübersichtlichen Menge an Ratgeberliteratur im englischen Sprachraum, deren Autor/innen sich sehr gerne auf reflektierte Praxis berufen, soll ein aktuelles Beispiel gegeben werden. Leaman (2008) beschäftigt sich in ihrem Buch mit dem englischen Duktus in der Überschrift »The Perfect Teacher« in einem Kapitel zum Umgang mit Disziplin.

Nach Leaman sind es die typischen kleinen Belästigungen, die andauernd den Alltag prägen und bei denen es gilt, ruhig zu bleiben:

Alltagsprobleme einer Lehrkraft

- über die ganze Klasse hinweg sprechen
- ständig mit dem Lehrer sprechen wollen
- bei jeder Gelegenheit den Platz verlassen
- die Aufmerksamkeit suchenden Geräusche
- Mangel an Höflichkeit
- zu lautes Hintergrundgeräusch
- vorlaute Bemerkungen
- andere Schüler/innen beeinträchtigen
- unruhiges Verhalten
- unsachgemäße Antworten
- Schimpfen und Wortgeplänkel
- Verstoß gegen grundlegende Regeln (z. B. Kaugummikauen)

- den Stundenbeginn hinauszögern
- die Einrichtung beschädigen
- fehlende persönliche Organisation
- zu spät kommen
- Faulheit
- mangelndes Engagement.

Folgende Ratschläge gibt Leaman (2008):

Umgang mit Alltagsproblemen

1. Wie kann man mit den kleinen Belästigungen fertig werden?
   - Beharrlichkeit und Konsequenz
     Einen unterschiedlichen und inkonsequenten Umgang mit Problemen nehmen Schüler/innen nicht ernsthaft ab.
   - ansteigende Skala von Maßnahmen
     Es geht nicht darum, mit »Kanonen auf Spatzen zu schießen«, also Überreaktionen zu zeigen, sondern das Reaktionsrepertoire sollte situationsadäquat eingesetzt werden.
   - Konzentration auf zentrale Verhaltensweisen
     Es macht Sinn, die ganze Konzentration erstmals auf ganz wenige, jedoch für den Einzelnen sehr zentrale Erwartungen zu richten.
   - präventive Maßnahmen
     Präventive Maßnahmen, sogenannte »bestimmte Tricks« können helfen, dass die kleinen Lästigkeiten erst gar nicht auftreten. Begrüßungsrituale oder kleine Belohnungen für ein in die gewünschte Richtung gezeigtes Verhalten können hier helfen.
   - Konzentration auf den Stundenbeginn
     Es ist ganz wichtig, dass die Schüler/innen beim Ankommen im Klassenraum ruhig erwartet werden, dass Zeit genug ist, dass sie sich »aufgeräumt« einer Sache widmen können.
   - Bewusstsein für unterschiedliche Arten von Auslösern
     Man muss sich klarmachen, dass es Auslöser für Belästigungen gibt, die man kontrollieren kann, und solche, für die man nicht verantwortlich ist.
2. Wie kann man unter Druck ruhig bleiben?
   Leaman berichtet über Tipps von Lehrer/innen, die ihr sagten, wie sie in Drucksituationen ruhig bleiben können. Hier einige Vorschläge:

   Unter Druck ruhig bleiben

   - bis zehn zählen
   - sich auf langsames Ausatmen konzentrieren
   - sich von Schüler/innen nicht in eine Argumentationsnot bringen lassen
   - sachlich bleiben und sich nicht emotionalisieren lassen
   - sich bewusst machen, dass es sich im Augenblick nur um den Beruf handelt
   - sich einreden, dass es die Schüler/innen nicht persönlich meinen
   - viel Wasser trinken
   - mit dem Unterrichten aufhören und jeden für ein paar Minuten zum Schweigen bringen
   - wissen, dass man im Lehrerzimmer Dampf ablassen kann
   - den Kindern eine Aufgabe stellen und sie dann allein damit lassen
   - mit Schüler/innen arbeiten, die arbeiten wollen
   - an Wochenendaktivitäten denken
   - Antworten bis auf das Ende der Stunde verschieben.

Leaman (2008) spricht sich nicht dagegen aus, Emotionen zu zeigen, doch ihr Einsatz sollte wohlüberlegt sein. So kann man wohl einer Enttäuschung Ausdruck verleihen, wenn man Besseres erwartet hat.

Ruhe herstellen

3. Wie kann man Ruhe herstellen?
   Leaman (2008) nennt zentrale Punkte, wie man Ruhe herstellen kann:
   - die eigenen Stress- und Frustrationsauslöser verstehen und Wege finden, sich außerhalb des Klassenzimmers abzureagieren
   - bei Schwierigkeiten »den Ball flach halten«
   - selbst ruhig bleiben und somit als Modell wirken
   - auf Probleme überlegt und nicht spontan reagieren
   - die Lautstärke gezielt einsetzen
   - daran denken, dass nicht alle Stunden gleich gut funktionieren
   - keine unrealistischen Erwartungen haben.

Selbstvertrauen der Schüler stärken

4. Wie kann man Selbstvertrauen stärken?
   Mangelndes Selbstvertrauen und mangelnder Selbstwert sind für Leaman (2008) auf Schülerseite Quellen auffälligen Verhaltens. Sie gibt folgende Tipps, um das Selbstvertrauen von Schüler/innen zu stärken:
   - häufig, doch sinnvoll loben
   - Verbesserungen genauso wie Leistungen signalisieren
   - ein Belohnungssystem verwenden, das auf individuelle Fortschritte eingeht
   - keine wertenden persönlichen Bemerkungen äußern
   - schüchterne oder verschlossene Schüler/innen vor der ganzen Klasse nicht bloßstellen
   - signalisieren, dass jeder auf seine Art wertvoll ist
   - den Schüler/innen Möglichkeiten zeigen, wie sie ihr Selbstvertrauen aufbauen können (z. B. durch Sport, Musik, Theater)
   - Gelegenheiten schaffen, dass Schüler/innen untereinander kooperieren können, nicht rivalisieren
   - jedem Schüler eine Gelegenheit für eine Aufmerksamkeit geben; ein kurzer Gruß im Flur kann im Einzelfall schon genügen.
   - für ernsthafte Probleme aufmerksam bleiben.

Selbstreguliertes Lernen (Lohmann 2009b)

Balance zwischen Unterstützung und Kontrolle

Hier stellt Lohmann (2009b) einen Ansatz vor, der die »neue Linie« des Classroom Managements repräsentiert, also sowohl auf kontrollierende Strategien des Lehrers setzt als auch sich gleichzeitig auf die Autonomie der Schüler/innen stützt. Hier geht es darum, eine Balance zwischen Autonomie unterstützenden und kontrollierenden Strategien zu wahren. Wenn die Unterstützung zu ausgeprägt ist, riskiert der Lehrer, dass die Schüler/innen sich den Anforderungen entziehen. Ist die Kontrolle zu hoch, besteht das Risiko, dass die Lernenden ein Konformgehen mit den Anforderungen auf äußere Einflüsse zurückführen. Die Lernenden können mit Selbstregulationsstrategien gegen »Durststrecken« und andere an ihnen selbst liegende Motivationsprobleme vorgehen.

Wie im Kapitel 6 aufgeführt, gehen in einer neuen Lernkultur die traditionellen Lehrerkompetenzen der Steuerung auf die Schüler/innen über. Die Termini »selbstgesteuertes Lernen«, »selbstständiges Lernen«, »selbstkontrolliertes Lernen«, »selbstreguliertes Lernen«, »selbstorganisiertes Lernen«, »autodidaktisches Lernen« oder »autonomes Lernen« umreißen das Gemeinte (Haag 2011).

Boekaerts (1997) entwickelte das derzeit wohl bekannteste Modell selbstregulierten Lernens. In ihrem Dreischichtenmodell unterscheidet sie drei Regulationsebenen, bei deren Realisierung der Lehrer unterstützend einwirken kann:

drei Ebenen selbstregulativen Lernens

1. Regulation des Verarbeitungsmodus
   Hier geht es um die Kenntnis kognitiver Strategien als einer notwendigen Voraussetzung selbstregulatorischer Tätigkeiten. Den Schüler/-innen sollte ein Repertoire an kognitiven Strategien vermittelt werden – gleichsam als Grundlage selbstregulierten Lernens. Hierunter zählen Enkodierstrategien zur dauerhaften Speicherung neuer Informationen (etwa Strukturierungshilfen wie Mapping-Techniken), Wiederholungsstrategien, Abrufstrategien (etwa durch Nutzung von Gliederungen, Stichwortlisten, Schemata).
2. Regulation des Lernprozesses
   Hier werden metakognitive Prozesse thematisiert, die den Einsatz der kognitiven Strategien steuern. Hierzu gehören:
   - Monitoring
     Monitoring bezeichnet die Überwachung der eigenen kognitiven Prozesse bei der Bearbeitung der Aufgaben. Der Lernende bemerkt, wie er bei der Aufgabenbearbeitung vorgeht, und bewertet dieses Vorgehen in Bezug auf das Ziel, das er erreichen will.
   - Selbstdiagnose
     Mit dem Begriff »Selbstdiagnose« werden Prozesse bezeichnet, mit denen der Lernende zu klären versucht, warum er etwas weiß oder eben nicht bzw. warum er einen Fehler gemacht hat oder eben nicht.
   - Selbstregulation
     Ein konstruktiver Umgang mit Fehlern bedeutet, dass die Lernenden aufgrund ihrer Selbstdiagnose in der Lage sind, das eigene Lernverhalten entsprechend zu regulieren.
3. Regulation des Selbst
   Hier geht es um die Wahl von Zielen und Ressourcen: »Was will ich erreichen und wie viel ist mir das Erreichen dieses Zieles wert?« Hier geht es also auch um motivationale Prozesse, die dafür sorgen, dass überhaupt ein Lernprozess in Gang gesetzt wird.

enger Zusammenhang der drei Ebenen

Die drei als Schichten dargestellten Regulationsprozesse stehen in einem engen Zusammenhang (Götz 2006, S. 12). Bei der Regulation des Selbst werden individuelle Ziele und Ressourcen definiert (z. B.: »Ich will ein gutes Abitur schaffen und investiere daher viel Zeit in mein Lernen«), die Einfluss auf die Art und Weise der Regulation konkreter Lernprozesse nehmen (z. B.: »Für dieses Wochenende nehme ich mir außer schulischen Hausarbeiten nichts weiter vor«). Die Steuerung wiederum nimmt Einfluss auf die konkrete Strategieanwendung (z. B.: »Ich gehe den Lernstoff Schritt für Schritt durch und erstelle mir eine Mindmap«).

Dieses Vorgehen sieht Lohmann (2009b) gerade bei der Gruppe passiv unkooperativer Schüler/innen als zielführend. Darunter versteht er Schüler/innen, die kein Vertrauen haben, die unmotiviert, überfordert, resigniert, nicht ins Klassengeschehen involviert sind und die kein Zutrauen zur eigenen Leistungsfähigkeit haben. Solche Verhaltensweisen resultieren einerseits aus der Interaktion im Klassenzimmer (z. B. aus Schülersicht langweiliger Unterricht, gestörte Lehrer-Schüler-Beziehung, Rolle eines Schülers als Klassenclown), andererseits können die Ursachen in Faktoren einer Schülerpersönlichkeit liegen (z. B. mangelnde Impulskontrolle, fehlende Leistungsbereitschaft, übersteigertes Bedürfnis nach Aufmerksamkeit von Mitschüler/innen).

Sekundärtugenden (Apel 2002)

Apel macht auf Folgendes aufmerksam: »Erfolgreiche Klassenführung verlangt, dass die Basis sozialen Handelns stimmt« (Apel 2002, S. 147). Als Basis versteht er Sekundärtugenden, die als eine Art Minimalkonsens für alle verbindlich sein müssen, die das Primäre erst ermöglichen.

bedeutende Sekundärtugenden im Klassenzimmer

Apel orientiert sich an einem Pentagramm, das in einer Schulzeitung der Schule Salem beschrieben ist, wenn er von folgenden Sekundärtugenden als Voraussetzungen eines gelingenden Unterrichts ausgeht (Apel 2002, S. 146 f.). Diese Sekundärtugenden wurden in den letzten Jahren oft aus dem Blickfeld vertrieben, weil sie allzu oft an die Stelle des primär Wichtigen getreten waren.

- Respekt: »Die Begegnenden müssen sich gegenseitig als Personen respektieren!«
- Pünktlichkeit: »Alle am Unterricht Teilnehmenden müssen pünktlich sein!«
- Präsenz: »Sie müssen regelmäßig am Unterricht teilnehmen!«
- Arbeitsmaterialien: »Sie müssen über die notwendigen Arbeitsmaterialien verfügen!«
- Hausaufgaben: »Sie müssen gestellte Aufgaben erledigen!«

Reaktanztheorie (Dickenberger 1985)

Bei der Betonung von Konsequenzen, Regeln, Verboten, Organisation und Management soll die Erkenntnis der Reaktanztheorie aus der Sozialpsychologie ganz bewusst am Schluss stehen. Die Reaktanztheorie (Dickenberger 1985; Kiel et al. 2010) basiert auf der Annahme, dass der Mensch grundlegend motiviert sei, seine Freiheit – hier im Sinne seiner Handlungsspielräume – zu erhalten. Mit »Reaktanz« wird oppositionelles Verhalten beschrieben, das entsteht, wenn der Mensch eine Einschränkung seiner Wahlfreiheit erlebt und das Ziel hat, diese Freiheit wiederherzustellen.

Reaktanz als oppositionelles Verhalten

Die Ausprägung der Reaktanz ist stärker:

- je mehr Freiheiten bedroht sind
- je wichtiger die bedrohte Freiheit dem Individuum ist
- je stärker die Freiheitsbedrohung ist

mögliche Bedingungen

Wenn also von vielen Handlungsoptionen nur eine wegfällt, ist die Reaktanz geringer, als wenn z. B. durch Verbote alle Möglichkeiten bis auf eine einzige eliminiert werden. Deshalb haben Verhaltensvorschriften ein besonders hohes Potenzial an Reaktanz – einem Schüler z. B. mittels Verboten ein bestimmtes Verhalten vorzuschreiben bedeutet letztlich nichts anderes, als ihm die anderen möglichen Handlungsoptionen zu nehmen. Häufig kommt es zu einer »Aufwertung der eliminierten Alternative«, d. h. gerade das, was verboten ist, übt einen hohen Reiz aus.

Typische Reaktionen als Ausprägung der Reaktanz sind Trotzreaktionen (bewusste Zuwiderhandlungen) oder das übersteigerte Ausführen von Anweisungen (z. B. wenn ein Schüler auf die Anweisung, sich ordentlich hinzusetzen, übertrieben aufrecht sitzt und die Hände auf den Tisch legt) ebenso wie allgemeine Verstimmung oder gar Aggression.

7.4 Gruppenunterricht

Hier sollen Anregungen für die einzelnen Etappen von Gruppenunterricht gegeben werden, die auf Ergebnissen basieren (vgl. Kap. 6.2), die von der Nürnberger Projektgruppe mikroskopisch genau untersucht wurden (Haag 1999; Nürnberger Projektgruppe 2001).

Konflikt Eingreifen–Nichteingreifen

Feststellen und Umgehen mit einem potentiellen Konflikt

Zunächst ist die Frage angesprochen, ob eine Lehrperson sich überhaupt von dem beschriebenen Konflikt zwischen Eingreifen und Nichteingreifen betroffen fühlt. Bei einer Bejahung ist daraufhin zu fragen, wie sie momentan damit umgeht. Diese Frage lässt sich am besten durch konkrete Beobachtungen des eigenen Handelns beantworten, damit Selbsttäuschungen ans Licht kommen können. Hierzu kann es sinnvoll sein, eine Kollegin oder einen Kollegen in den eigenen Unterricht zu bitten, der bestimmte Beobachtungsaufgaben übernimmt. Als Nächstes kommt es darauf an, im Hinblick auf die eigenen pädagogischen Ziele zu klären, welchen Grad an Intervention die Lehrperson für notwendig und sinnvoll hält. Bei diesem Klärungsprozess ist das Studium von möglichst empirisch fundierter Fachliteratur zum Thema hilfreich, auch sind auf jeden Fall Gespräche mit Kolleg/innen anzuraten. Auf diese Art und Weise könnte die Lehrperson allmählich zu einem Standpunkt kommen, wie sie mit diesem grundlegenden Konflikt umgehen will.

Arbeitsaufträge

Im Folgenden sollen in einer Checkliste konkrete Anhaltspunkte zur Gestaltung von Arbeitsaufträgen gegeben werden: Ein Arbeitsauftrag muss vorab klar durchdacht und konzipiert sein. Schon bei der Stellung des Arbeitsauftrags wird darauf geachtet, dass es bei jeder Gruppenarbeit um bestimmte Lernziele und Lerninhalte geht, dass bestimmte Handlungen ausgeführt werden müssen und dass Ergebnisse erzielt werden sollen:

Checkliste zur Gestaltung von Arbeitsaufträgen

- Die Lerninhalte sind dem Leistungsstand der Schüler/innen angemessen.
- Die notwendigen Arbeitsmaterialen liegen bereit.
- Schwierigkeiten, auf die Schüler/innen bei der Bearbeitung stoßen könnten, werden vorab bedacht.
- Für besonders schnell arbeitende Gruppen werden Zusatzaufgaben bereitgestellt, oder es werden andere Regelungen getroffen (vgl. Kap. 6.2.2).

Ein Arbeitsauftrag benötigt eine kooperative Aufgabenstruktur. Gerade in kurzen Gruppenunterrichtssequenzen, bei denen der Klassenverband zeitlich begrenzt in Kleingruppen aufgeteilt wird, die selbstständig eine von der Lehrkraft gestellte Aufgabe bearbeiten, ist es gut möglich, dass ein Gruppenmitglied die Arbeit für alle übernimmt.

kooperative Aufgabenstruktur

- Die Aufgabe wird so gestaltet, dass sie in Gruppenarbeit sinnvoller als in Einzel- oder Partnerarbeit erledigt werden kann. Anders gesagt: Arbeitsaufträge, die auch in Einzelarbeit geleistet werden können, sind keine Arbeitsaufträge für Gruppenarbeit.
- Der Arbeitsauftrag wird so gestellt, dass er die Schüler/innen explizit zu zweckmäßiger Kooperation in der Gruppe veranlasst.
- Wo es sachlich sinnvoll ist, wird die Anweisung zur Einigung in der Gruppe gegeben.

Ein Arbeitsauftrag muss präzise gestellt sein.

Präzision

- Die auszuführenden Handlungen werden den Erwartungen entsprechend erklärt.
- Es wird sichergestellt, dass den Schüler/innen klar ist, was sie wie tun sollen, d.h. in welcher Quantität und Qualität die Handlungen auszuführen sind.
- Die Reihenfolge der auszuführenden Handlungen wird präzise angegeben; dies gilt vor allem bei jüngeren Schülern.
- Es wird eindeutig benannt, welche Arbeitsmittel und wie Medien und Hilfsmittel verwendet werden sollen.
- Es werden klare Anweisungen gegeben, wie die Ergebnisse in der Auswertungsphase dargestellt werden sollen, d.h. wie ausführlich und in welcher medialen Symbolisierungsform, ob beispielsweise auf Overhead-Folie, als Wandzeitung, Rollenspiel oder Collage (vgl. Kap. 6.2.2).
- Es wird angekündigt, wie lange die Gruppenarbeit dauern soll.
- Für in der Gruppenunterrichtspraxis noch unerfahrene Lehrpersonen empfiehlt es sich, den Arbeitsauftrag schon in der häuslichen Vorbereitung schriftlich zu formulieren.

Ein Arbeitsauftrag muss inhaltlich verständlich sein.

inhaltliche Verständlichkeit

- Es werden einfache und kurze Sätze und den Schüler/innen geläufige Wörter verwendet.
- Eingesetzte Fachbegriffe werden auf ihre Richtigkeit überprüft.
- Wichtige Fachbegriffe oder Schlüsselwörter werden erklärt.
- Der Arbeitsauftrag wird konkret und anschaulich formuliert.
- Der Arbeitsauftrag wird sinnvoll und übersichtlich gegliedert.
- Wesentliches wird deutlich hervorgehoben (z.B. durch Fettdruck oder mündliche Zusatzerklärungen).

Umgang mit Interventionen während der Gruppenarbeit

Bei unvermeidlichen Interventionen der Lehrkraft sind folgende Punkte zu beachten:

Hinweise zu Interventionen

- Orientierung
  Die Lehrperson hört aufmerksam zu und hört sich in das Gruppengespräch ein. Sie informiert sich über den aktuellen Stand der jeweiligen Gruppe.
- Lenkung
  Die Lehrkraft hält sich mit ihren Gedanken und Wünschen zurück. Sie hilft nur so viel wie unbedingt nötig, wobei oftmals ein kurzer Impuls ausreicht. Sie redet wenig, übernimmt nicht die Gesprächsführung und inszeniert vor allem keinen Minifrontalunterricht. Sie löst nicht die Probleme der Schüler/innen. Wenn es freilich nötig ist, kann eine Lehrkraft auch mit einer Gruppe intensiv weiterarbeiten.
- Umgangsqualität
  Die Lehrkraft ermutigt die Schüler/innen. Sie geht mit ihnen freundlich und herzlich um und lobt sie situationsangemessen.
- Aufgabenbezug
  Die Lehrperson bleibt eng an der gestellten Aufgabe. Sie gibt keine zusätzlichen Anweisungen, die den ersten Arbeitsauftrag relativieren oder ihm gar widersprechen.
- Zeit
  Die Interventionen sind so kurz wie möglich zu gestalten.
- Auffordernde Sprechhandlungen
  Die Lehrkraft verlässt die Gruppe nicht mit neuen Anweisungen oder Fragen, ohne die Reaktion der Schüler/innen abzuwarten und zu bewerten. Sonst verwirrt sie eher die Gruppe, wodurch der inhaltliche Fortschritt der Gruppenarbeit unnötig verzögert oder gar gestört wird.

Um unnötige Interventionen zu vermeiden, ist folgendes Verhalten während der Gruppenarbeit zu empfehlen:

Interventionen möglichst vermeiden

- Die Lehrkraft zieht sich nach Beendigung des Arbeitsauftrages bewusst zurück (z.B. arbeitet am Pult oder bereitet eine Tafelanschrift vor).
- Sie beobachtet die Gruppen nur aus der Ferne.
- Sie läuft nicht ständig durch die Klasse, um keine unnötigen Interventionen zu provozieren.

Empfehlung im Umgang in der Auswertungsphase

Hinweise zur Auswertung

Eine bloße gleichförmige Aneinanderreihung der Ergebnisse der einzelnen Gruppen ist zwar in der Praxis häufig anzutreffen, sollte aber unbe dingt vermieden werden. Abwechslung beim Abrufen der Einzelergebnisse ist ein wichtiges Mittel, um Langeweile entgegenzuwirken. Es ist zu vermeiden, dass die erste Gruppe schon alles referiert und die restlichen Gruppen mehr oder weniger leer ausgehen. Falls der Arbeitsauftrag verschiedene Teilaspekte enthält, sollte die Lehrkraft diese Aspekte dann auch nacheinander von den einzelnen Gruppen einfordern.

Unabhängig davon, ob arbeitsgleiche oder arbeitsteilige Arbeitsaufträge gegeben wurden: Zunächst ist am wichtigsten, so unsere Beobachtungen, dass die Lehrkraft Gruppen und nicht Einzelschüler/innen zum Vortrag der Ergebnisse aufruft. Der häufig beobachtete Fehler, dass die Lehrperson einzelne Schüler/innen zum Ergebnisbericht auffordert, entwertet zwangsläufig die kooperative Tätigkeit der Gruppen, die ja zu den Ergebnissen geführt hat.

7.5 Persönlichkeitsentwicklung

Ein Lehrer soll sein:

- überzeugend
- berechenbar
- gerecht
- konsequent
- besonnen
- vertrauenswürdig
- sich nicht als Partner aufdrängen
- humorvoll
- sachlich

Ja, solche Listen, wie ein Lehrer so sein soll, könnten unendlich lange werden …

»Lehrerpersönlichkeit – in der Geschichte ein schillernder Begriff voller Höhen und Tiefen:

- schon in der Antike gefordert und auch abgelehnt
- in der geisteswissenschaftlichen Tradition zur Gloriole hochstilisiert
- im Behaviorismus verbannt
- im Expertenansatz durch die Hintertür wieder Einlass verschafft

- in der Professionalisierungs-Debatte unter neuem Namen wieder eingeführt« (Haag 2009, S. 419).

So beginnt Haag (2009, S. 419) seinen Beitrag, in dem er bei der Charakterisierung der Lehrerpersönlichkeit als Erziehungsfaktor ein historisch-chronologisches Vorgehen wählt.

Im vorliegenden Kontext geht es um zweierlei: Einmal gilt es nachzuweisen, dass es bestimmte Persönlichkeitsmerkmale gibt, die für den Erfolg und das Befinden im Lehrerberuf relevant sind. Zum anderen gilt es aufzuweisen, dass diese Merkmale zwar über einen längeren Zeitraum stabil bleiben, jedoch auch gewissen Veränderungen unterliegen.

Traditionelle Sichtweise auf die Lehrerpersönlichkeit (Haag 2009)

Selbstaussagen von ca. 100 Lehrkräften

Im Folgenden soll eine Studie vorgestellt werden, die Ergebnisse liefert, die in Deutschland prototypisch für das Phänomen »Lehrerpersönlichkeit« sind: Auf die Frage, worin die Professionalität von Lehrkräften besteht, resümiert Herrmann, der in einem Forschungsprojekt Selbstaussagen von rund 100 Lehrkräften in mehreren Erhebungswellen dokumentiert (Hertramph/Herrmann 1999): »Gymnasiallehrer verweisen auf ihre fachwissenschaftliche universitäre Ausbildung, Berufsschullehrer auf ihre Berufsausbildung und -erfahrung vor Eintritt ins Lehramt, berufszufriedene und erfolgreiche Lehrer verweisen auf den Faktor Lehrerpersönlichkeit« (Hertramph/Herrmann 1999, S. 42).

Der eigene Berufserfolg und die eigene Berufszufriedenheit werden nicht einem Prozess zunehmender Professionalisierung und fachmännischer Expertise zugeschrieben, sondern dem Faktor »Persönlichkeit«: Den ausschlaggebenden Erfolg, auf Schüler/innen eingehen, Disziplinprobleme während des Unterrichtens auch beiläufig lösen, fachliche Inhalte schülergerecht vermitteln, den Austausch mit anderen Kolleg/innen herstellen zu können, garantiert aber eher die Lehrerpersönlichkeit als kompetentes professionelles Handeln.

Kennzeichnung der »Lehrerpersönlichkeit«

Die Autoren fragten weiter, was diese Lehrkräfte nun unter Lehrerpersönlichkeit verstehen. Lehrer/innen, die sich durch jahrzehntelange Erfahrung in ihrem Beruf auskennen, »verstehen unter dem Begriff ›Lehrerpersönlichkeit‹ ein Ensemble von Eigenschaften, die *erstens* zentral für eine erfolgreiche Berufsausübung sind, sich *zweitens* nicht trennscharf umreißen lassen und *drittens* den Charakter des ›Nichterlernbaren‹ tragen« (Hertramph/Herrmann 1999, S. 53).

Lehrer/innen sehen sich also so, dass die Lehrerpersönlichkeit den Zugang zu den Schüler/innen eröffnet und somit darüber entscheidet, ob der Beruf erfolgreich gemeistert wird. Die Lehrerpersönlichkeit spielt somit aus der Sicht der Befragten eine Hauptrolle für die eigene erfolgreiche Berufsausübung, 50 bis 80 Prozent werden als Nichterlernbar beschrieben.

Doch inhaltlich kann zu dem Konstrukt der Lehrerpersönlichkeit keine Aussage gemacht werden. Diesbezüglich ist man gegenüber der Wende zum 20. Jahrhundert nicht weitergekommen, als die Lehrerpersönlichkeit mit Forderungen eingedeckt wurde, die im Wesentlichen normativ begründet wurden und deren empirische Grundlagen zumeist offenblieben.

Doch wie konnte ein Begriff so »florieren«, den die pädagogische Literatur erst gegen Ende des 19. Jahrhunderts aufgegriffen hat? Im Gefolge der Kritik der Herbartianer und ihrer Formalstufen des Unterrichts haben sich die Lehrer/innen eingestanden, dass die Methode die großen Erwartungen nicht erfüllen kann, mit denen sich die Pädagog/-innen ihr nachdrücklich zugewandt hatten. An deren Stelle tritt die Persönlichkeit, die auf der Basis von Erfahrung und Intuition Unterricht erteilt (Herzog 2001).

Tugendkataloge sind nicht empirisch fundiert

Die Schwäche liegt sowohl in der fehlenden empirischen Absicherung des tatsächlichen Verhaltens als auch in der Loslösung der pädagogischen Wirksamkeit vom pädagogischen Handeln. Es ist wenig hilfreich, den Lehrer mittels umfangreicher Tugendkataloge ins Übermenschliche zu stilisieren, wenn offenbleibt, wie diesen Idealen Wirkungen entspringen. Nicht nur ist die Beziehung der Persönlichkeit zum Handeln generell unklar, offen bleibt auch, in welchem Verhältnis sie zu den Besonderheiten des pädagogischen Handelns steht.

Empirischer Ansatz

Die empirische Persönlichkeitsforschung fragt nicht danach, wie Lehrer/innen sein sollten, sondern sie fragt, wie Lehrer/innen tatsächlich sind, d.h. was sie in konkreten Situationen denken, fühlen und tun. Persönlichkeit ist hier ein Sammelbegriff für eine Vielzahl beobachtbarer bzw. aus beobachtbarem Verhalten erschließbarer Persönlichkeitsmerkmale. Stellvertretend sollen hier Ergebnisse zweier Forschergruppen aufgezeigt werden:

Die Professionsforschung (Bauer/Kopka/Brindt 1996; Haag 2009)

Die Autoren fanden empirische Evidenz für Lehrerprofessionalität. Sie untersuchten die Arbeitsplätze der Lehrer/innen, wie Lehrerzimmer,

Pausenräume, Seminarräume, private häusliche Arbeitszimmer und natürlich das Hauptarbeitsfeld Klassenzimmer. Hauptinstrumente der Datengewinnung waren die teilnehmende Beobachtung und themenzentrierte qualitative Interviews. Insgesamt wurden 30 Lehrkräfte untersucht, die an neun verschiedenen Schulen (fünf Gymnasien, drei Hauptschulen, eine Gesamtschule) unterrichteten. Ziel war es, nicht individuelle, sondern typische Handlungsmuster zu erkennen.

Untersuchung von 30 Lehrkräften verschiedener Schularten

Die Autoren entwickelten auf der Grundlage qualitativer Beobachtungen an Lehrer/innen in ihrem natürlichen Arbeitskontext eine Unterteilung in Dimensionen von Arbeitsaufgaben und darauf bezogenen Handlungsrepertoires.

Fünf Dimensionen von Handlungsaufgaben für Lehrkräfte

1. Dimension der sozialen Struktur
   Soziale Strukturen bilden die Grundlage jedes pädagogischen Handelns im Unterricht. Hier geht es um den situativ flexiblen Einsatz unterschiedlicher Methoden, um die Kommunikationsstruktur in der Lerngruppe gezielt zu verändern.
   Die Autoren unterscheiden:
   - Selbstorganisation ermöglichen und fördern
   - Kontakt und soziale Bindung aufbauen
   - Leitung und Führung übernehmen
   - Kleingruppen bilden und anleiten
2. Dimension der Interaktion
   Die soziale Struktur muss in der Interaktion hervorgebracht und durch Interaktion ständig neu angepasst werden.
   Die Autoren unterscheiden:
   - Regeln und Umgang miteinander klären und einüben
   - positives Gruppenklima schaffen
   - Feedback geben und empfangen, steigern und verbessern
   - Gefühle wahrnehmen und zeigen: Interesse, Neugier, Begeisterung und Freude
   - Humor zeigen
3. Dimension der Sprache und Kommunikation
   Lehrer/innen müssen die Kommunikationsabläufe während des Unterrichts steuern, dazu zählen beispielsweise einen Kurzvortrag halten, eine Diskussion leiten, interessante Fragen verständlich stellen, Anweisungen geben, aktiv zuhören, ein Streitgespräch moderieren, einen Experten interviewen.
4. Dimension der Gestaltung
   Gestaltung beginnt bei der eigenen Person, bei Stimme, Mimik, Gestik und Körperbewegungen im Raum. Gestaltung bezieht sich auch auf den Raum, das Mobiliar, die Geräte, die Nutzung der Wandflächen.
5. Dimension der Hintergrundarbeit
   Hintergrundarbeit ist Planungs- und Produktionsarbeit, die dem Unterricht zeitlich vor- und nachgelagert sind. Sie schafft Voraussetzungen für spontanes professionelles Handeln in den anderen vier Dimensionen. Hierunter fallen Vorbereiten/Planen, Ablegen, Archivieren, Dokumentieren.

Die Professionalisierung des Lehrers war zunächst gegen die Meinung gerichtet, Lehrer könnten ihre beruflichen Aufgaben allein mit ihrer Persönlichkeit bewältigen. Professionalisierung will also darauf hinweisen, dass es Kenntnisse und Fähigkeiten gibt, die Lehrer für das Unterrichten und Erziehen benötigen.

Forschergruppe um Mayr (2010)

Für Mayr (2010) meint Lehrerpersönlichkeit rein deskriptiv das »Ensemble relativ stabiler Dispositionen, die für das Handeln, den Erfolg und das Befinden im Lehrerberuf bedeutsam sind« (S. 234).

Mayr stützt seinen Begriff von Persönlichkeit auf das Paradigma des Eigenschaftsansatzes der Persönlichkeitsforschung. Weiter eingrenzend beschränkt er ihn auf nicht kognitive Dispositionen und noch enger auf allgemeine Persönlichkeitsmerkmale und Interessenrichtungen.

Sein theoretischer Ansatz soll deshalb hier kurz skizziert werden, da er hiermit empirisch Persönlichkeitsmerkmale und Interessen ermitteln kann, die für den Erfolg und das Befinden im Lehrberuf relevant sind – somit auch für die Facette der Klassenführung.

Ansatz der Persönlichkeitsforschung

Mayr geht von den sogenannten »Big Five« aus. Das sind fünf globale Eigenschaftsdimensionen, die sich in der Persönlichkeitspsychologie kulturübergreifend etabliert haben (Mayr 2010, S. 235, Tab. 1):

- Neurotizismus: Dieses Konstrukt bezeichnet negative Emotionen und wird auch als emotionale Labilität bezeichnet. Der Gegenpol ist emotionale Stabilität/Belastbarkeit.
- Extraversion: Personen auf diesem Pol sind gesellig, aktiv, herzlich und heiter. Der Gegenpol ist Introversion.
- Offenheit für Erfahrungen: Personen sind wissbegierig, experimentierfreudig, offen für Gefühle und Ideen.
- Verträglichkeit: Personen sind altruistisch, sie begegnen anderen mit Vertrauen, Freimütigkeit und Bescheidenheit.
- Gewissenhaftigkeit: Personen handeln kompetent, organisiert, sorgfältig, planend und zuverlässig.

Diese fünf Faktoren beruhen nach McCrae und Costa (2008) als »basic tendencies« auf biologischer Grundlage. Den Autoren zufolge entwickeln Menschen unter deren Einfluss charakteristische Anpassungen an ihre Umwelt wie Interessen und Gewohnheiten.

Mayr (2010) geht auch auf die Interessen-Theorie von Holland (2007) ein, die aus der Berufspsychologie stammt. Hier werden Interessen als abstrakte, relativ stabile Merkmale von Personen verstanden –

also auch wieder klar dem Persönlichkeitsansatz zuordenbar. Holland unterscheidet sechs grundlegende Objektbereiche, auf die sich das Interesse von Menschen richten kann (Mayr 2010, S. 238, Tab. 2).

Interessen-Theorie: sechs Gebiete

- Praktisch-technische Orientierung: Dieser Personentyp bevorzugt Tätigkeiten, die Kraft, Koordination und motorische Geschicklichkeit erfordern.
- Intellektuell-forschende Orientierung: Dieser Personentyp ist aufgabenorientiert und versucht Probleme mit systematischer Beobachtung und Forschung zu lösen.
- Künstlerisch-sprachliche Orientierung: Dieser Personentyp hat ein großes Bedürfnis nach Selbstausdruck mithilfe künstlerischer Medien.
- Soziale Orientierung: Dieser Personentyp fühlt sich sozial verantwortlich, er kommuniziert mit anderen durch Unterrichten, Lehren, Ausbilden oder Pflegen.
- Unternehmerische Orientierung: Dieser Personentyp versteht sich als starke Führungspersönlichkeit, die andere anleitet.
- Konventionelle Orientierung: Dieser Personentyp bevorzugt vor allem strukturierte Aufgaben wie ordnend-verwaltende Tätigkeiten.

Mayr (2010) kann nun in einer Matrix – basierend auf einer Auswertung aller verfügbaren Studien aus dem deutschen Sprachraum seit Mitte der 1980er-Jahre – Zusammenhänge zwischen Personenmerkmalen und Kriterien, die für die Bewährung im Lehrerstudium und im Lehrerberuf stehen, herstellen (Mayr 2010, S. 241, Tab. 3). Diese Kriterien sind:

Kriterien für Lehrkräfte

Lernstrategien im Studium, akademische Leistungen, Praxisleistungen, pädagogische Handlungskompetenz im Praktikum, Belastung im Praktikum, Zufriedenheit im Studium, pädagogische Handlungskompetenz im Beruf, Belastung im Beruf, Zufriedenheit im Beruf.

So gibt es Zusammenhänge mit den Persönlichkeitsmerkmalen Belastbarkeit, Extraversion und Gewissenhaftigkeit und den Interessenbereichen, die als charakteristisch für Lehrer/innen gelten können: künstlerisch-sprachliche Orientierung, soziale Orientierung und unternehmerische Orientierung.

Matrix negiert die Existenz der Lehrerpersönlichkeit

Mithilfe dieser Matrix kann nun belegt werden, dass Lehrer/innen manche Aufgaben trotz unterschiedlicher Persönlichkeit gleichermaßen erfolgreich bewältigen. Und dies gilt insbesondere für die Klassenführung. Recht unterschiedliche Personen können eine ähnlich wirkungsvolle, dabei jedoch ausgeprägte individuelle Art der Klassenführung realisieren. So wenden extravertierte Lehrer/innen verstärkt kommunikative Strategien der Klassenführung an (z. B. Konflikte direkt ansprechen, das offene Gespräch mit den Schüler/innen suchen), während introvertierte eher auf die Selbststeuerung und Schülermitbeteiligung setzen und die Sache in den Mittelpunkt stellen (z. B. Materialien übersichtlich bereitstellen).

Zur Frage der Persönlichkeitsentwicklung im Studium und Beruf bemerkt Mayr (2009), dass sich Änderungen innerhalb enger Grenzen bewegen, da Menschen bevorzugt solche Umwelten aufsuchen, die zu ihren Eigenschaften passen, wodurch sich diese wiederum verfestigen. Hierfür gibt Mayr aufgrund einer Studie erste Hinweise. Studierende wurden gegen Ende ihres Studiums gefragt, ob sie während ihres Studiums Änderungen bei Persönlichkeitsfaktoren bemerkt hätten und welche Ursachen sie hierfür sähen. So wurde ein Zuwachs an Belastbarkeit mit Anforderungen in den Veranstaltungen und Praktika und mit dem Willen, diese Herausforderungen zu meistern, begründet. So folgert Mayr, »dass für die eigene Weiterentwicklung die Unterstützung durch andere Personen – Mitstudierende, Praktikumslehrkräfte und Dozierende – eine wichtige Rolle spielt« (Mayr 2010, S. 244).

Erfassung von Schlüsselrückmeldungen

Aufgrund der eher geringen Übereinstimmung zwischen Lehrer- und Schülerurteilen (vgl. Kap. 4.1; Mayr/Eder/Fartacek 1991) wäre Lehrer/innen, die ihre Führungsstrategien klären und weiterentwickeln möchten, zu empfehlen, auch Schülerrückmeldungen einzuholen, um ihr Bild abzurunden. Hierfür kann die Schülerfassung des Linzer Diagnosebogens zur Klassenführung (LDK; Mayr/Eder/Fartacek 2002) eingesetzt werden.

7.6 Konstanzer Trainings-Modell (KTM)

KTM als Lehrertraining

Eine Möglichkeit zu einer gemeinsamen Erziehungsphilosophie besteht darin, dass sich Lehrer/innen gemeinsam vor Ort über ein Trainingsverfahren fortbilden. Da der Weg vom Wissen zum Handeln bekanntlich weit ist (Wahl 1991), bezieht sich eine unserer Anregungen auf Lehrertrainings. Sie sind längerfristig angelegt und setzen mehr Zeit und Engagement voraus als die Lektüre von Praxisbüchern. Zugleich bieten sie aber eine effiziente Möglichkeit zur Verbesserung des Unterrichts, indem unterrichtsrelevante Kompetenzen von Lehrer/innen gestärkt werden (Helmke 2003, S. 231 f.).

Aus zwei Gründen wird hier stellvertretend das »Konstanzer Trainingsmodell« (KTM; Humpert/Dann 2001, 2012) vorgestellt. Erstens finden die Lernprozesse im Klassenzimmer statt, also in jenem situativen Kontext, in dem sie auch benötigt werden. Die Änderung des eigenen Wissens über Unterrichts- und Erziehungshandeln wird verknüpft mit der Lehrtätigkeit, also einer »In vivo«-Klassenführungssituation.

Zweitens lässt sich die Klassenführungskompetenz mit diesem Training tatsächlich positiv beeinflussen, wie die weiteren Ausführungen zeigen.

KTM: lange bewährt und weit verbreitet

Das »Konstanzer Trainingsmodell« wird mittlerweile über zwei Jahrzehnte eingesetzt und – wenn man als Kriterium die Verbreitung heranziehen mag – darf als das erfolgreichste Lehrertraining im deutschsprachigen Raum bezeichnet werden. Ergebnisse einer Evaluationsstudie werden mitgeteilt – eine der wenigen vorliegenden empirischen Untersuchungen über die Wirksamkeit von Lehrertrainings, die wissenschaftlichen Kriterien wie beispielsweise der Verwendung einer Kontrollgruppe standhalten (Brosig 2007; Brosig/Haag 2010).

Geschichtliche Entwicklung

Das KTM wurde ursprünglich im Rahmen des Forschungsprojekts »Aggression in der Schule« entwickelt, das von 1978–1987 an der Universität Konstanz durchgeführt wurde. Schon damals hielten 80 bis 90 Prozent der Lehrkräfte Aggression und Gewalt für ein gravierendes praktisches Problem an unseren Schulen.

Während der zweiten Projekthälfte wurde besonderes Gewicht darauf gelegt, grundlegende wissenschaftliche Ergebnisse schulrelevanter Forschung auch für die Schulpraxis nutzbar zu machen.

Inzwischen haben viele Tausend Lehrkräfte in den deutschsprachigen Ländern mit dem KTM gearbeitet. Mit den Jahren erschien jedoch eine Anpassung des Programms an neue Entwicklungen und Anforderungen der Praxis erforderlich. Vor allem wurde das zugehörige »Trainingshandbuch« (Tennstädt et al. 1987) vielfach als zu umfangreich empfunden und der Wunsch nach einer Kurzversion immer wieder an die Autoren herangetragen. Deshalb wurde das »KTM kompakt« entwickelt (Humpert/Dann 2001).

Mit dem KTM liegt ein Selbsthilfeprogramm vor, das der Professionalisierung der Lehrerpersönlichkeit dient und Handlungsalternativen für den Umgang mit Störungen im Unterricht aufzeigt. Es ist darauf gerichtet, die Selbst- und Sozialkompetenz von Lehrkräften im Umgang mit aggressivem und störendem Schülerverhalten, mit schwierigen Interaktionssituationen und mit interpersonellen Konflikten zu erhöhen.

Zudem stellt das KTM ein Forum für Lehrer/innen dar, die an pädagogischen Fragen interessiert und bereit sind, ihren Unterricht kritisch zu reflektieren. Dabei sind alle angesprochen, die bereit sind, sich auf neue Wege im Umgang miteinander und im kommunikativen Bereich einzulassen – sei es in der Klasse, mit den Eltern, im Kollegium oder mit der Schulleitung.

Theoretische Konzeption

Zentraler Bezugspunkt für das Training mit dem KTM sind die handlungssteuernden subjektiven Theorien der Trainierenden (vgl. z.B. Dann 2000; Groeben et al. 1988). Die Wirkungsweise des Trainings lässt sich in diesem theoretischen Kontext auf drei Prinzipien der Modifikation subjektiver Theorien und des entsprechenden Handelns zurückführen (Dann 1994; vgl. auch Wahl 2000):

Wirkungsweise des KTM

1. Das bei einer Trainingsperson bereits vorhandene subjektiv-theoretische Wissen (z. B. über Schüleraggressionen im Unterricht und das eigene Handeln in solchen Situationen) muss so weit wie möglich expliziert werden. Im Training geschieht dies über gezielte Beobachtung des realen Handelns durch den Tandempartner in der Ernstsituation und anschließendes Feedback, durch gemeinsame Rekonstruktion problematischer Situationen sowie durch Perspektivenwechsel, nämlich die Auseinandersetzung mit der Sichtweise des Tandempartners und der Schüler/innen.
2. Das rekonstruierte individuelle Wissen sollte mit neuem Wissen konfrontiert werden. Damit die neuen Wissensbestände handlungswirksam werden können, müssen sie in das bestehende Wissen integriert werden. Im Training werden einerseits die Erfahrungsschätze und Problemlösekapazitäten der Tandempartner/innen aktiviert, andererseits wird in den Trainingsunterlagen handlungbezogenes Expertenwissen zum Problembereich »Aggressionen und Störungen« angeboten. Die Trainierenden setzen sich damit auseinander und entwickeln auf dieser Basis individuelle Handlungsmöglichkeiten für eigene Problemsituationen.
3. Diese Veränderungsprozesse müssen in praktisch relevanter Weise ablaufen. Deshalb sind gezielt Situationen aufzusuchen, in denen sich das neue Wissen bewähren kann, damit seine Brauchbarkeit auch persönlich erfahren wird. Im Training werden konkret geplante neue Handlungen zunächst im Rollenspiel simuliert und anschließend im eigenen Unterricht in Anwesenheit des Tandempartners erprobt und schließlich eingeübt. Unerwünschte Reaktionen, die auf eingefahrenem Routinehandeln beruhen, werden dabei gezielt unterbrochen.

Dahinter stehen folgende Annahmen:

1. Unterrichten ist Handeln unter Druck.
   - In der Regel müssen mehrere Dinge gleichzeitig wahrgenommen, bedacht und entschieden werden. Das heißt, Lehrer haben im Klassenzimmer kaum Zeit, Handeln reflektiert zu hinterfragen – sie »machen« einfach.
   - Woher aber kommt diese Handlungssicherheit? Sie wächst mit Erfahrung, mit Routine. Woher aber kommt diese Routine? Nur durch Machen?

Hinter diesen Fragen steckt das alte und leidige Theorie-Praxis-Problem. Aus vielen Studien ist bekannt:

2. Wissen steuert Handeln und umgekehrt.
   In den Studien zum Gruppenunterricht von Haag (1999) konnte nachgewiesen werden:

- Wer exzellent handeln kann, hat auch ein reiches Wissen.
- Wer nur beschränkt handeln kann, verfügt vielleicht trotzdem über ein reiches Wissen (»Wasserkopf«).
- Doch meist ist das Wissen träge, d. h. es wurde theoretisch ohne situierten Bezug gelehrt und gelernt, sodass sich eine Kluft zwischen Theorie und Praxis auftut. Das muss aber so nicht sein.
- Also: »Ich brauche keine Theorie« mag ein Fehlschluss sein, deshalb, weil man sich des Wissens gar nicht mehr bewusst ist.

Anders als in vielen Fortbildungsveranstaltungen finden die Lernprozesse hier letztlich im situativen Kontext statt, in dem sie auch benötigt werden – nämlich im beruflichen Alltag. Die Änderung der kognitiven Grundlagen des Unterrichts- und Erziehungshandelns wird verknüpft mit einer direkten Verbesserung der Handlungskompetenz und berücksichtigt dabei auch Schwierigkeiten der konkreten Handlungsausführung.

Praktische Durchführung

Grundsätzlich erfolgt das KTM in sieben aufeinanderfolgenden Schritten:

Durchführung in sieben Schritten

1. Bildung eines Tandems
   Zwei gleichberechtigte Kolleg/innen, die an derselben Schule unterrichten, schließen sich zusammen und trainieren gemeinsam. Diese soziale Stützkomponente hat sich als außerordentlich wirksam erwiesen. Sie durchbricht die Einzelkämpfersituation. Häufig machen Lehrer/innen nichts anderes im Lehrerzimmer, als dass sie jammern über »dumme, faule« Schüler/innen. Zu selten dürften sie sich auch mal konstruktiv mit dem Phänomen auseinandersetzen.
2. Unterrichtsbesuch mit systematischer Beobachtung
   Die eigentliche Trainingsarbeit beginnt damit, dass eine Lehrkraft die andere in ihrem Unterricht besucht und problematisch erscheinende Situationen protokolliert.
3. Gemeinsame Rekonstruktion einer Problemsituation
   Möglichst unmittelbar nach dem Unterrichtsbesuch führt die beobachtende Lehrkraft ein kurzes Interview über eine oder auch mehrere Problemsituationen mit der anderen Lehrkraft durch.
4. Bearbeitung eines Trainingsbausteins
   In diesem Schritt wird die subjektive Theorie der trainierenden Lehrkraft mit wissenschaftlich begründetem Expertenwissen konfrontiert. Über Praxisbeispiele und Übungen werden die Trainierenden zur aktiven Auseinandersetzung mit den jeweiligen Konzepten und Zusammenhängen angeregt und neue Handlungsmöglichkeiten ins Blickfeld gerückt. Das KTM schreibt jedoch keinerlei Handlungen vor. Jede Lehrperson entscheidet autonom, ob und welche Handlungsalternativen ihr attraktiv genug erscheinen, um im eigenen Unterricht eingesetzt zu werden.

5. Erprobung einer neuen Verhaltensweise im Unterricht
   Hier geht es darum, neue Handlungsmöglichkeiten auszutesten. Diese kann man auch im Rollenspiel erst mal präzisieren, und so scheiden weniger angemessene Lösungen aus.
   Sobald eine neue Handlung konkret geplant ist, wird sie im eigenen Unterricht bei passender Gelegenheit angewendet. Der Tandempartner ist anwesend und protokolliert das Geschehen erneut auf dem Beobachtungsbogen.
6. Überprüfung der Wirksamkeit
   In einem ausführlichen Auswertungsgespräch konzentrieren sich die Partner/innen darauf, ob die geplante Handlungsalternative umsetzbar war und wie die Schüler/innen darauf reagiert haben.
7. Platzwechsel auf dem Tandem
   Die Schritte 1 bis 6 werden mit vertauschten Rollen wiederholt. Im Verlauf eines Trainings werden die verschiedenen Schritte (vor allem 2 bis 6) mehr oder weniger ausführlich mehrfach durchlaufen.
   Als Einstieg wird ein gegenseitiger Unterrichtsbesuch empfohlen, nachdem dann die Partner/innen entscheiden können, ob sie ein gemeinsames Training in Angriff nehmen wollen. Solche ersten Erfahrungen verlaufen jedoch in aller Regel positiv, sodass es meist zum weiteren Training kommt.

Bausteine des KTM

fünf Bausteine des KTM

Das »KTM kompakt« enthält fünf grundlegende Trainingseinheiten, die modulartig, unabhängig voneinander nach individueller Schwerpunktsetzung trainiert werden können:

Baustein 1: Beobachten und Unterscheiden, Bewerten und Verstehen

- Hier sollen die Partner/innen erlebte Störungen aufschreiben, auf einem Zettel auflisten und mit dem Partner vergleichen.
- Es wird eine Liste von Kategorien für aggressive Schülerhandlungen vorgegeben. Anhand mehrerer Unterrichtsbesuche sollen die Partner/innen die typischen Kategorien in ihren Stunden finden. Die Liste von oben soll nun nach persönlicher Belastung bewertet werden.
- Ein Schüler, der besonders störend auffällt, soll vom Partner intensiv beobachtet werden. Anschließend soll dieser Partner die Sichtweise des beobachteten Schülers wiedergeben (Perspektivenwechsel).

Baustein 2: Kausale und finale Erklärungen: Ursachen und Ziele
Eine Erklärung von aggressivem oder störendem Schülerhandeln in einer konkreten Situation ist normalerweise sehr schwierig. Auch in der Wissenschaft gibt es zahlreiche konkurrierende Erklärungstheorien für Aggression und Gewalt. Es hat sich wissenschaftlich auch herausgestellt,

dass eine einzige Erklärung für aggressives oder störendes Verhalten in der Regel nicht genügt, da es mit einer Menge verschiedener Ursachen zu tun hat. Aus diesem Grund ist es ein Ziel des Trainings, Hypothesen für verschiedene Gründe aufzustellen, um damit neue Handlungsmöglichkeiten in die eigene subjektive Theorie einzubauen.
Man erhält zwei Gruppen von Erklärungsmustern, wenn man Menschen nach Erklärungen für eigenes oder fremdes Verhalten fragt: Zum einen werden Ursachen betrachtet, die zeitlich vor dem Handeln liegen, das zweite Muster bedient sich Zielen und Zwecken, die zeitlich auf das Handeln folgen sollen. Dies sind dann sogenannte »kausale« und »finale Erklärungen«.

Baustein 3: Kommunikation verbessern
Grundsätzlich wird in der Kommunikationstheorie bei jeder Nachricht zwischen zwei Aspekten getrennt, nämlich zum einen dem Sachaspekt und zum anderen dem Beziehungsaspekt. Im Sachaspekt befindet sich der Inhalt einer Nachricht. Der Beziehungsaspekt, der vor allem durch nonverbale Anteile wie Körpersprache, Mimik, Gestik, Modulation etc. transportiert wird, beinhaltet Informationen darüber, wie man mit diesem Inhalt umgehen muss. Schulz von Thun (1986) unterteilt den Beziehungsaspekt weiter, wobei zusätzliche Komponenten – Selbstoffenbarung und Appell – hervorgehoben werden. Der Umgang mit den vier Aspekten muss erfahrungsgemäß, vor allem aus der Sicht der Münder und der Ohren, mehrmals geübt werden, bis die Analyse ohne Probleme funktioniert.

Baustein 4: Zeit gewinnen
Der erste Schritt, den eigenen Handlungsspielraum zu durchbrechen, wird darin gesehen, automatisierte Handlungen vorerst zu unterbrechen. Für die Vermeidung von Überreaktionen und vorschnellen falschen Reaktionen werden einige Techniken aufgeführt wie: gedankliche Handlungsunterbrechung, ausgesprochene Handlungsunterbrechung oder Zwischenhandlungen (wie z.B. Fenster öffnen, durchatmen).

Baustein 5: Handlungsspielraum erweitern
Das wichtigste Ziel für Lehrkräfte, die das KTM kompakt aktiv bearbeiten, ist die Erweiterung der Handlungsmöglichkeiten für schwierige Situationen.
Das KTM kompakt gibt Möglichkeiten, wie der Handlungsspielraum erweitert werden kann, schreibt aber kein Reaktionen vor. Das KTM kompakt macht Vorschläge zur methodischen Bearbeitung von Problemen, um Lehrpersonen zu befähigen, selbst bessere Wege im Schulalltag zu finden.

Evaluationsstudie

Datensätze von 54 Lehrern mit 877 Schülern

Die Studie entstand im Rahmen einer Kooperationsveranstaltung zwischen der Regierung von Oberfranken und dem Lehrstuhl für Schulpädagogik der Universität Bayreuth. Im Schuljahr 2005/06 wurden in vier Präsenzveranstaltungen an der Universität die Lehrer/innen mit den Zielen und Inhalten des Trainings vertraut gemacht und begleitet. In diesen Veranstaltungen wurde auch jeweils der Ablauf der Evaluierungsstudie besprochen. Von vorneherein wurde darauf geachtet, dass diese Studie absolut anonym durchgeführt wird. Dadurch war es auch nicht mehr möglich, ausbleibenden Fragebögen »nachzuspüren«. Insgesamt liegen auswertbare Datensätze von 54 Lehrern mit 877 Schüler/innen vor. Folgende Tabelle zeigt die Aufteilung nach Schularten, wobei die Klassen 1 bis 12 miteinbezogen wurden:

Tab. 9: Teilnehmer der Evaluationsstudie KTM

Primarstufe	Grundschule	Förderschule		
Anzahl der Klassen	9	3		
Sekundarstufe	Hauptschule	Förderschule	Wirtschaftsschule	Berufsschule/ Berufsfachschule
Anzahl der Klassen	13	4	4	17 / 4

Folgende Daten wurden erhoben:

1. Alle Lehrer erhielten einen Fragebogen (54 Items), mit dem das Sozialverhalten von Lehrer/innen und Schüler/innen anhand von zehn Dimensionen abgefragt wurde. Diese lassen sich unterteilen in Lehrer- und Schülerverhalten sowie Klassenklima.
2. Alle Schüler/innen erhielten einen Fragebogen, der nun aus Schülerperspektive das Sozialverhalten von Lehrer/innen und Schüler/-innen anhand derselben Dimensionen enthielt. Für die Primar- (37 Items) und Sekundarstufe (45 Items) wurde jeweils ein eigener Fragebogen eingesetzt.
   Die Fragebögen wurden zweimal bearbeitet – zu Beginn des Trainings (September 2005) und gegen Ende des Trainings (Mai 2006).
   Zusätzlich wurden zwölf Kontrollklassen aller genannten Schularten mit insgesamt 221 Schüler/innen miteinbezogen, die auch zu Beginn und am Ende des Schuljahres die Lehrer- und Schülerfragebogen ausfüllten, ohne jedoch am Training teilgenommen zu haben.

signifikante Veränderung

Folgende Tabelle zeigt die signifikanten Veränderungen der Dimensionen, die bei den Lehrer/innen und Schüler/innen in ihren Selbstangaben über das Schuljahr festgestellt werden konnten (Brosig 2007) (+ = Zunahme; – = Abnahme).

Tab. 10: Veränderung der Dimensionen bei Lehrern und Schülern

	Schüler/innen		Lehrer/innen
	Sekundarstufe	Primarstufe	
Mitarbeit der Schüler/innen			+
Lehrerunterstützung	–		
Konkurrenz	–		
Ordnung und Selbstorganisation (S)	+	–	+
Lehrerkontrolle	+		
Regeln	–	–	+

Diese Ergebnisse erhalten eine umso größere Bedeutung, als in den Kontrollklassen überhaupt keine Veränderungswerte gefunden werden konnten.

Die Dimension »Ordnung und Selbstorganisation der Schüler« (Beispielitem des Lehrerfragebogens: »In meiner Klasse weiß jeder, was er zu tun hat, wenn ich den Raum verlasse.«) wird zugleich von den Lehrer/innen aller Schularten und auch Sekundarstufenschüler/innen positiver eingeschätzt. Hier kommt es zu einer vermehrten Übernahme von Eigenverantwortung durch die Schüler/innen. Die jüngeren Schüler/innen der Primarstufe honorieren jedoch nicht, wenn der Lehrer »die Zügel loslässt« – sie benötigen offensichtlich eine straffere und konsequentere Unterrichtsgestaltung.

Die Dimension »Regeln – Strenge und Konsequenz des Lehrerverhaltens« (Beispielitem des Lehrerfragebogens: »Ich erlaube es nicht, dass sich die Schüler im Unterricht mit etwas anderem beschäftigen.«) zeigt aus Lehrersicht höhere Werte, aus Schülersicht niedrigere Werte. Die Lehrer/innen beschreiben ein konsequenteres Lehrerverhalten. Die Schüler/innen empfinden dieses Lehrerverhalten auch als konsequenter, klarer, weniger als »Gängelung« und bewerten so das »neue« Lehrerverhalten als weniger reglementierend als das frühere häufigere »Eingreifen« des Lehrers in das Unterrichtsgeschehen.

Eine weitere positive Auswirkung des Trainings auf Lehrerseite ist, dass sie mehr Mitarbeit auf Schülerseite wahrnehmen. Mit der bereits geschilderten Zunahme der Ordnung und Selbstorganisation gehen auf Schülerseite (Sekundarstufe) eine wahrgenommene Zunahme der Lehrerkontrolle und gleichzeitig eine Abnahme der Lehrerunterstützung einher. Sie spüren, dass ihnen der Lehrer nicht mehr alles nachträgt, sich nicht mehr für alles verantwortlich fühlt. Auch empfinden sie eine geringere Konkurrenz in der Klasse. Zusammenfassend lassen sich diese Befunde als Indiz auffassen, dass die Lehrer/innen es gelernt haben, Grenzen aufzuzeigen und ein konsequentes Lehrerverhalten zu zeigen. Diese Ergebnisse stimmen insofern optimistisch, als dass das hier durchgeführte Lehrertraining im Tandem mit einem Partner innerhalb relativ kurzer Zeit zu einem positiven Ergebnis führt.

Im Zusammenhang mit den geführten Interviews und Gesprächen lassen sich die Daten folgendermaßen zusammenfassen:

positive Wirkungen für Lehrkräfte

Die am KTM-Projekt teilhabenden Lehrkräfte

- empfinden deutlich mehr Entlastung im Unterricht,
- zeigen weniger Lässigkeit, aber
- mehr Gelassenheit
- empfinden größere Souveränität und ein größeres Vertrauen in die eigene Lehrerpersönlichkeit und damit verbunden
- mehr Vertrauen in die Schüler und
- sehen mehr Mitarbeit auf Schülerseite.

Grenzen des KTM

Zum Schluss muss die entscheidende Grenze auch klar benannt werden – eine Grenze, auf die wir in vielen Einführungsveranstaltungen, Trainings, Workshops stets stoßen: Das Training benötigt Zeit, die Vollzeitkräfte (zumindest im Grundschulbereich) nur selten aufbringen können: Ein Trainingstandem braucht jeweils eine Freistunde für gegenseitige Unterrichtsbesuche. Eine vielfach wahrnehmbare Bereitschaft zur gemeinsamen Arbeit stößt hier an eine organisatorische Grenze. Hier könnte eine zeitlich befristet gewährte Entlastungsstunde für Abhilfe sorgen.

Eine zweite Grenze kann nur benannt werden: Häufig lassen sich Lehrkräfte auf das Training ein, die eigentlich eher weniger Probleme im Unterricht haben. Für eher »fortbildungsresistente« Lehrkräfte bildet das Tandem-Prinzip eher eine noch größere Hürde. Fortbildungsmaßnahmen lassen sich nur schwer anordnen, wenn die innere Einstellung dazu fehlt – ein viel gehörter Satz. Doch Zweifel seien erlaubt, ob dieser Satz so stimmen muss.

7.7 Aushaltenkönnen als zentrale Bedingung von Klassenführung

Lehrer/innen, so die These, müssen eine Menge aushalten, um souverän Klassen führen zu können. Folgendes, viel zitiertes Beispiel soll provozierend als Einstieg zur Überschrift taugen: Ein Prüfling erhält in einer mündlichen Prüfung in Physik folgendes Problem: »Zeigen Sie, wie man mithilfe eines Barometers die Höhe eines Hochhauses bestimmen kann.«

- Neben einer physikalischen Lösung (Abnahme des Luftdrucks pro 10 Meter Höhe um 1 Torr) soll es auch andere Lösungen gegeben haben: »Man nehme das Barometer, gehe die Treppe hoch. Dabei markiere man die Höhe der Wand jeweils in ›Barometer-Einheiten‹.«
- Noch schöner: »Man nehme das Barometer, klopfe beim Hausmeister an und sage: Lieber Herr Hausmeister, ich habe hier ein wunderbares Barometer. Wenn Sie mir die Höhe des Hauses verraten, gehört es Ihnen.«

Muss ein Lehrer diese Antwort aushalten?
Hier sei nur kurz erwähnt, dass natürlich auch Schüler/innen eine Menge aushalten müssen. Hierzu zwei Forschungsergebnisse:

Krumm, Lamberger-Baumann und Haider (1997) stellten in Österreich folgende Frage etwa 1 000 Jugendlichen: »Wenn Sie in letzter Zeit von Ihren Mitschülern und von einem Ihrer Lehrer gekränkt worden sind: Welche Kränkungen haben Ihnen mehr Kummer bereitet, haben Sie länger belastet?«

Was Schüler aushalten müssen

Tab. 11: Kränkungen

	Schulstufe 7 + 8	Schulstufe 10–12
Kränkungen eher durch die Mitschüler/innen	42 %	27 %
Kränkungen eher durch Lehrer/innen	21 %	25 %
kein Unterschied	37 %	48 %

In Deutschland fragte Krumm (1999) 1 374 Studierende Folgendes:

Tab. 12: Lehrerverhalten aus Studierendensicht

Ist es vorgekommen, dass ein Lehrer Sie ...	Antworten
ungerecht beurteilt hat?	79 %
unfair behandelt hat?	73 %
beleidigt hat?	58 %
vor anderen bloßgestellt hat?	57 %
angeschrien hat?	49 %

Was bedeutet eigentlich »aushalten«? Dieses Wort beinhaltet zwei Bedeutungen (Grün/Dufner 2001):

Wortbedeutung von »Aushalten«

1. *Durchhalten, standfest sein, dulden, erleiden, ertragen, schlucken, einstecken, hinnehmen, verkraften*
   Griechisch heißt aushalten »hypomanein«, d. h. eigentlich *darunterbleiben, ausharren.*
   Seit dem Neuen Testament ist es zu passiv gesehen worden, als ob man alles einfach hinnehmen müsse, was ist. Im Kolosserbrief (1,11) heißt es: »Er gebe euch in der Macht seiner Herrlichkeit viel Kraft, damit ihr in allem viel Geduld, Ausdauer habt.« Doch Geduld ist hier kein passives Erleben, sondern aktives Aushalten und Durchhalten, d. h. beharrliche Widerstandskraft.
2. *Warten können, geduldig zusehen, bis sich eine Lösung ergibt.*
   Nicht gemeint ist hier die Konnotation: *Aushalten* ist gleich *durchfüttern, erhalten.*

Das Thema »Aushalten« wird in der Literatur vor allem unter dem Stichwort »Lehrergesundheit« mit den Stichwörtern »Stress, Ängste, Belastungen, Burnout« besprochen und dann in größerem Kontext, in dem die genannten Stichwörter aufgehoben sind (»Lehrerprofessionalisierungsdebatte«). Selbstverständlich werden hier nicht die Punkte »Stress«, »Lehrerängste«, »Burn-out« abgearbeitet. Eher plakativ werden in einem ersten Punkt »Belastungen im Schulalltag« skizziert, in einem zweiten Punkt »Antinomien des Lehrerhandelns« aufgezeigt und in einem dritten Punkt »Wege des Umgangs im Aushalten«.

7.7.1 Belastungen im Schulalltag

Rothland legt ein Studienbuch vor, in dem die aktuellen Modelle, Konzepte und Befunde der Lehrerbelastungsforschung sowie Präventions-

Belastungsfaktoren für Lehrkräfte

und Interventionsansätze dargestellt werden. In einer Übersicht werden in Tabelle 1 (Rothland 2007, S. 54) Belastungskategorien und -faktoren in der Lehrerarbeit zusammengestellt. Unter dem Aspekt von Klassenführung sollen hieraus zentrale Punkte herausgefiltert werden.

Arbeitsaufgaben/ -bedingungen	Arbeitsumwelt soziale Bedingungen	kulturelle Bedingungen
Arbeitsaufgaben Schulkultur/-klima	Lärm	Schüler
Arbeitszeit	Luftbeschaffenheit	Kollegen
Schulreformen/Pausenzeit -innovationen	Beleuchtung	Schulleitung
Unterrichtsfach	Klassenraum	
Lehrplan		
Klassenfrequenz		
Stundenplan		
Raumplan/-wechsel		
Unterrichtsmethode		
Lehr-/Lernmittel		
Prüfungen		
Physische Belastung		
Sprechbelastung		

Abb. 9: Belastungskategorien und -faktoren in der Lehrerarbeit (Rothland 2007, S. 54)

Hohe Anzahl der Lehrerschaft gibt starke Belastung an

Im Jahre 2003 wurden in einer vom »Bayerischen Lehrer- und Lehrerinnenverband« (BLLV) durchgeführten Studie insgesamt 3 566 Lehrer/innen an bayerischen Grund-, Haupt- und Förderschulen zu den psychischen und physischen Belastungen ihrer Arbeit befragt. An den Förderschulen klagten demnach 86 Prozent der Befragten über eine »starke bis sehr starke Belastung«. An den Hauptschulen waren es demnach 85 Prozent, an den Grundschulen immerhin noch 80 Prozent. 83 Prozent der befragten Lehrer/innen klagen über schwieriges Lernverhalten der Schüler/innen, 71 Prozent finden die heterogene Zusammensetzung der Klassen belastend, rund zwei Drittel nennen große Klassen, schwieriges Sozialverhalten und alltägliche Disziplinprobleme mit Schüler/innen als herausragende Belastungsfaktoren (BLLV 2003). In die gleiche

Richtung gehen die Befunde einer Repräsentativuntersuchung des bayerischen Realschullehrerverbandes aus dem Jahr 2003.

Burnout und Frühpensionierungen

Diesen Erkenntnissen entsprechend verwundert nicht die vorliegende Zahl von Burn-out-Erkrankungen oder Frühpensionierungen. Um den Gesundheitszustand der deutschen Lehrer/innen ist es offenbar nicht zum Besten bestellt:

Die Zahl der aus gesundheitlichen Gründen erfolgten Frühpensionierungen liegt bei etwa 50 Prozent, etwa 15 Prozent halten bis zum 65. Lebensjahr durch – ungewöhnliche Quoten im Vergleich zu anderen Berufsgruppen im öffentlichen Dienst.

Einer Studie von Schaarschmidt (2004) zufolge sind 29 Prozent der deutschen Lehrer/innen ziemlich ausgebrannt: Sie müssen Belastungen aushalten; das gelingt nach Schaarschmidt immerhin rund 40 Prozent. Freilich muss hier auch betont werden: Trotz der geschilderten Belastungen und der hohen Rate an Frühpensionierungen ist die berufliche Zufriedenheit von Lehrer/innen relativ groß (60 bis 70 Prozent).

Freilich scheint sich seit der Einführung von Abschlägen bei der Pension im Jahre 2000 hier eine Trendwende abzuzeichnen: So sank im Vergleich von 2000 zu 2005 die Pensionierung wegen Dienstunfähigkeit um die Hälfte (von 64 % auf 28 %). Wir wollen uns hier nicht an der Diskussion beteiligen, inwieweit das Einreichen einer Dienstunfähigkeit etwas mit fehlenden finanziellen Anreizen oder »sich nicht mehr leisten können« zu tun hat (Gehrmann 2007, S. 195 f.).

Fasst man die vorliegenden Befunde zusammen, so sind das Unterrichtsgeschehen und die Qualität der Lehrer-Schüler-Interaktionen selbst eine Hauptbelastungsquelle für Lehrer. »Auch in Studien unserer Arbeitsgruppe erwiesen sich Unterrichtsstörungen, insbesondere in Kombination mit Zeitdruck und fehlenden Erholungspausen, als bester Prädiktor für negative Beanspruchungsfolgen wie emotionale Erschöpfung« (Krause/Dorsemagen 2007, S. 99).

7.7.2 Antinomien des Lehrerhandelns

Das Konzept konstitutiver Antinomien, gesellschaftlicher Widerspruchsverhältnisse, Dilemmata und Paradoxien wurde im Kontext der geisteswissenschaftlichen Pädagogik, materialistischer, kritisch-theoretischer bzw. emanzipatorischer und kommunikativer Pädagogik und insbesondere in professionstheoretischen Überlegungen seit den 1980er-Jahren begründet. Helsper (1996) kommt das Verdienst zu, hier eine Systematik angestrebt zu haben, die sich auf Fragen nach der Ebene, auf der sie angesiedelt sind, bezieht und reflektiert, inwieweit sie für pädagogisches Handeln konstitutiv oder eher veränderbar und damit aufhebbar sind.

Hier wird ein Korsett von gegensätzlichen Polen, d.h. widersprüchlichen Handlungserwartungen, aufgezeigt, die jeweils für sich ihre Berechtigung haben, aber aufgrund ihrer prinzipiellen Gegensätzlichkeit nicht gleichzeitig zur Anwendung kommen können. Hierhinein sind Lehrer/innen gezwängt und können beiden Polen nicht gleichzeitig entsprechen. Im Folgenden beziehen wir uns auf eine prägnante Zusammenfassung bei Rothland und Terhart (2007, S. 21 ff.).

Nähe-Distanz-Antinomie

Die Nähe zu den einzelnen Schüler/innen als heranwachsenden Persönlichkeiten (allgemein im Sinne affektiver Nähe – »Schüler/innen mögen/gut leiden können« – oder aber im Sinne einer intensiven Betreuung und eines Eingehens auf die ganze Person bei Lernschwierigkeiten, in Entwicklungskrisen) steht hier in einem Spannungsverhältnis zur gleichzeitig gebotenen professionellen Distanz und zur affektiven Neutralität gegenüber der Klientel. Und dies umso mehr, da doch die Berufsrolle vom Lehrer verlangt, sich als Person zu engagieren, und affektive Komponenten und moralische Verpflichtungen Teil des Lehrerhandelns sind.

Antinomie von Person und Sache

Auf der einen Seite ist die Vermittlung universaler und abstrakter Inhalte bzw. fachwissenschaftlichen, allgemeingültigen Wissens Ziel des unterrichtlichen Lehrens in der Schule. Das abstrakte und universale Wissen muss jedoch in der Vermittlungstätigkeit alltagsnah an die Lebenswelt der Person der Schüler/innen angepasst und damit zu einem nur partikular gültigen, spezifischen Gegenstand gemacht und damit reduziert werden (universalistisch vs. partikular personenspezifisch). Hierher gehört auch die Spannung zwischen Bildung vs. Qualifikation.

Die gerade von der Wirtschaft geforderten Schlüsselqualifikationen sind möglicherweise nicht die Qualifikationen, die dem individuellen Bildungsbedürfnis oder dem Interesse von Schüler/innen und Lehrer/innen entsprechen.

Legt man die Terminologie Frommscher Psychoanalyse zugrunde – vaterorientiertes Leistungsprinzip vs. mutterorientiertes Annahmeprinzip –, dann sollen Schüler/innen »väterlich« zur Leistung verpflichtet werden, mit allen negativen Konsequenzen, wenn diese Leistungen nicht gezeigt werden oder werden können. Gleichzeitig sollen Lehrer/-innen die Schüler/innen beraten, sie »mütterlich« annehmen und in ihren Fehlern und Unzulänglichkeiten akzeptieren.

Antinomie von Einheitlichkeit und Differenz bzw. Homogenität vs. Heterogenität

Lehrer/innen sind dazu verpflichtet, alle Schüler/innen gleich zu behandeln, also gerecht und gleichmäßig zu fördern, nach einheitlichen allein schulleistungsbezogenen Maßstäben zu beurteilen etc. Diesem Gebot der Gleichbehandlung (Einheitlichkeit) stehen die ja nach Situation und Konstellation notwendige verstärkte Zuwendung, Förderung und Unterstützung Einzelner (besonders Benachteiligter, Förderungsbedürftiger) entgegen. Jedwede verstärkte Förderung einzelner Schüler/innen bedeutet schließlich in einer festen Gruppe die Verknappung von Zuwendungsmöglichkeiten für die anderen, was wiederum dem Gebot der Gleichbehandlung zuwiderläuft. Salopp ausgedrückt: Es geht um »individuelles Fördern« vs. »Unterrichten mit der Gießkanne«.

Antinomie von Organisation und Interaktion

Personenunabhängige Standards, regelhafte Routinen (wiederkehrende Stoffpläne, wöchentlicher Unterrichtsrhythmus, tägliche Zeitakte) als »abstrakte Zeit-, Raum- und Verfahrensregelungen« (Helsper 1996, S. 535) mit der Tendenz zu formalisierten Mustern stehen der prinzipiellen Offenheit der ungeregelten und nicht strukturierten individuellen Interaktion zwischen Lehrkräften und Schüler/innen gegenüber.
Rothland und Terhart (2007) sprechen von einer Schwebelage zwischen Reglementierung und »pädagogischer Freiheit«: zwei Arbeitsplätze, unvollständig geregelte Arbeitszeit, prinzipielle Offenheit bzw. Grenzenlosigkeit der Aufgabenstellung. Es geht hier um die Lehrerworte »immer im Dienst«, »nie fertig«.

Antinomie von Autonomie und Heteronomie

Diesem Spannungsverhältnis liegt der Widerspruch einer Erziehung zur Autonomie mittels Zwang zugrunde. Das Ziel der Schule und des unterrichtlichen Handelns ist die Entfaltung lebenspraktischer Selbst- und Eigenständigkeit auf Seiten der Schüler/innen bei gleichzeitiger Abhängigkeit und Unselbstständigkeit in der Schülerrolle (abhängige Position des Adressaten).

7.7.3 Wege des Umgangs im Aushalten

Hier soll auf die angesprochenen Punkte Bezug genommen werden. Zunächst soll es um den Umgang mit Konflikten gehen. Wie bereits im vierten Punkt dieses Kapitels aufgezeigt, erleben Lehrer/innen im Gruppenunterricht den Grundkonflikt zwischen »Eingreifen–Nichteingreifen«:

Umgang mit Konflikten

Wagner et al. (1984) setzten sich sehr intensiv mit Strategien im Umgang mit Konflikten auseinander, wie sie gerade Lehrer/innen im Unterricht einsetzen können. Die Autoren unterscheiden Konfliktumgehungsstrategien von Konfliktauflösungsstrategien.

Zur ersten Gruppe zählen sie:

Konflikte umgehen

- Ignorieren des Konflikts
- abwerten, bagatellisieren, lächerlich machen
- rationalisieren
- sich etwas einbilden
- sich eine neue Sollvorstellung imperieren
- die Realität durch Handeln verändern
- resignieren
- die Realität umdeuten
- Hierarchisieren von konfligierenden Imperativen

Demgegenüber stellen Konfliktauflösungsstrategien eine Möglichkeit dar, den Bewusstseinskonflikt tatsächlich dauerhaft zu lösen.

Hierunter zählen:

Konflikte aushalten

- Veränderung der Realitätswahrnehmung
- Aufgabe der Sollvorstellung (typische Äußerung: »Das ist mir heute nicht mehr so wichtig.«)
- aufmerksames konstatierendes Wahrnehmen
  (etwas wahrnehmen, das momentan in der Aufmerksamkeit präsent ist, ohne es innerlich wegschieben zu wollen)
- länger andauerndes konstatierendes Wahrnehmen des Kerns des Konflikts. Diese Konfliktauflösungsstrategie dürfte ohne professionelle Beratung nicht funktionieren.

Erkenntnisse aus den Belastungs-Studien

Schaarschmidt (2004) konnte in seinen Studien bei Lehrer/innen Muster der Belastungsbewältigung identifizieren. Hier sollen die Muster G und S erwähnt werden:

Muster G (G = Gesundheit)

Dieses Verhaltensmuster umfasst Einstellungen und Verhaltensweisen, die gesundheitsförderlich sind. Die betreffenden Personen sind beruflich engagiert. Sie identifizieren sich mit ihrer Arbeit, zeigen Ehrgeiz und Verausgabungsbereitschaft, tendieren andererseits aber nicht zu Verbissenheit und überzogenem Perfektionismus. Sie besitzen eine gesunde Distanzierungsfähigkeit und sind damit relativ gut gefeit gegen die Unbilden des Schulalltags. Ihre Resignationstendenz ist gering; Misserfolgen beugen sie mit offensiver Problembewältigung vor. Das trägt nicht zuletzt zur inneren Ruhe und Ausgeglichenheit bei. Von daher ist es keine Überraschung, dass die betreffende Personengruppe positive Emotionen zeigt, beruflichen Erfolg hat, Lebenszufriedenheit signalisiert und soziale Unterstützung erlebt. Die dem Muster G zuzurechnende Lehrergruppe umfasst nach Schaarschmidt lediglich 17 Prozent der gesamten Lehrerschaft.

Muster S (S = Schonung)

Typisch für dieses Muster ist, dass sich die betreffenden Lehrkräfte dadurch entlasten, dass sie sich schonen und die beruflichen Angelegenheiten in der Schule eher beiläufig und halbherzig erledigen. Sie stufen die Bedeutsamkeit der eigenen Arbeit als relativ niedrig ein und zeigen verhältnismäßig wenig Ehrgeiz und Verausgabungsbereitschaft. Gleichzeitig ist ihre Distanzierungsfähigkeit gegenüber den beruflichen Belangen recht hoch. Die niedrige Resignationstendenz weist darauf hin, dass ihr dürftiges berufliches Engagement keinesfalls Ausdruck von Resignation und Überforderung ist, im Gegenteil: Die relativ hohen Ausprägungen in puncto innere Ruhe, Ausgeglichenheit, Lebenszufriedenheit und soziale Unterstützung sprechen für ein insgesamt positives Lebensgefühl. Schonung und Zufriedenheit gehen also gut zusammen und sprechen dafür, dass die Burn-out-Gefahr bei dieser Lehrergruppe relativ gering ist. Nach Schaarschmidts Befunden sind dem »Muster S« rund 23 Prozent der Lehrerschaft zuzurechnen.

Immer wieder wird in empirischen Studien »Freude an sozialen Kontakten« als ein entscheidendes Studienmotiv für das Lehramt gefunden. Dies kann man zunächst als positiv bewerten, weil dieses Motiv ein genuin pädagogisches ist. Doch vor dem Hintergrund der Ergebnisse der Burn-out-Forschung (Muster S) ist mangelnde Distanz zum Beruf im Zusammenhang mit hohem Engagement ein Risikofaktor. Die Fähigkeit zur Distanzierung wird als ein Faktor verstanden, mit dem Burnout möglicherweise vermieden werden kann (Schaarschmidt 2002). Darüber hinaus führen etwa Professionalisierungstheorien an, dass die Fähigkeit, Distanz zu entwickeln, ein grundsätzlicher Aspekt professionellen Handelns ist (Bauer/Kopka/Brindt 1996). Als Folgerung mag gelten, dass man eine gewisse Distanz aushalten sollte, dass man für sich nicht alle Gratifikation aus den Beziehungen mit der Gruppe der Schüler/innen ziehen sollte.

Erkenntnisse aus den Professionalisierungsstudien von Lehrer/innen

Im vorliegenden Kontext, in dem es um Klassenführung als Expertise und Professionalisierungsmerkmal von Lehrer/innen geht, passt die mittlerweile vorliegende Fülle an Studien zur Lehrerprofessionalisierung, die alle folgenden Sachverhalt betonen (Haag 2009):

Theoriewissen für Lehrerkräfte nützt

Lehrer/innen sollten Theoriewissen annehmen und aushalten.

Es mag befremdlich erscheinen, dass hier auf Theorie zurückgegriffen wird, da doch gerade über die mangelnde praktische Verwertbarkeit der Theorie viel geklagt wird. Erfahrung allein macht nicht klug. Zum Machen der Erfahrung gehören Zeiten und Orte der Nachdenklichkeit, gehört das Nachdenken darüber, welche Erfahrungen man gemacht hat. Und Theorie ist der Ort jener durchdachten, auf den Begriff gebrachten reflexiven Erfahrung, die unsere Erfahrungen und unser Wissen neu ordnen und sehen lässt. Die Annahmen eines theoretischen Gebäudes lassen sich wie ein System von Argumenten behandeln, die zur Erörterung und Klärung eines bestimmten Sachverhalts dienlich sein können.

Es liegen mittlerweile genügend Studien vor (z.B. Haag 1999), nach denen elaboriertes Wissen zu reicherem und professionellem Handeln führt. So kann der Umgang mit den oben skizzierten widersprüchlichen Handlungsanforderungen nur in dem Umfang gelingen, in dem Können und professioneller Habitus entfaltet werden – anders gesagt, auch unter erhöhter Widersprüchlichkeit noch wissen zu können, was man tut, und es verantworten zu können.

Erkenntnisse aus der Bedeutung »Wartenkönnen«

Im vorliegenden Buch ist viel von einem neuen Verständnis von Classroom Management die Rede. Hierzu passt ein Letztes: Eigene Entwicklung und die von Kindern geschehen langsam und oft unmerklich. Wir wollen sofort Erfolge sehen und sie kontrollieren können.

Zeit als wichtiger Faktor der Entwicklung

Zeit hat einen wichtigen Platz. Wir lassen uns und den anderen Zeit, dass sich etwas wandeln kann. Geduldig aushalten und ausharren sind Eigenschaften, die heute in Zeiten des Optimierens kaum gefragt sind. In der Schule, in der wir eigentlich viel Zeit haben, täte es allen gut, Geduld zu haben, um schulische Probleme meistern zu können. Welche Berufsgruppe kann sich denn mehr Zeit leisten? Wissen wir eigentlich, was wie wirkt?

Schulz von Thuns Grundgedanke lautet (1998a): Was ich mir aus Mangel an Mut und Zeit geistig nicht bewusst mache, rächt sich unbewusst körperlich. Im Inneren jedes Menschen seien viele Stimmen versammelt und wohl dem, der einen guten Zuhörer oder auch Coach hat, der gut zuhören kann und den Menschen mit den inneren Stimmen in Kontakt zu setzen vermag, die erst auf hartnäckige Nachfragen reagieren – die inneren Schandmauern, wie Schulz von Thun sie nennt: die Stimmen des Erschöpften, Verletzlichen, Wütenden, Gekränkten, Weinenden, Peinlichen. Jene inneren Außenseiter, die aber die Vitalität und den Wert des Menschen ausmachen.

7.8 Feedback über Unterricht

Wie bereits im Kapitel 3.4 ausgeführt, sind Schulklassen soziale Gebilde. Apel (2002): »Wer über Interaktions- und Kommunikationsmuster, über das Lern-, Arbeits- und Sozialverhalten in der Klasse genauere Kenntnisse besitzt, verfügt über eine Grundlage, um professionell die Klasse zu führen und Lernende zu aktivieren« (Apel 2002, S. 76). Mit dem Perspektivenwechsel von der in all den Jahren »lieb gewonnenen« Input- zur Output-Steuerung werden heute Anstrengungen unternommen, Qualitätssicherung auch einzulösen. Evaluation als ein Teil der Qualitätssicherung in der Schule – an diesen Terminus musste sich Schule in den letzten Jahren erst gewöhnen. Neben der internen Evaluation soll externe Evaluation helfen, Stärken und Schwächen der Schule insgesamt zu erkennen.

Evaluation

Der Rückblick auf das Lerngeschehen bietet für alle Beteiligten eine Lernchance. Die Lehrer/innen erhalten Rückmeldungen über die Qualität des Unterrichts – im vorliegenden Fall über ihre Klassenführung. Solche Rückmeldungen dienen als Ausgangspunkt für Optimierungsmöglichkeiten von Unterricht einerseits und für Unterrichtsentwicklung andererseits. Insgesamt lassen sich drei Quellen des Feedbacks über Unterricht unterscheiden. Entweder nimmt der Lehrer selbst die Auswertung des Unterrichts vor oder zusammen mit den Schüler/innen, oder in Zusammenarbeit mit einer Drittperson (z. B. einem Kollegen als kollegialer Praxisbewertung, der Schulaufsicht, einem professionellen Coaching; Grunder et al. 2007).

drei Quellen des Feedbacks

Mittlerweile gibt es ein reiches Methodenrepertoire, um Feedback einzuholen: Gespräche, Beobachtungsverfahren, unterschiedliche Arten der Befragung sowie die Soziometrie. Hier orientieren wir uns an den drei aufgezeigten Quellen, die dem Lehrer Feedback über seine Klassenführung geben.

Analyse der eigenen Arbeit

Inhaltlich lehnen wir uns an Materialien, wie sie vom »Staatsinstitut für Schulqualität und Bildungsforschung« (ISB) in München für die Schulen im Netz zur eigenen internen Evaluation zur Verfügung gestellt werden. Die folgenden Textpassagen in Anführungszeichen sind, wenn nicht eigens gekennzeichnet, von dort wörtlich entnommen (http://www.isb.bayern.de; Stichwort: Evaluation).

7.8.1 Systematische Selbstreflexion

»Systematische Selbstreflexion ist eine gute Annäherung an Evaluation, vor allem für Lehrkräfte, die damit noch keine Erfahrung und deshalb entsprechende Zweifel und Ängste haben. Sie kann ein erster wichtiger Schritt sein, die eigene Arbeit systematisch zu analysieren. Regelmäßige schriftliche Aufzeichnungen nach dem Unterricht in Form von Gedächtnisprotokollen über Schülerverhalten und/oder eigenes Verhalten in einer Art Unterrichtstagebuch führen mitunter zu neuen Erkenntnissen und Einsichten. Sie können Alltagsroutinen aufzeigen, deren man sich nicht bewusst war, und Anstoß für gezielte Verhaltensänderungen sein. Ähnliches gilt für den Einsatz von Selbsteinschätzungsbögen, die relativ einfach anhand definierter Qualitätskriterien selbst zu konstruieren sind. Sie eignen sich sowohl für die Erfassung grundsätzlicher Qualitätsmerkmale professionellen Lehrerhandelns als auch für die Analyse von Detailbereichen, etwa von bestimmten Qualitätsaspekten des eigenen Unterrichts« (Grunder et al. 2007, S. 341 f.).

Grunder et al. (2007, S. 341 f.) empfehlen ein Vorgehen nach folgendem Muster:

- Situationsbeschreibung
  Leitfragen können sein:
  - »Was ist in dieser Stunde in welcher Reihenfolge abgelaufen?

 - Was habe ich gesagt, getan, geantwortet, arrangiert?
 - Was haben die Kinder/Jugendlichen gesagt, getan, geantwortet?« (Grunder et al. 2007, S. 341)

- Perspektivenwechsel
  Der Lehrer versetzt sich in die Rolle der Schüler/innen. Folgende Fragen sind sinnvoll:
  - »Wie hätte ich in dieser Stunde reagiert?
  - Was hätte mir gefallen/missfallen?« (Grunder 2007, S. 341)
- Hypothesenbildung
  Folgende Hypothesen zu Misserfolg könnten entstehen:
  - »Warum haben die Lernenden diese Aufgaben nicht lösen können?
  - War sie zu schwierig?
  - Waren meine Erklärungen zu ungenau?
  - Fehlte die Motivation?
  - Unter welchen Umständen kam die Situation zustande?« (Grunder 2007, S. 341)
- Hypothesenüberprüfung
  - Nun kommt es darauf an, im folgenden Unterricht die aufgestellten Hypothesen auf ihre Richtigkeit hin zu überprüfen oder sie zu modifizieren oder neue zu bilden.

7.8.2 Gespräche über Unterricht mit der Klasse

Eine andere Vorstufe von Evaluation besteht darin, sich – z. B. von Schüler/innen über Merkmale des eigenen Lehrerhandelns – Feedback geben zu lassen und dies dann als Anregung für Verhaltensänderungen zu nutzen. Hierzu eignen sich Gespräche am Ende einer Lektion oder einer abgeschlossenen Unterrichtseinheit. Zunächst gehen wir auf allgemeine Feedback-Regeln ein, dann sollen spezifische methodische Formen vorgestellt werden. Zu Feedback ist gerade ein Jahresheft mit einer Praxisbeilage erschienen (Busse et al. 2019).

Feedback-Regeln

»Konstruktive Rückmeldungen helfen, das eigene Verhalten zu hinterfragen und zu verbessern. Lehrkräfte, die Schüler – in schriftlicher oder mündlicher Form – um Feedback zum Unterricht bitten, erhalten zum einen interessante Hinweise auf eigene Stärken und Schwächen bei der Unterrichtsgestaltung und schaffen zum anderen für ihre Schüler eine wichtige Gelegenheit zum Erwerb sozialer Kompetenzen. Ernsthaftes, ehrliches und differenziertes Feedback, aus dem auch Konsequenzen gezogen werden, verbessert die Unterrichtsqualität und erhöht die Zufriedenheit aller Beteiligten. Es gilt allerdings einige grundlegende Regeln zu beachten, damit diese anspruchsvolle Form der Kommunikation im Rahmen einer Schulklasse gelingt:

Regeln für Feedback

- Feedback darf nichts Einmaliges und damit Außergewöhnliches sein. Alle Beteiligten informieren einander regelmäßig wechselseitig (die Schüler die Lehrkraft, die Lehrkraft die Schüler, die Schüler sich gegenseitig), was sie vom Anderen/von den Anderen benötigen, um sich in der Klasse wohlzufühlen und gut arbeiten zu können.
- Feedback zu Gelungenem zu geben sollte im Vordergrund stehen. Das schafft die Voraussetzung dafür, dass sich die Feedbackempfänger auch konstruktiver Kritik ohne größere Ängste stellen können. Viele Schüler (aber auch Lehrkräfte) müssen es aber erst lernen, ein ehrliches, positives Feedback zu geben und anzunehmen und nicht hinter jeder positiven Äußerung ein verstecktes ›aber …‹ zu vermuten.
- Kritik sollte immer konkretes Verhalten des Feedback-Empfängers beschreiben, nicht dessen Persönlichkeit interpretieren und bewerten.
- Kritik sollte sich stets auf Verhaltensweisen beziehen, die vom Feedback-Empfänger verändert werden können. Wenn aus Sicht des Feedback-Gebers keine Chance besteht, dass das Feedback zu Veränderungen führt, sollte es unterbleiben.
- Feedback wird am besten als Ich-Botschaft artikuliert (Nicht: ›Du bist …‹, sondern ›Auf mich wirkt …‹)«.

Methodische Formen (Grunder et al. 2007, S. 346)

mögliche Formen von Feedback

- Blitzlicht
  Jede Person äußert sich reihum kurz zu einer Frage. Eine Diskussion wird erst am Schluss geführt.
- Reporterspiel
  Der Lehrer geht mit einem Mikrofon durch die Klasse und interviewt einzelne Schüler/innen.
- Partnerinterview
  Eine Frage wird vorgegeben, auf die alle in Paargruppen antworten. Diese Antworten werden ins Plenum getragen.
- Bilanzfrage
  Zu gegensätzlichen Fragen nehmen die Schüler/innen Stellung, z. B. durch Tafelanschrift:

Was war positiv? Was war negativ?

- Ein Wort
  In einem Wort wird eine Rückmeldung verpackt.
- Telegramm
  Im Telegrammstil notieren die Schüler/innen das Wichtigste in Kürze.
- Barometer
  Mittels einer Bepunktung wird auf einer Skala eine Einschätzung vorgenommen.

7.8.3 Strukturierte Beobachtungen

vorab Kriterien definieren

»Strukturierte Beobachtungen von Verhaltensweisen nach vorab definierten Kriterien und Indikatoren sind ein weiteres verbreitetes Evaluationsinstrument. Sie eignen sich besonders zur Erfassung verschiedener Interaktionsprozesse im Unterricht und im Schulleben. Zwar kann man mit Hilfe strukturierter Beobachtungen der Komplexität eines Geschehens nie voll gerecht werden, sie ermöglichen aber doch – wenn die Indikatoren klar festgelegt sind – eine differenzierte Einschätzung des beobachteten Verhaltens. Allerdings ist die Herstellung brauchbarer Beobachtungsraster nicht ganz einfach und erfordert einen gewissen Zeitaufwand« (Grunder 2007, S. 346).

Im Idealfall besucht ein Kollege den Unterricht, protokolliert seine Beobachtungen, und diese sind Basis eines kollegialen Feedbacks (vgl. Kap. 7.6). Der Unterrichtsbeobachtungsbogen des »ISB« besteht aus folgenden zehn Kategorien:

Unterrichtsbeobachtungsbogen des ISB

- Effizienz der Lernzeitnutzung
- Effizienz der Verhaltensregulierung
- Strukturiertheit der Darstellung
- Klarheit der Darstellung
- individuelle Unterstützung
- Förderung selbstgesteuerten Lernens
- Förderung der Lernmotivation
- Sicherung des Lernerfolgs
- Förderung überfachlicher Kompetenzen
- Lernförderlichkeit des Unterrichtsklimas

Exemplarisch, weil in vorliegendem Kontext besonders relevant, sollen folgende Kategorien genauer aufgezeigt werden:

Effizienz der Lernzeitnutzung

Hier geht es um folgende Subkategorien mit folgenden Items (das Antwortformat ist: Ja – Nein):

Der Unterricht verläuft ohne Leerlaufphasen:

- Der vorgesehene Zeitrahmen wird voll eingehalten (Beginn, Ende).
- Der Übergang zwischen einzelnen Arbeitsphasen erfolgt zügig.
- Für schnell arbeitende Schüler/innen steht zusätzliches Arbeitsmaterial bereit.
- Die Unterrichtszeit wird für unterrichtsbezogene Inhalte genutzt.
- Störungen werden bereits bei ersten Ansätzen durch unaufgeregte, kleinstmögliche Reaktionen der Lehrkraft unterbunden.

Der Unterricht verläuft ohne Störungen:

- Die Kommunikation zwischen Lehrkraft und Schüler/innen ist unterrichtsbezogen (z. B. keine Ermahnungen).
- Die Kommunikation zwischen den Schüler/innen ist unterrichtsbezogen.
- Der Unterricht verläuft ohne Störungen von außen.
- Die Schüler/innen sind nur mit Unterrichtsaktivitäten beschäftigt:
  - Die Schüler/innen beschäftigen sich mit unterrichtsbezogenen Inhalten.
  - Die Schüler/innen beteiligen sich aktiv (z. B. melden sich, stellen Fragen).

Effizienz der Verhaltensregulierung

Das Verhalten wird durch Regeln gesteuert:

- Die Einhaltung vereinbarter Regeln wird von der Lehrkraft konsequent eingefordert.
- Hinweise auf Regeln werden von den Schüler/innen angenommen.

In bestimmten Situationen greifen Routinen:

- Schüler/innen übernehmen bestimmte Aufgaben ohne Aufforderung (z. B. Klassendienste).
- Verbale bzw. nonverbale Signale lenken die Aufmerksamkeit.
- Es gibt eingeübte Verhaltensmuster für die Lernorganisation.

Es gibt klassenspezifische Rituale:

- Der Beginn des Unterrichts wird mit einer gemeinsamen Aktivität zur Einstimmung gestaltet.
- Gemeinsame Übungen werden durchgeführt (z. B. Entspannungsübungen, Konzentrationsübungen).

Förderung selbstgesteuerten Lernens

Die Schüler/innen erhalten Gelegenheiten, Strategien zur Organisation des Lernprozesses zu erwerben:

- Der Arbeitsplatz wird jeweils mit den für eine Aufgabe benötigten Materialien vorbereitet.
- Die Lernmaterialien im Unterrichtsraum sind übersichtlich geordnet.

Die Schüler/innen erhalten Gelegenheiten, sich Strategien anzueignen, mit denen Wissen nachhaltig erworben werden kann:

- Die Lehrkraft weist auf Strategien des Wissenserwerbs hin.
- Die Lehrkraft bespricht Strategien des Wissenserwerbs mit den Schüler/innen.

Die Schüler/innen erhalten Gelegenheiten, Strategien der Informationsbeschaffung zu erwerben:

- Die Schüler/innen bekommen Rechercheaufträge.
- Im Unterricht wird besprochen, wie man an gute Informationen kommt.
- Die Schüler/innen lernen bestimmte Recherchetechniken.

7.8.4 Standardisierte Befragung

Klassenbefragung durch Fragebogen

Hier wird der ganzen Klasse ein Fragebogen vorgelegt, der sich auf den konkreten Unterricht eines bestimmten Lehrers bezieht. »Ankreuzverfahren auf Skalen sind stark vorstrukturierte Verfahren. Sie sind gezielter und rascher durchzuführen, weil Antworten vorgegeben sind« (Grunder et al. 2007, S. 349). Aus einer vorgegebenen Anzahl von geschlossenen Antwortmöglichkeiten muss durch Ankreuzen eine Auswahl getroffen werden. Sie sind zudem gut geeignet für Wiederholungsuntersuchungen. Mit ihrer Hilfe lässt sich nach einer gewissen Zeit ohne allzu großen Aufwand überprüfen, ob durchgeführte Maßnahmen zu einer Veränderung der Einschätzung der Befragten geführt haben.

Hier gibt es mittlerweile eine reiche Tradition an Verfahren. Einen Kurzfragebogen kann man sogar selbst entwerfen und gezielt auf die eigenen Bedürfnisse ausrichten. Zu unserem Thema könnte er so aussehen:

Tab. 13: Kurzfragebogen

		1	2	3	4	5		
Heute habe ich	wenig						viel	gelernt.
Der Lehrer hat sich	negativ						positiv	verhalten.
In der Klasse herrschte heute	kein						großes	Chaos.
Ich bin mit der Stunde	nicht						sehr	zufrieden.

Im Folgenden schlagen wir einen Fragebogen für die vorliegende Thematik vor, der sich an einen standardisierten Fragebogen anlehnt, wie er für die externe Evaluation bayerischer Schulen vom »ISB« entwickelt wurde ((http://www.isb.bayern.de; Stichwort: Evaluation), mit dem Schüler/innen über ihre Einschätzung bezüglich ihrer Schule befragt werden. Hier soll es um eine Einschätzung eines einzelnen Lehrers und seines Unterrichts gehen.

In Anlehnung an das »ISB« stellen wir getrennt einen Fragebogen für die Grundschule (vereinfachtes Antwortformat) und für die Jahrgangsstufen ab der fünften Jahrgangsstufe vor.

Grundschule

Bitte kreuze bei jeder Frage an, wie gut sie auf mich und meinen Unterricht zutrifft!

Tab. 14: Grundschule

	ja, oft	manchmal	nein, nie
Hilft deine Lehrerin/dein Lehrer den Kindern, die etwas nicht verstanden haben?			
Lobt deine Lehrerin/dein Lehrer die Kinder, die sich Mühe geben?			
Lassen dich die Kinder aus deiner Klasse in der Pause mitspielen?			
Lachen dich die Kinder in deiner Klasse aus, wenn du einen Fehler machst?			
Haben dir Kinder aus deiner Schule schon mal absichtlich etwas kaputt gemacht?			
Hast du Angst vor anderen Kindern in deiner Schule?			
Sprecht ihr mit eurer Lehrerin/eurem Lehrer über Regeln, wie ihr euch in der Klasse verhalten sollt?			
Sagt eure Lehrerin/euer Lehrer etwas, wenn Kinder sich nicht an die Regeln halten?			
Kommt es vor, dass du im Unterricht etwas machst, das mit dem Unterricht gar nichts zu tun hat?			
Kommt es vor, dass du beim Arbeiten im Unterricht durch andere Schüler gestört wirst?			
Kommen Kinder aus deiner Klasse am Morgen zu spät?			
Fühlst du dich wohl in deiner Klasse?			
Hast du das Gefühl, dass dich deine Lehrerin/dein Lehrer mag?			
Gehst du gerne in die Schule?			

ab Jahrgangsstufe 5

Bitte kreuze bei jeder Aussage an, wie gut sie auf mich und meinen Unterricht zutrifft!

Tab. 15: ab Jahrgangsstufe 5

	trifft nicht zu	**trifft eher nicht zu**	**teils/ teils**	**trifft eher zu**	**trifft zu**
Wir fangen den Unterricht in der Regel pünktlich mit dem Gong an.					
Nach der Begrüßung beginnen wir den Unterricht meistens mit mit einer gemeinsamen Aktivität (z. B. Gebet, Morgenkreis).					
Bevor es losgeht, sagt uns der Lehrer immer erst einmal, was wir heute lernen werden.					
In der Klasse ist es manchmal so laut, dass ich bei meiner Arbeit gestört werde.					
Der Lehrer unterbricht häufig den Unterricht, um Schüler/-innen zu ermahnen.					
In unserer Klasse gibt es feste Regeln, an die sich die meisten Schüler/innen auch halten.					
Es kommt manchmal vor, dass ich auf andere warten muss, wenn ich mit einer Aufgabe fertig bin.					
Bei uns ist klar, was wir tun sollen, wenn wir mit einer Aufgabe mal eher fertig sind.					
Wenn wir uns umsetzen, weil wir z. B. Gruppenarbeit machen, wissen wir genau, wie wir das zu machen haben, ohne dass der Lehrer viel sagen muss.					

Tab. 15: ab Jahrgangsstufe 5 (Fortsetzung)					
Bei Problemen helfen wir uns in der Klasse gegenseitig.					
Ich fühle mich von meinem Lehrer respektiert.					
Der Lehrer nimmt sich Zeit für unsere Probleme.					
Der Lehrer ist freundlich zu uns.					
Insgesamt bin ich mit meinem Lehrer zufrieden.					

7.9 Das alles bedeutet

»Lehrkräfte haben nach Sigmund Freud einen ›unmöglichen Beruf‹, weil sie sich ihres ungenügenden Erfolges sicher sein können« (Sieland 2007, S. 206). Ja, um Rezepte, von denen man annimmt, dass sie nach Anwendung entsprechend Wirkung zeigen, geht es also nicht. Und dennoch, deutlich soll geworden sein, dass sich Klassenführung bezieht auf

Klassenführung: Kommunikation, Organisation, Regulation

- »*die Kommunikation im Unterricht:* Lehrende müssen didaktisch anleiten und zum Lernen verpflichten, und zwar so, dass die Schüler ihre Ansichten äußern und prüfen, sich in einer sachbezogenen Kommunikation mit anderen eine Meinung bilden und ihre Argumente im kommunikativen Umgang erproben können (Apel 2002, S. 84 f.).
- *die Organisation von Unterricht:* Lehrende müssen Lernumgebungen und Lernprozesse für eine Klasse vorstrukturieren.
- *die Regulation von Unterricht:* Lehrende müssen Lerndisziplin herstellen und garantieren« (Haag/Lohrmann 2008, S. 270).

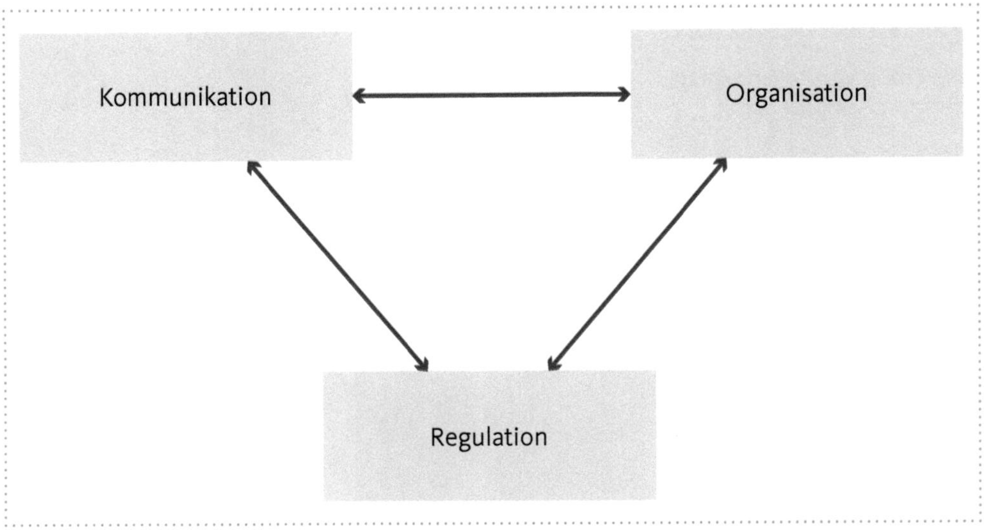

Abb. 10: Zusammenhang zwischen Kommunikation, Organisation und Regulation

Die Grafik (vgl. Abb. 10) will auf folgende Abhängigkeiten hinweisen:

1. Kommunikation – Organisation
   Kommunikation im Unterricht ist eine notwendige Voraussetzung, damit Lernen erst ermöglicht wird (Organisation). Umgekehrt kann eine gut vorbereitete Lernumgebung (Organisation), bei der sich Lernen leicht einstellen mag, eine günstige Voraussetzung sein, damit Kommunikationsprozesse zwischen allen Beteiligten angebahnt werden können.
2. Kommunikation – Regulation
   Kommunikation im Unterricht ist eine gute Voraussetzung, damit Lerndisziplin (Regulation) erst ermöglicht wird. Umgekehrt kann eine gut funktionierende Regulation, bei der sich Lerndisziplin leicht einstellen mag, eine günstige Voraussetzung sein, damit Kommunikationsprozesse zwischen allen Beteiligten angebahnt werden können.
3. Regulation – Organisation
   Lerndisziplin im Unterricht (Regulation) ist eine notwendige Voraussetzung, damit Lernen erst ermöglicht wird (Organisation einer Lernumgebung). Umgekehrt kann eine gut vorbereitete Lernumgebung, bei der sich Lernen leicht einstellen mag, eine günstige Voraussetzung sein, damit Lerndisziplin leichter ermöglicht wird.

Von da aus »führen viele Wege nach Rom«, gibt es also genügend Anhaltspunkte, von wo aus Klassenführung in der Praxis beginnen kann.

Abschließend sollen die in diesem Kapitel aufgezeigten Punkte systematisch unter den Klassenführung konstituierenden Aspekten von

Kommunikation, Organisation und Regulation betrachtet werden. In einer anschließenden Tabelle sollen diese Punkte unter den Aspekten aufgeführt werden, unter denen wir sie schwerpunktmäßig verortet sehen – wohl wissend, dass generalisierende Übersichten Vereinfachungen darstellen und Überschneidungen nicht abbilden.

Erziehender Unterricht (vgl. Kap. 7.1)

Unterricht bietet vielfältige Möglichkeiten und enthält Gelegenheiten, die erzieherisch genutzt werden können. Die drei erwähnten Handlungsfelder lassen sich allen drei Aspekten von Klassenführung akzentuierend zuordnen: Personales Engagement auf Lehrerseite, das sich in einer Vorbildfunktion des Lehrers zeigen kann, ist eine Voraussetzung, damit Kommunikation im Unterricht gelingen kann. Der Einsatz reichhaltiger didaktischer Entscheidungen ermöglicht eine lernförderliche Lernumgebung. Über das skizzierte Handlungsfeld der organisatorischen Maßnahmen erfolgt eine Regulation gleichsam als Voraussetzung für erfolgreiches Unterrichten.

Sozialpsychologische Perspektive (vgl. Kap. 7.2)

Hier geht es vor allem um den kommunikativen Aspekt von Klassenführung. Aus Schülerbefragungen weiß man um Lehrerverhaltensweisen, die entscheidend für eine intakte Lehrer-Schüler-Interaktion sind. Dabei ist der bewusste Umgang mit eigenen Emotionen eine notwendige Basis für gelingende kommunikative Prozesse im Unterricht.

Classroom Management (vgl. Kap. 7.3)

Classroom Management im traditionellen Sinn bedeutet, Unterricht so zu regulieren, dass reibungsloses Lehren und erfolgreiches Lernen möglich werden. Hierher gehören Forschungsergebnisse und jahrzehntelange Erfahrungen über sinnvolles Bestrafen und effektives Aufstellen und auch Einhaltung von Regeln im Unterricht. Neben eher kontrollierenden Strategien werden heute auch Maßnahmen im organisatorischen Bereich vorgeschlagen, die die Autonomie der Schüler/innen unterstützen. Hierunter fällt vor allem der Aufbau selbstregulierten Lernens.

Gruppenunterricht (vgl. Kap. 7.4)

Da über die Rolle des Lehrers im Gruppenunterricht elaborierte Forschungsergebnisse vorliegen, wird diese Sozialform exemplarisch gewählt. Die Gestaltung des Arbeitsauftrags muss wohlüberlegt sein, das Eingreifen in laufende Gruppenarbeiten ist mitzubedenken, der Umgang mit den Ergebnissen in der Auswertung ist nicht trivial. Ein so durch wissenschaftliche Befunde organisierter Gruppenunterricht, der Freiräume und Anleitung zugleich erfordert, darf als zielführend bezeichnet werden, um den Potenzialen, die in dieser offenen Unterrichtsform liegen, gerecht zu werden.

Persönlichkeitsentwicklung (vgl. Kap. 7.5)

Klassenführung und Persönlichkeit kann man als zwei Seiten einer Medaille betrachten. Deshalb ist die Entwicklung der Persönlichkeit so fundamental, dass sie sich auf alle drei vorgeschlagenen Aspekte bezieht. Die Professionsforschung hat mittlerweile genügend Kriterien erarbeitet, auf die es bei der Persönlichkeit ankommt.

Konstanzer Trainings-Modell (vgl. Kap. 7.6)

Eine gute Möglichkeit der professionellen Weiterentwicklung besteht darin, sich angeleitet und systematisch mit Kolleg/innen auszutauschen. Über das Konstanzer Trainings-Modell liegen mittlerweile belastbare empirische Evaluationsergebnisse vor, dass von ihm aus Impulse für eine Professionalisierung in allen drei Aspekten von Klassenführung erwartet werden dürfen.

Aushaltenkönnen (vgl. Kap. 7.7)

Aushaltenkönnen, sei es, um Belastungen im Schulalltag standzuhalten, sei es widersprüchlichen Handlungserwartungen (Antinomien) begegnen zu können, ist eine zentrale Forderung an Lehrer/innen, wenn sie erfolgreich im Schulalltag bestehen wollen. Konfliktumgehungsstrategien oder der Aufbau einer gewissen Distanz zu den Schüler/innen sind probate Mittel in der Kommunikation mit Schüler/innen.

Feedback über Unterricht (vgl. Kap. 7.8)

Evaluation ist heute nicht nur ein Schlagwort, sondern ein probates Mittel als Teil der Qualitätssicherung in der Schule.

Aus einem mittlerweile vorhandenen reichhaltigen Methodenrepertoire werden hier Verfahren aufgezeigt, die dem Lehrer ein Feedback über seine Klassenführung geben, und zwar in allen drei Aspekten.

Tab. 16: Verortung zentraler Punkte unter den drei Aspekten von Klassenführung

	Kommunikation	Organisation	Regulation
7.1 Erziehender Unterricht	bedeutet personales Engagement, z. B. positive Wirkung als Vorbild.	ermöglicht vielfältige didaktische Entscheidungen im Unterricht.	ermöglicht ein Schülerverhalten, damit Unterricht wirkungsvoll angebahnt werden kann.
7.2 Sozial-psycho-logische Perspektive	Der bewusste Umgang mit der eigenen Emotionskontrolle ist eine notwendige Basis für kommunikative Prozesse.		
7.3 Classroom Management		Der Lehrer unterstützt gerade über selbstreguliertes Lernen die Autonomie der Schüler/innen.	Präventive Maßnahmen, wie das Einführen klarer Regeln, sind eine Basis für wirkungsvolles Lehren und Lernen. Souveräner Umgang mit Bestrafung ist ein Merkmal einer wirkungsvollen Intervention.
7.4 Gruppenunterricht		Forschungsergebnisse zeigen, wie Unterricht zielführend organisiert werden kann.	

Tab. 16: Verortung zentraler Punkte unter den drei Aspekten von Klassenführung (Fortsetzung)

7.5 Persönlichkeitsentwicklung	Eine professionelle Ausbildung und Einstellung und der Erwerb von Erfahrungen sind Voraussetzungen für eine souveräne Klassenführung, die alle drei Aspekte umfasst.		
7.6 Konstanzer Trainings Modell	Die Ergebnisse zeigen, dass hinsichtlich aller drei Aspekte Verbesserungen wahrgenommen werden.		
7.7 Aushalten-können	Das Wissen um Belastungen im Schulalltag und Antinomien des Lehrerhandelns erfordern eine gewisse Distanz zu den Schüler/innen.		
7.8 Feedback über Unterricht	Vielfältige Evaluationsmaßnahmen ermöglichen Fortschritte hinsichtlich aller drei Aspekte.		

Literatur

Abell Foundation (2001): Teacher Certification Reconsidered. Stumbling for Quality-Appendix. Review of Research Teacher Certification and Effective Teaching. Baltimore: Abell.

Apel, H. J. (2002): Herausforderung Schulklasse. Klassen führen – Schüler aktivieren. Bad Heilbrunn: Klinkhardt.

Apel, H. J. ([2]2009): Klassenführung. In: Arnold, K. H./Wiechmann, J./Sandfuchs, U. (Hrsg.): Handbuch Unterricht. Bad Heilbrunn: Klinkhardt, S. 171–175.

Bandura, A. (1997): Self-Efficacy. The Exercise of Control. New York: W. H. Freeman.

Bauer, K.-O./Brindt, S./Kopka, A. ([2]1999): Pädagogische Professionalität und Lehrerarbeit. Weinheim und Basel: Beltz.

Bauer, K.-O./Kopka, A./Brindt, S. (1996): Pädagogische Professionalität und Lehrerarbeit. Weinheim und München: Juventa.

Beck, E./Baer, M./Guldimann, T./Bischoff, S./Brühwiler, C./Müller, P./Niedermann, R./Rogalla, M./Vogt, F. (2008): Adaptive Lehrkompetenz. Analyse und Struktur, Veränderbarkeit und Wirkung handlungssteuernden Lehrerwissens. Münster: Waxmann.

Biehler, R./Snowman, J. ([6]1990): Psychology applied to teaching. Boston: Houghton Mifflin Co.

BLLV (2003): Jedem dritten Lehrer in Bayern droht Frühpensionierung. http://www.stern.de/politik/deutschland/bildungspolitik-schule/stress-jedem-dritten-lehrer-in-bayern-droht-fruehpensionierung-507855.html (Abruf am 8.6.2011).

Blömeke, S. (2004): Empirische Befunde zur Wirksamkeit der Lehrerbildung. In: Blömeke, S./Reinhold, P./Tulodziecki, G./Wildt, J. (Hrsg.): Handbuch Lehrerbildung. Bad Heilbrunn: Klinkhardt, S. 59–91.

Boekaerts, M. (1997): Self-regulated learning: a new concept embraced by researchers, policy makers, educators, teachers, and students. Learning and Instruction, 2, S. 161–186.

Bohl, T. (2010): Forschung für den Unterricht: Zwischen selbstbestimmtem Lernen und Classroom-Management. In: Bohl, T./Kansteiner-Schänzlin, K./Kleinknecht, M./Kohler, B./Nold, A. (Hrsg.): Selbstbestimmung und Classroom-Management. Bad Heilbrunn: Klinkhardt, S. 15–30.

Bohl, T./Kucharz, D. (2010): Offener Unterricht heute. Konzeptionelle und didaktische Weiterentwicklung. Weinheim und Basel: Beltz.

Brody, C.M. (1993): Kooperatives Lernen und implizite Theorien der Lehrer aus konstruktivistischer Sicht. In: Huber, G.L. (Hrsg.): Neue Perspektiven der Kooperation. Baltmannsweiler: Schneider Hohengehren, S. 105–117.

Brophy, J. (1996): Teaching problem students. New York: Guilford Press.

Brophy, J. (2006): History of Research on Classroom Management. In: Evertson, C.M./Weinstein, C.S. (Hrsg.): Handbook of Classroom Management. New York: Routledge, S. 17–46.

Brosig, K.M. (2007): Verändertes Sozialverhalten im Unterricht. Göttingen: Cuvillier.

Brosig, K.M./Haag, L. (2010): Erziehungspotentiale von Lehrkräften – Wie können sie ausgeschöpft werden? In: Die berufsbildende Schule, 62, Heft 4, S. 119–124.

Brouwers, A./Tomic, W. (2000): Disruptive student behavior, perceived self-efficacy and teacher burnout. Paper presented at the 108th Annual Meeting of the American Psychological Association, Washington, DC.

Bueb, B. (2006): Lob der Disziplin. Eine Streitschrift. Berlin: List.

Bueb, B. (2008): Von der Pflicht zu führen. Neun Gebote der Bildung Berlin: Ullstein.

Busse, V./Bloch, R./Haag, L./Wernke, S./Wisniewski, B./Zierer, K. (Hrsg.): Feedback. Friedrich Jahresheft XXXVII 2019.

Byrne, B.M. (1999): The nomological network of teacher burnout: A literature review and empirically validated model. In: Vandenberghe, R./Huberman, A.M. (Hrsg.): Understanding and preventing teacher burnout. England: Cambridge Univesity Press, S. 15–37.

Cognition and Technology Group at Vanderbilt (1997): The Jasper Project: Lessons in Curriculum, Instruction, Assessment, and Professional Development. Mahwah/NJ: Erlbaum.

Collins, A./Brown, J.S./Newman, S.E. (1989): Cognitive Apprenticeship: Teaching the Crafts of Reading, Writing and Mathematics. In: Resnick, L.B. (Hrsg.): Knowing, Learning and Instruction. Essays in the Honor of Robert Glaser, Hillsdale/ NJ: Erlbaum, S. 453–494.

Cowley, S. (2010): Wie Sie Ihre Pappenheimer im Griff haben. Verhaltensmanagement in der Klasse (Titel der englischen Originalausgabe: Getting the Buggers to behave. [2006]). Mülheim: Verlag an der Ruhr.

Dann, H.-D. (1994): Pädagogisches Verstehen: Subjektive Theorien und erfolgreiches Handeln von Lehrkräften. In: Reusser, K./Reusser-Weyeneth, M. (Hrsg.): Verstehen. Psychologischer Prozess und didaktische Aufgabe. Bern: Huber, S. 163–182.

Dann, H.-D. (2000): Lehrerkognitionen und Handlungsentscheidungen. In: Schweer, M.K.W. (Hrsg.): Lehrer-Schüler-Interaktion. Pädagogisch-psychologische Aspekte des Lehrens und Lernens in der Schule. Opladen: Leske + Budrich, S. 79–108.

Darling-Hammond, L. (2000): Teacher Quality and Student Achievement: A Review of State Police Evidence. In: Education Policy Analysis Archives, Bd. 8, 1, S. 1–46.

Deutscher Bildungsrat (1970): Empfehlungen der Bildungskommission. Strukturplan für das Bildungswesen. Stuttgart: Klett.

Dewey, J. (1933): How we think. Boston/New York/London: Heath.

Dewey, J. (1993): Demokratie und Erziehung. Eine Einleitung in die philosophische Pädagogik. Herausgegeben von Jürgen Oelkers, übersetzt von Erich Hylla, Weinheim und Basel: Beltz.

Dickenberger, D. (1985): Reaktanz in der Erziehung. In: Bildung und Erziehung, 38, S. 441–453.

Diederich, J. (1994): Zweifel an Projekten. Eine reformpädagogische Idee und ihr Pferdefuß. In: Friedrich Jahresheft, 12, S. 92–94.

Doyle, W. (1986): Classroom organizsation and management. In: Wittrock, M.C. (Hrsg.): Handbook of Research on Teaching. London: Macmillan, S. 392–431.

Doyle, W. (2006): Ecological Approaches to Classroom Management. In: Evertson, C.M./Weinstein, C.S. (Hrsg.): Handbook of Classroom Management. New York: Routledge, S. 97–125.

Dreikurs, R. (1957): Psychology in the Classroom. New York: Harper & Row.

Dubs, R. ([2]2009): Lehrerverhalten. Ein Beitrag zur Interaktion von Lehrenden und Lernenden im Unterricht. Stuttgart: Franz Steiner.

Eder, F. (1995): Das Befinden von Schülerinnen und Schülern in öffentlichen Schulen – Ergebnisse der Repräsentativerhebung. In: Eder, F. (Hrsg.): Das Befinden von Kindern und Jugendlichen in der Schule. Innsbruck: Studienverlag, S. 13–168.

Eder, F. (1998): Linzer Fragebogen zum Schul- und Klassenklima für die 8.–13. Klasse (LSK 8–13). Göttingen: Hogrefe.

Eder, F. ([4]2010): Schul- und Klassenklima. In: Rost, D.H. (Hrsg.): Handwörterbuch Pädagogische Psychologie. Weinheim: Psychologie Verlags Union, S. 694–703.

Eder, F./Mayr, J. (2000): Linzer Fragebogen zum Schul- und Klassenklima für die 4.–8. Klasse (LFSK). Göttingen: Hogrefe.

Eigenmann, J. (2009): Engagierte Gegenseitigkeit. Klassenmanagement in schwierigen Unterrichtssituationen. In: Pädagogik 2/09, S. 24–27.

Eikenbusch, G. (2009): Classroom Management – für Lehrer und für Schüler. Wege zur gemeinsamen Verantwortung für den Unterricht. In: Pädagogik 2/09, S. 6–10.

Elias, M.J./Schwab, Y. (2006): From Compliance to Responsibility: Social and Emotional Learning and Classroom Management. In: Evertson, C.M./Weinstein, C.S. (Hrsg.): Handbook of Classroom Management. New York: Routledge, S. 309–341.

Emer, W./Lenzen, K.-D. (2002): Projektunterricht gestalten – Schule verändern. Baltmannsweiler: Schneider Hohengehren.

Emmer, E.T./Evertson, C.M. (Hrsg.) (2009): Classroom Management for Middle and High School Teachers. Pearson: Upper Saddle River.

Emmer, E.T./Evertson, C.M./Anderson, L.M. (1980): Effective classroom management at the beginning of the school year. In: The Elementary School Journal, 80(5), S. 219–231

Evertson, C.M./Emmer, E.T./Worsham, M.E. (2006): Classroom Management for Elementary Teachers. Boston: Allyn and Bacon.

Evertson, C.M./Harris, A.H. (1999): Support for managing learning-centered classrooms: The classroom Organization and management program. In: Freiberg, H.J. (Hrsg.): Beyond Behaviorism. Changing the Classroom Management Paradigm. Boston: Allyn and Bacon, S. 59–74.

Evertson, C.M./Neal, K.W. (2006): Looking into Learning-Centered Classrooms – Implications for Classroom Management. National Education Association (NEA). Paper Juli. http://www.nea.org/assets/docs/mf_cmreport.pdf (Abruf am 8.5.2011).

Evertson, C.M./Weinstein, C.S. (2006): Handbook of Classroom Management. Research, Practice, and Comtemporary Issues. New York: Routledge.

Flowerday, T./Schraw, G. (2000): Teacher beliefs about instructional choice: A phenomenological study. In: Journal of Educational Psychology, 92, S. 634–645.

Frasch, H./Wagner, A. (1982): Auf Jungen achtet man einfach mehr. In: Brehmer, I. (Hrsg.): Sexismus in der Schule. Weinheim: Beltz, S. 260–278.

Freiberg, H.J. Hrsg.) (1999a): Beyond Behaviorism. Changing the Classroom Management Paradigm. Boston: Allyn and Bacon.

Freiberg, H.J. (1999b): Beyond Behaviorism. In: Freiberg, H.J. (Hrsg.): Beyond Behaviorism. Changing the Classroom Management Paradigm. Boston: Allyn and Bacon, S. 3–20.

Frey, A./Jung, C. (Hrsg.) (2011): Kompetenzmodelle, Standardmodelle und Professionsstandards in der Lehrerbildung: Stand und Perspektiven. (Lehrerbildung auf dem Prüfstand, Sonderheft). Landau: Verlag Empirische Pädagogik.

Friedman, I.A. (2006): Classroom Management and Teacher Stress and Burnout. In: Evertson, C.M./Weinstein, C.S. (Hrsg.): Handbook of Classroom Management. New York: Routledge, S. 925–944.

Gehrmann, A. (2007): Zufrieden trotz beruflicher Beanspruchungen? In: Rothland, M. (Hrsg.): Belastung und Beanspruchung im Lehrerberuf. Wiesbaden: VS Verlag für Sozialwissenschaften, S. 185–203.

Glöckel, H. (2000): Klassen führen – Konflikte bewältigen. Bad Heilbrunn: Klinkhardt.

Götz, T. (2006): Selbstreguliertes Lernen. Donauwörth: Auer.

Götz, T./Lohrmann, K./Ganser, B./Haag, L. (2005): Einsatz von Unterrichtsmethoden – Konstanz oder Wandel? In: Empirische Pädagogik 19 (4), S. 342–360.

Gräsel, C. (1997): Problemorientiertes Lernen. Göttingen: Hogrefe.

Gordon, T. (1977): Lehrer-Schüler-Konferenz. Wie man Konflikte in der Schule löst. Hamburg: Hoffmann und Campe.

Greeno, J.G./Smith, D.R./Moore, J.L. (1993): Transfer of situated learning. In: Detterman, D.K./Sternberg R.J. (Hrsg.), Transfer on trial: Intelligence, cognition, and instruction. Norwood/ NJ: Ablex, S. 93–167.

Grewe, N. (2003): Aktive Gestaltung des Klassenklimas: eine empirische Interventionsstudie. Münster: Lit.

Grün, A./Dufner, M. (2001): Gesundheit als geistliche Aufgabe. Münsterschwarzacher Kleinschriften Band 57. Münsterschwarzach: Vier-Türme Verlag.

Groeben, N./Wahl, D./Schlee, J./Scheele, B. (1988): Das Forschungsprogramm Subjektive Theorien. Eine Einführung in die Psychologie des reflexiven Subjekts. Tübingen: Francke.

Grunder, H.-U./Ruthemann, U./Scherer, S./Singer, P./Vettiger, H. (2007): Unterricht – verstehen – planen – gestalten – auswerten. Baltmannsweiler: Schneider Hohengehren.

Haag, L. (1999): Die Qualität des Gruppenunterrichts im Lehrerwissen und Lehrerhandeln. Lengerich: Pabst.

Haag, L. (2004): Tutorielles Lernen. In: Lauth, G./Grünke, M./Brunstein, J.C. (Hrsg.): Interventionen bei Lernstörungen. Göttingen: Hogrefe, S. 402–410.

Haag, L. (2008). Diagnostische Kompetenz von Lehrern. In: Stadler-Altmann, U./ Schindele, J./Schraut, A. (Hrsg.): Neue Lernkultur – neue Leistungskultur. Bad Heilbrunn: Klinkhardt, S. 292–303.

Haag, L. ([4]2009): Die Lehrerpersönlichkeit als Erziehungsfaktor. In: Apel, H.J./Sacher, W. (Hrsg.): Studienbuch Schulpädagogik. Bad Heilbrunn: Klinkhardt, S. 419–442.

Haag, L. (2010a): Individualisierender Unterricht. In: Mägdefrau, J. (Hrsg.): Schulisches Lehren und Lernen. Bad Heilbrunn: Klinkhardt, S. 127–155.

Haag, L. (2010b): Zu viel oder zu wenig Freiraum? Befunde zum guten Gruppenunterricht. In: Bohl, T./Kansteiner-Schänzlin, K./Kleinknecht, M./Kohler, B./ Nold, A. (Hrsg.): Selbstbestimmung und Classroom-Management. Bad Heilbrunn: Klinkhardt, S. 163–178.

Haag, L. (2011): Problemorientierung, Handlungsorientierung, Erfahrungsorientierung. In: Kiel, E./Zierer, K. (Hrsg.): Basiswissen Unterrichtsgestaltung, Bd. 3. Baltmannsweiler: Schneider Hohengehren, S. 31–48.

Haag, L./Lohrmann, K. (2008): Führung des Lernens/Klassenführungskompetenz. In: Standop, H./Jürgens, E. (Hrsg.): Taschenbuch Grundschule. Baltmannsweiler: Schneider Hohengehren, S. 262–272.

Haag, L./Streber, D. (2011): Tutorielles Lernen. In: Empirische Pädagogik, 25 (3), Themenheft, S. 358–369.

Hascher, T. (2004): Wohlbefinden in der Schule. Münster: Waxmann.

Hattie, J. (2003): Teachers Make a Difference. What is the research evidence? http://www.acer.edu.au/ (Abruf am 15.6.2011).

Helmke, A. (2003): Unterrichtsqualität. Erfassen – Bewerten – Verbessern. Seelze-Velber: Kallmeyer.

Helmke, A. (2007): Aktive Lernzeit optimieren – Was wissen wir über effiziente Klassenführung? In: Pädagogik, 59 (5), S. 44–49.

Helmke, A. (2010): Unterrichtsqualität und Lehrerprofessionalität. Diagnose, Evaluation und Verbesserung des Unterrichts. Stuttgart, Seelze: Klett, Kallmeyer.

Helmke, A./Jäger, R. (2002): Das Projekt MARKUS. Mathematik-Gesamterhebung Rheinland Pfalz: Kompetenzen, Unterrichtsmerkmale, Schulkontext. Landau: Empirische Pädagogik.

Helmke, A./Jäger, R. (o.J.): Erster Ergebnisbericht MARKUS.http://www.ggg-nrw.de/PDF_alt/MARKUS.Erstbericht.pdf (Abruf am 24.6.2011).

Helsper, W. (1996): Antinomien des Lehrerhandelns in modernisierten pädagogischen Kulturen. Paradoxe Verwendungsweisen von Autonomie und Selbstverantwortlichkeit. In: Combe, A./Helsper, W. (Hrsg.): Pädagogische Professionalität, Untersuchungen zum Typus pädagogischen Handelns. Frankfurt a. M.: Suhrkamp, S. 521–569.

Herrmann, U. (1999): »Lehrer« – Experte und Audodidakt? In: Carle, U./Buchen, S. (Hrsg.): Jahrbuch für Lehrerforschung. Band 2. Weinheim und München: Juventa, S. 33–48.

Hertramph, H./Herrmann, U. (1999): »Lehrer« – eine Selbstdefinition. In: Carle, U./Buchen, S. (Hrsg.): Jahrbuch für Lehrerforschung, Band 2. Weinheim und München: Juventa, S. 49–72.

Herzog, W. (2001): Von der Persönlichkeit zum Selbst. In: Die Deutsche Schule 93 (3), S. 317–331.

Holland, J.L. (1997): Making vocational choices. A theory of vocational personalities and work environments. Odessa: Psychological Assessment Resources.

Huber, A.A. (Hrsg.) (2009): Kooperatives Lernen – kein Problem. Effektive Methoden der Partner- und Gruppenarbeit. Leipzig: Klett.

Humpert, W./Dann, H.-D. (2001): KTM kompakt. Basistraining zur Störungsreduktion und Gewaltprävention. Bern: Huber.

Humpert, W./Dann, H.-D. (2012): KTM kompakt. Basistraining zur Störungsreduktion und Gewaltprävention für pädagogische und helfende Berufe auf der Grundlage des »Konstanzer Trainingsmodells« (2., überarb. und erweit. Aufl.). Bern: Huber.

ISB: Evaluation. http://www.isb.bayern.de/isb/index.asp?MNav=8&QNav=17&TNav=0&INav=0 (Abruf am 10.7.2011).

Julius, H. (2004): Förderung regelkonformen Verhaltens im Unterricht. In: Lauth, G.W./Grünke, M./Brunstein, J.C. (Hrsg.): Interventionen bei Lernstörungen. Göttingen: Hogrefe, S. 168–175.

Johnson, D.W./Johnson, R.T. (2008): Wie kooperatives Lernen funktioniert. Friedrich Jahresheft 26, Individuell lernen – Kooperativ arbeiten, S. 16–20.

Kant, J. (1960): Über Pädagogik. Klinkhardts Pädagogische Quellentexte. Bad Heilbrunn: Klinkhardt.

Kauffman J.M. (^{8}2005): Characteristics of emotional and behavioral disorders of children and youth. Upper Saddle River, NJ: Prentice-Hall.

Keck, R.W. (2004): J. F. Herbarts Theorem vom Erziehenden Unterricht – ein bildungsgeschichtlicher Klärungsversuch. In: Koch, L./Schorch, G. (Hrsg.): Erziehender Unterricht. Bad Heilbrunn: Klinkhardt, S. 11–21.

Keller, J.M. (1987): Development and Use of the ARCS Model of Instructional Design. In: Journal of Instructional Development, 10 (3), S. 4–5.

Kerschensteiner, G. (1912): Begriff der Arbeitsschule. Leipzig: Teubner.

Kiel, E. (^{4}2009): Klassenführung. In: Apel, H.J./Sacher, W. (Hrsg.): Studienbuch Schulpädagogik. Bad Heilbrunn: Klinkhardt, S. 337–354.

Kiel, E./Frey, A./Weiß, S. (2013): Trainingsbuch Klassenführung. Bad Heilbrunn: Klinkhardt/UTB.

Kiel, E./Kahlert, J./Haag, L./Eberle, T. (2010): Herausfordernde Situationen in der Schule. Ein fallbasiertes Arbeitsbuch. Bad Heilbrunn: Klinkhardt.

Kounin, J.S. (1970): Discipline and group management in classrooms. New York: Holt, Rinehart & Winston.

Kounin, J.S. (1976): Techniken der Klassenführung. Bern/Stuttgart: Huber/Klett. (2006: Reprint bei Waxmann, Münster).

Krause, A./Dorsemagen, C. (2007): Psychische Belastungen im Unterricht. In: Rothland, M. (Hrsg.): Belastung und Beanspruchung im Lehrerberuf. Wiesbaden: Verlag für Sozialwissenschaften, S. 99–118.

Kricke, M./Reich, K. (2016): Teamteaching. Weinheim: Beltz.

Krumm, V. (1999): Machtmißbrauch von Lehrern – Ein Tabu im Diskurs über Gewalt in der Schule. In: Journal für Schulentwicklung 3, S. 38–52. (Themenheft Gewaltprävention und Schulentwicklung).

Krumm, V./Lamberger-Baumann, B./Haider, G. (1997): Gewalt in der Schule – auch von Lehrern. In: Empirische Pädagogik, 2, 257–275.

Leaman, L. (2008): The Perfect Teacher. How to make the very best of your teaching skills. London: Continuum.

Lewin, K./Lippitt/R./White, R.K. (1939): Patterns of aggressive behavior in experimentally created social climates. In: Journal of Social Psychology 10, S. 271–301.

Lohmann, G. (^{3}2005): Mit Schülern klarkommen – Professioneller Umgang mit Unterrichtsstörungen und Disziplinkonflikten. Berlin: Cornelsen Scriptor.

Lohmann, G. (2009a): Fach- und Klassenlehrer. In: Blömeke, S./Bohl, T./Haag, L./Lang-Wojtasik, G./Sacher, W. (Hrsg.): Handbuch Schule. Bad Heilbrunn: Klinkhardt, S. 334–339.

Lohmann, G. (2009b): Schwierige Schüler gewinnen. Balance zwischen Unterstützung der Autonomie und kontrollierenden Strategien. In: Pädagogik 2/09, S. 28–32.

Lou, Y./Abrami, P./Spence, J./Poulsen, C./Chambers, B./d'Apollonia, S. (1996): Within-Class Grouping: A meta-analysis. In: Review of Educational Research, 66, S. 423–458.

Maaz, K./Watermann, R./Baumert, J. (2007): Familiärer Hintergrund, Kompetenzentwicklung und Selektionsentscheidungen in gegliederten Schulsystemen im internationalen Vergleich. In: Zeitschrift für Pädagogik, 53 (2), S. 444–461.

Mägdefrau, J. (2010): Klassenführung. In: Mägdefrau, J. (Hrsg.): Schulisches Lehren und Lernen. Bad Heilbrunn: Klinkhardt, S. 49–67.

Mayr, J. (2008): Forschungen zum Führungshandeln von Lehrkräften: Wie qualitative und quantitative Zugänge einander ergänzen können. In: Hofmann, F./Schreiner, C./Thonhauser, J. (Hrsg.): Qualitative und quantitative Aspekte. Zu ihrer Komplementarität in der erziehungswissenschaftlichen Forschung. Münster: Waxmann, S. 321–342.

Mayr, J. (2006): Klassenführung auf der Sekundarstufe II: Strategien und Muster erfolgreichen Lehrerhandelns. In: Schweizerische Zeitschrift für Bildungswissenschaften 28 (2), S. 227–241.

Mayr, J. (2009): Klassen stimmig führen. Ergebnisse der Forschung, Erfahrungen aus der Fortbildung und Anregungen für die Praxis. In: Pädagogik 2/09, S. 34–37.

Mayr, J. (2010): Lehrerpersönlichkeit. In: Mägdefrau, J. (Hrsg.): Schulisches Lehren und Lernen. Bad Heilbrunn: Klinkhardt, S. 232–249.

Mayr, J./Eder, F./Fartacek, W. (1987): Ein Fragebogen zur Erfassung der Einstellung zu disziplinbezogenen Handlungsstrategien von Lehrern. In: Diagnostica, 33, S. 133–143.

Mayr, J./Eder, F./Fartacek, W. (1991): Mitarbeit und Störungen im Unterricht: Strategien pädagogischen Handelns. In: Zeitschrift für Pädagogische Psychologie, 5 (1), S. 43–55.

Mayr, J./Eder, F./Fartacek, W. (2002): Linzer Diagnosebogen zur Klassenführung (LDK). http://ius.uni-klu.ac.at/projekte/ldk/ (Abruf am 27. 2. 2011).

McCrae, R.R./Costa, P.T. (2008): The five factor theory of personality. In: John, O./Robins, R.W./Pervin, L.A. (Hrsg.): Handbook of personality. New York: The Guilford Press, S. 159–181.

McEwan, B./Gathercoal, P./Nimmo, V. (1999): Application of judicious discipline. In: Freiberg, H.J. (Hrsg.): Beyond Behaviorism. Changing the Classroom Management Paradigm. Boston: Allyn and Bacon, S. 98–118.

Mergendoller, J.R./Markham, T./Ravitz, J./Larmer, J. (2006): Pervasive Management of Project Based Learning: Teachers as Guides and Facilitators. In: Evertson, C.M./Weinstein, C.M. (Hrsg.): Handbook of Classroom Management. New York: Routledge, S. 583–615.

Meyer, H. (1997): Schulpädagogik I: Für Anfänger. Berlin: Cornelsen Scriptor.

Meyer, H. (2004): Was ist guter Unterricht? Berlin: Cornelsen.

Möller, J. (^{4}2010): Attributionen. In: Rost, D. H. (Hrsg.): Handwörterbuch Pädagogische Psychologie. Weinheim: Beltz/PVU, S. 38–45.

Nickel, H. (1974): Beiträge zur Psychologie des Lehrerverhaltens: psychologische Aspekte einer nichtautoritäten Erziehung in der Schule. München: Reinhardt.

Noguera, P.A. (1995): Preventing and producing violence: A critical analysis of responses to school violence. In: Harvard Educational Review, 65, S. 189–212.

Nolting, H.-P. (2002): Störungen in der Schulklasse. Ein Leitfaden zur Vorbeugung und Konfliktlösung. Weinheim und Basel: Beltz.

Nürnberger Projektgruppe (Barth, A.-R./Dann, H.-D./Diegritz, T./Fürst, C./Haag, L./Rosenbusch, H.S.) (2001): Erfolgreicher Gruppenunterricht – Praktische Anregungen für den Schulalltag. Stuttgart: Klett.

Oelkers, J. (1997): Geschichte und Nutzen der Projektmethode. In: Hänsel, D. (Hrsg.): Handbuch Projektunterricht. Weinheim und Basel: Beltz, S. 13–30.

Ophardt, D./Thiel, F. (2007): Klassenmanagement als professionelle Gestaltungsleistung. In: Lemmermöhle, D./Rothgangel, M./Bögeholz, S./Hasselhorn, M./Watermann, R. (Hrsg.): Professionell lehren – erfolgreich lernen. Münster: Waxmann, S. 133–145.

Ophardt, D./Thiel, F. (2008): Klassenmanagement als Basisdimension der Unterrichtsqualität. In: Schweer, M. (Hrsg.): Lehrer-Schüler-Interaktion. Wiesbaden: VS Verlag für Sozialwissenschaften, S. 258–282.

Oser, F. (2001): Standards: Kompetenzen von Lehrpersonen. In: Oser, F./Oelkers, J. (Hrsg.): Die Wirksamkeit der Lehrerbildungssysteme. Von der Allrounderbildung zur Ausbildung professioneller Standards. Zürich: Rüegger, S. 215–342.

Otto, G. (1997): Projektunterricht als besondere Unterrichtsform. In: Bastian, J./Gudjons, H./Schnack, J./Speck, M. (Hrsg.): Theorie des Projektunterrichts. Hamburg: Bergmann + Helbig, S. 187–198.

Paradies, L./Linser, H.J. (2006): Lerngruppendifferenzierter Unterricht. In: Arnold, K.-H./Sandfuchs, U./Wiechmann, J. (Hrsg.): Handbuch Unterricht. Bad Heilbrunn: Klinkhardt, S. 345–351.

Perez, K. (2012): The Co-Teaching Book of Lists. United States of America: Jossey-Bass teacher.

Petersen, P. (1937): Führungslehre des Unterrichts. Langensalza: Beltz.

Reich, K. (2014): Inklusive Didaktik: Bausteine für eine inklusive Schule. Weinheim: Beltz.

Reinmann-Rothmeier, G./Mandl, H. (2001): Unterrichten und Lernumgebungen gestalten. In: Krapp, A./Weidenmann, B. (Hrsg.): Pädagogische Psychologie. Weinheim: Beltz/PVU, S. 601–646.

Renkl, A. ([4]2010): Träges Wissen. In: Rost, D.H. (Hrsg.): Handwörterbuch Pädagogische Psychologie. Weinheim: BeltzPVU, S. 854–858.

Resnick, L.B. (1987): Learning in school and out. In: Educational Researcher, Heft 9, S. 13–20.

Rogers, C. (1984): Lernen in Freiheit. Zur Bildungsreform in Schule und Universität. München: Kösel-Verlag.

Rohrbeck, C.A./Ginsburg-Block, M.D./Fantuzzo, J.W./Miller, T.R. (2003): Peer-Assisted Learning Interventions with Elementary School Students: a Meta-Analytic Review. In: Journal of Educational Psychology. 95. Jg., S. 240–257.

Rothland, M. (Hrsg.) (2007) : Belastung und Beanspruchung im Lehrerberuf. Wiesbaden: VS Verlag für Sozialwissenschaften.

Rothland, M./Terhart, E. (2007): Beruf: Lehrer – Arbeitsplatz: Schule. In: Rothland, M. (Hrsg.): Belastung und Beanspruchung im Lehrerberuf. Wiesbaden: VS Verlag für Sozialwissenschaften, S. 11–31.

Rutter, M./Maughan, B./Mortimer, P./Ouston, J. (1980): Fünfzehntausend Stunden. Schulen und ihre Wirkung auf die Kinder. Weinheim und Basel: Beltz.

Saalfrank, W.-T. (2008): Differenzierung. In: Kiel, E. (Hrsg.): Unterricht Sehen, Analysieren, Gestalten. Bad Heilbrunn: Klinkhardt, S. 65–95.

Sacher, W. (2008): Elternarbeit. Gestaltungsmöglichkeiten und Grundlagen für alle Schularten. Bad Heilbrunn: Klinkhardt.

Sacher, W. (2009): Leistungen entwickeln, überprüfen und beurteilen. Bad Heilbrunn: Klinkhardt.

Salzmann, C.G. (1806): Ameisenbüchlein, oder Anweisung zu einer vernünftigen Erziehung der Erzieher. Schnepfenthal: Buchhandlung der Erziehungsanstalt.

Satow, L. (1999): Zur Bedeutung des Unterrichtsklimas für die Entwicklung schulbezogener Selbstwirksamkeitserwartungen. In: Zeitschrift für Entwicklungspsychologie und Pädagogische Psychologie, 31, S. 171–179.

Schaarschmidt, U. (2002): Die Belastungssituation von Lehrerinnen und Lehrern. Ergebnisse und Schlussfolgerungen aus der Potsdamer Lehrerstudie. In: Pädagogik, 7/8, S. 8–13.

Schaarschmidt, U. (Hrsg.) (2004): Halbtagsjobber? Psychische Gesundheit im Lehrerberuf – Analyse eines veränderungsbedürftigen Zustandes. Weinheim und Basel: Beltz.

Schönbächler, M.-T. (2008): Klassenmanagement. Situative Gegebenheiten und personale Faktoren in Lehrpersonen- und Schülerperspektive. Bern: Haupt.

Schorch, G. (2004): Erziehender Unterricht angesichts »Neuer Lernkultur«. In: Koch, L./Schorch, G. (Hrsg.): Erziehender Unterricht. Bad Heilbrunn: Klinkhardt, S. 63–80.

Schorch, G. ([3]2007): Studienbuch Grundschulpädagogik. Bad Heilbrunn: Klinkhardt.

Schulz von Thun, F. (1986): Miteinander reden: Störungen und Klärungen. Psychologie der zwischenmenschlichen Kommunikation. Reinbek: Rowohlt.

Schulz von Thun, F. (1998a): Miteinander reden 3: Das »innere Team« und situationsgerechte Kommunikation. Reinbek: Rowohlt.

Schulz von Thun, F. (1998b): Miteinander reden 2: Stile, Werte und Persönlichkeitsentwicklung. Reinbek: Rowohlt.

Seifert, K. (2011): Contemporary Educational Psychology/Chapter 7: Classroom Management and the Learning Environment. http://en.wikibooks.org/wiki/Contemporary_Educational_Psychology/Chapter_7:_Classroom_Management_and_the_Learning_Environment (Abruf am 28.5.2011).

Seitz, O. (1991): Problemsituationen im Unterricht. Köln: Wolf.

Sekretariat der Ständigen Konferenz der Kultusminister der Länder (2004): Standards für die Lehrerbildung: Bildungswissenschaften. www.kmk.org/fileadmin/veroeffentlichungen_beschluesse/Ohne_Datum/00_00_00-Lehrerbildung-in-Deutschland.pdf (Abruf am 25.6.2011).

Sieland, B. (2007): Wie gehen Lehrkräfte mit Belastungen um? In: Rothland, M. (Hrsg.): Belastung und Beanspruchung im Lehrerberuf. Wiesbaden: VS Verlag für Sozialwissenschaften, S. 206–226.

Skiba, R.J./Rausch, M.K. (2006): Zero Tolerance, Suspension, and Expulsion: Questions of Equity and Effectiveness. In: Evertson, C.M./Weinstein, C.S. (Hrsg.): Handbook of Classroom Management. New York: Routledge, S. 1063–1089.

Skinner, B.F. (1073): Wissenschaft und menschliches Verhalten. München: Kindler.

Spiro, R.J./Jehng, J.C. (1990): Cognitive Flexibility and Hypertext: Theory and Technology for the Nonlinear and Multidimensional Traversal of Complex Subject Matter. In: Nix, D./Spiro, R.J. (Hrsg.): Cognition, Education and Multimedia: Exploring Ideas in High Technology. Hillsdale: Erlbaum, S. 163–205.

Spörer, N. (2009): Festigung mathematischer Basiskompetenzen durch Peer-gestütztes Lernen: Ergebnisse einer Trainingsstudie in der Grundschule. In: Empirische Pädagogik 23 (1), S. 75–94.

Spörer, N./Brunstein, J.C. (2009): Fostering the reading comprehension of secondary school students through peer-assisted learning: Effects on strategy knowledge, strategy use, and task performance. In: Contemporary Educational Psychology, 34, S. 289–297.

Stähling, R. (2000): Unterrichtsqualität und Disziplin. In: Grundschule 2/2000, S. 20–22.

Stronge, J. H./Tucker, P. D./Hindman, J. L. (2004): Handbook for Qualities of Effective Teachers. Alexandria, Virginia USA.

Sutton, R.E. (2004): Emotion regulation goals and strategies of teachers. In: Social Psychology of Education, 7, S. 379–398.

Sutton, R.E./Mudrey-Camino, R./Knight, C.C. (2009): Teachers' Emotion Regulation and Classroom Management. In: Theory into practice, 48, S. 130–137.

Tausch, R./Tausch, A.-M. (^{5}1970): Erziehungspsychologie. Göttingen: Hogrefe.

Tennstädt, K.-C./Krause, F./Humpert, W./Dann, H.-D. (1987/1995): Das Konstanzer Trainingsmodell (KTM). Bd. 1: Trainingshandbuch. Bern: Huber.

Topping, K. (2001): Peer-assisted learning: A practical guide for teachers. Cambridge: Brookline Books.

Traub, S. (2010): Selbstgesteuerte Kleingruppenprojekte auf der Basis der PROGRESS-Methode. Eingereichte Habilitationsschrift an der Universität Bayreuth.

Ulich, D. (1971, 1977): Gruppendynamik der Schulklasse, Möglichkeiten und Grenzen sozialwissenschaftlicher Analysen. München: Ehrenwirth.

Ulich, K. (2001): Einführung in die Sozialpsychologie der Schule. Weinheim und Basel: Beltz.

von Saldern, M./Littig, K.E. (1987): Landauer Skalen zum Sozialklima. Weinheim und Basel: Beltz.

Wagner, A.C./Barz, M./Maier-Störmer, S./Uttendorfer-Marek, I./Weidle, R. (1984): Bewußtseinskonflikte im Schulalltag. Denk-Knoten bei Lehrern und Schülern lösen. Weinheim und Basel: Beltz.

Wahl, D. (1991): Handeln unter Druck. Weinheim: Deutscher Studien Verlag.

Wahl, D. (2000): Das große und das kleine Sandwich: Ein theoretisch wie empirisch begründetes Konzept zur Veränderung handlungsleitender Kognitionen. In: Dalbert, C./Brunner, E.J. (Hrsg.): Handlungsleitende Kognitionen in der pädagogischen Praxis. Baltmannsweiler: Schneider Hohengehren, S. 155–168.

Wahl, D./Weinert, F.E./Huber, G.L. (1984): Psychologie für die Schulpraxis. München: Kösel.

Wang, M.C./Haertel, C.D./Wahlberg, H.J. (1993): Toward a Knowledge Base for School Learning. In: Review of Educational Research, 63 (3), S. 249–294.

Weinert, F.E./Helmke, A. (1996): Der gute Lehrer: Person, Funktion oder Fiktion? In: Zeitschrift für Pädagogik, 34. Beiheft, S. 223–233.

Weinert, F.E./Helmke, A. (Hrsg.) (1997): Entwicklung im Grundschulalter. Weinheim: Beltz/PVU.

Weinert, F.E. (Hrsg.) (1998): Entwicklung im Kindesalter. Weinheim: Psychologie Verlags Union.

Weinert, F.E. (2001): Schulleistungen – Leistungen der Schule oder der Schüler? In: Weinert, F.E: (Hrsg.), Leistungsmessungen in Schulen. Weinheim und Basel: Beltz, S. 73–86.

Weinstein, C.S. (1999): Reflections on best practices and promising programs. In: Freiberg, H.J. (Hrsg.): Beyond Behaviorism. Changing the Classroom Management Paradigm. Boston: Allyn and Bacon, S. 147–163.

Wiater, W. (2009): Bildung und Erziehung. In: Apel, H.J./Sacher, W. (Hrsg.): Studienbuch Schulpädagogik. Bad Heilbrunn: Klinkhardt, S. 311–336.

Woolfolk, A. ([8]2001): Educational psychology . Boston: Allyn & Bacon.

Zimmerman, B.J. (1998): Academic Studying and the Development of Personal Skill: A Self-Regulatory Perspective. In: Educational Psychologist, 33, S. 73–86.